U0601164

本著为 2014 年度湖北省社会科学基金一般项目
"社会资本对农户收入的影响机制研究——以湖北、山西为例"
(项目编号 2014294)最终成果

社会资本和信息能力
对农户收入的影响机制研究

——以湖北、山西为例

AN INQUIRY INTO THE INFLUENCE MECHANISM OF
SOCIAL CAPITAL AND INFORMATION CAPACITY ON
FARMERS' INCOME GENERATING:

AN EMPIRICAL STUDY OF HUBEI AND SHANXI PROVINCE

王恒彦 著

浙江大学出版社

以更宽广的"资本"视域研究农民收入问题(代序)

　　世纪的交替本只是时间的无缝滑逝,但最近这次的世纪交替于中国人却有非同平凡的意义。而在欢呼新世纪的众声喧嚣中,一个普通基层官员的上言直书以"农民真穷,农村真苦,农业真危险"的呐喊就这么突兀地刺破了当时种种的喧嚣,而把中国底层一个残酷的事实摆在了国人的面前。这也把全社会的目光聚焦在"三农"问题上。学术界对"三农"问题的研究从两个路向展开:为什么有如此严重的"三农"问题? 解决"三农"问题,路在何方? 在"入世"和城市化快速展开的刺激下,当时的讨论最大的进步就在于全社会意识到"三农"问题必须"跳出'三农',看'三农'"才能有更为清晰的认识和更加彻底的反思。讨论在"三农"问题上达成的共识就是解决"三农"问题,不能再单纯重视农业生产,尤其是过去片面强调粮食产量的思维,而应该以增加农民收入为切入点,真正尊重农民在农业生产、农业产业化和农村建设上的主体地位;更为深刻的共识则在于,在"二元分治"的制度治理框架下分析了城乡分治下的制度不合理性,指出要根本性解决"三农"问题就应该在城市化快速发展的进程中通过深化改革,对以户籍制度为代表的一系列不平等城乡治理结构进行改革,在"统筹城乡"的整体思路中破除城乡不平等的制度性藩篱,并通过政策倾斜的制度安排,打通城乡间资源流动的肠堵。在破解"三农"问题的窘局后最终实现农业的现代化和农村的繁荣发展,并根本性改善农民的收入状况。

　　破解中国农民收入的低水平瓶颈,其实有必要对我国改革开放以来农业和农村发展的状况作一基本的整体性判断。统计资料和大量的实证研究都充分说明,改革开放以来,由于农业经营体制的改革和市场化导向的价格调整,在严格控制人口增长的同时,中国的农业生产取得了巨大的成功,已经成功解决了粮食问题。仅从进入新世纪农业生产的表现来看,农业发展的成就也足以令人欣慰。2015年,我国粮食产量达到12429亿斤,连续5年超过11000亿斤,历史性地实现了"十二连增"。相应的,中国农民的收入已经发生了深刻的变化,绝大部分贫困农民的生活得以改善,具体表现为农村贫困率的急剧下降。农民的名义纯收入从1978年的133.57元增加到2003年的2622.20元,25年间提高了近20倍。即使考虑到通胀因素,纯收入也增加了6倍之多。2015年,农村居民纯收入达10772.0元,首次突破了1万元。"十二五"期间,农民收入实现年均10.1%的增长。1978年农村居民家庭的恩格尔系数为67.7%,到2000年已经下降到49.1%,用于购买食物的支出占比降到收入的一半以下。进入新世纪后,这一占比持续下降,到2013年达到37.7%。同时,贫困人口从1978年的2.5亿人(占总人口的30.7%)降至2003年的2900万人(占总人口的3.1%)。中国农村经济的发展不仅改变了中国的贫困人口数字,更改变了世界范围内的贫困人口版图。但另一方面,在我国经济快速增长的大背景下,虽然改革开放以来农民收入有了很大提升,但增长率还是低于城市居民。统计表明,自1984年以来,农民和城市居民的收入差距大大增大。2007—2009年,城市居民的纯收入是农民纯收入的3.33倍,而这个数字在1984年则是2.57倍。同时,农民间的收入差距也在不断拉大。表0.1给出了21世纪城乡居民收入变化的对比情况。

表 0.1　2001—2014 年城乡居民收入比变化情况

年份	家村居民纯收入/元	城镇居民可支配收入/元	城乡绝对差距/元	城乡收入比
2001	2366	6860	4494	2.90:1
2002	2476	7703	5227	3.11:1
2003	2600	8472	5872	3.26:1
2004	2936	9422	6486	3.21:1
2005	3255	10493	7238	3.22:1
2006	3587	11759	8172	3.28:1
2007	4140	13786	9646	3.33:1
2008	4761	15781	11020	3.31:1

续　表

年份	家村居民纯收入/元	城镇居民可支配收入/元	城乡绝对差距/元	城乡收入比
2009	5153	17175	12022	3.33：1
2010	5919	19109	13190	3.23：1
2011	6977	21810	14833	3.13：1
2012	7917	24565	16648	3.10：1
2013	8896	26955	18059	3.03：1
2014	9892	28844	18952	2.92：1

资料来源:中国经济网,2015 年 1 月 20 日。

考察我国农民收入的演变趋势,可以发现,改革开放以来,农民收入水平整体有了大幅度提高,经历了从摆脱温饱到基本小康以及进一步的高水平的全面小康转变。从综合国力来看,我国改革开放以来也经历了从一个贫穷落后的农业国向中等收入国家的转变。按照"两个一百年"奋斗目标的战略设定,我国将进一步转变为一个现代化的发达经济体。这一目标具体到"三农"问题的解决必然是我国应该实现农业的现代化,建设繁荣美好的农村,并实现农民的富裕。舒尔茨(T. W. Schultz)认为,世界农业发展中存在两个阶段性的问题:发展中国家的粮食问题(food problem)和发达国家的农业调整问题(farm problem)。速水和神门(Hayami 和 Godo)往前推进一步增加了一个新问题——中等收入国家农民的贫困问题(poverty problem)。困扰中国的"三农"问题一定意义上可谓这三个问题的"三期叠加",尤其在跳出"三农"看"三农"时,巨大的城乡收入鸿沟更加凸显了我国严重的农业之险,农村之危与苦! 现代化的高效农业要求农村人口的收入水平与国民经济其他部门的劳动者收入水平大致相当。国家统计局对城镇居民收入的调查发现,一套表联网平台 16 个行业门类的 93 万多家企业法人单位就业人员 2015 年平均工资为 53615 元,同比增长 7.3%。而 2015 年农民平均收入才首次突破万元。在我国粮食产量连续实现"十二连增"的背景下,城乡劳动者在职就业收入的巨大差距表明,在"三农"连环套中解决农民面临的收入困局,进而破解整个"三农"问题应该是正确的求解路径。

农民与其他部门劳动者收入差距体现在生产过程中要素投入回报的不平等。在我国农业部门,土地、劳动力、资本和肥料是农业的主要投入,大量的实证研究已经证明,改革开放以来,农民收入提高与制度变迁和农产品价格提高都有相当的相关性,土地和劳动力对农业发展的贡献甚微。在要素报酬递减规律的作用下,对中国农业发展贡献最大的是改革开放以来农业生产率的持续提高。这一基本事实的政策启示在于,农业发展并不意味着农民收入的同步提高。农业发展,尤其是农业生产率的持续提高可以为社会提供充足的农业剩余,从而满足全社会的粮食需求,但这也因此使得投入农业生产中的农业劳动力呈递减之势。

因此,遵循经济发展的一般规律,保持一个与经济增长速度相一致的速率从农业部门向非农部门转移劳动力是保证农民在经济发展过程中提高其收入水平的必要条件。分散的细碎化经营的小农生产也客观上要求留守农村的农民必须提高在非农部门的兼业经营才能获得足够的收入。农业生产中劳动力报酬的低下促使农民不得不从事兼业经营是现代经济中一个普遍现象,美国农村家庭中超过 60% 的收入来自非农产业。速水和神门对日本的考察也发现,缩小农民与非农人口之间的收入差距,寻求农业外就业是非常有效的解决贫困问题的方法。1955 年,日本农民收入的 72% 来自农业,而他们的全部收入只相当于城市居民收入的 77%。到了 1998 年,这些数字则分别变为 14% 和 105%。在日本,农民比城市居民的收入要高,而其中的 86% 来自非农业部分。类似的趋势在中国也存在,截至 2015 年,中国外出农民工已经超过 2.7 亿;2015 年农民增收的来源主要是工资性收入增加和家庭经营收入的增长,全年工资性收入 4600 元/人,对农民人均可支配收入增长的贡献率为 48.0%,在农民人均可支配收入中的比重达到 40.3%。中国农民收入来源的多元化,特别是非农收入对农民收入的贡献率越来越高是考察中国农民收入中必须正视的一个现实。

因此,现代经济中考察农民收入时应该超越农业去考虑影响农民收入的因素。自舒尔茨首倡向农民的人力资本投资以来,人力资本因素已经成为考察农民收入时的首选项。这一考虑虽然增加了对农民人力资源禀赋的认识,但单纯只是对人力资本的强调在一定程度上并没有完全摆脱资源禀赋物化的窠臼。作为各种社会关系总和的人,其经济活动只有在丰富的社会关系互动演变中才能更好地得以理解。人们在社会活动中的交往、政治社会地位上的势差必然对社会经济资源的流动配置产生影响,进而影响人们的经济收入状况。一个人的收入状况也因此并不能从其人力资源禀赋得到完全的解释。社会资本理论的出现及其广泛传播正说明了理论界对社会经济问题认识上的深化。

社会资本理论在 20 世纪初就已经提出,但直到 80 年代法国学者布迪厄在这个问题上的深入思考才真正引起学术界的高度关注。科尔曼、帕特南等学者的研究在把社会资本引进英语学术界的同时也进一步扩大了这一理论的学术影响力。布迪厄第一次从一个社会人的角度重新审视人们思想中的"资本"概念,将其扩展为物质和人力资本之外包括文化资本和社会资本的更为广泛的概念。社会资本的提出意味着经济是一个开放的系统,指向的是削减经济的"自然法则",其经济学意义是对经济学家职业精神的终极追问:经济学家是要关注一个 R-世界(真实的世界)现象背后的真理,还是追求完美形式主义的 M-世界(一个概念和模型的世界)。对社会资本的实证研究使得学术界认识到社会资本对人们经济活动的真实意义。

社会资本理论的意义在于帮助我们在对资本的认识上从生产力角度向社会制度扩展。作为现代学者中深入研究社会资本的第一人,布迪厄把社会资本视为实际或潜在的资源的聚合体,但并非局限于物质性的资源,而体现为"或多或少制度化的共同熟识和认可的关系网络",体现为有着彼此联系的人们之间所承担的社会义务,以及成员可共享的集体资本。而这一点是任何社会的每一个成员都拥有的,社会资本不会因为使用却会由于不使用而枯竭,并且不需要通过外部强力干预建立。正是因为认识到社会资本的这一特质,人们意识到其对社会经济活动所具有的巨大意义,世界银行将社会资本视为其减贫工作中一个重要的开发工具或"缺失的环节",是可以帮助穷人显著减少贫困的"穷人的资本"。联合国教科文组织和亚洲开发银行也认同"因为穷人对社会关系网络依赖程度很大,营造社会资本对帮助他们实现必要的社会、经济和政治转变,谋求自我发展就具有关键性的意义"。Whiteley 对 34 个国家 1970—1992 年间社会资本与经济增长之间关系的实证检验说明,社会资本对经济增长的作用至少与人力资本或教育的作用相当。

中国社会是一个有着浓厚关系导向的人情社会。"人生存的基本事实是彼此关联着的人",虽然中国人的关系性存在特别意味着一种人伦意义,看重的是人与人之间的差等区别和社会的稳定有序,与西方语境中"关系"表达的那种独立性个体之间联系的网络结构并不一致,但社会资本在引导人们从对"资本"的关注中自然延伸到对社会结构、社会关系和社会组织的关注,这一理论特质很容易与中国人的心理认知获得沟通共鸣,与中国社会易于契合。因此,社会资本理论在引进中国后迅速引起了中国学术界的关注,并得到广泛的应用,在个人求职、就业收入、企业家创业、产业组织、环境保护、社会政策等多个领域的研究中,社会资本视角都是学者们观察问题时喜欢采取的,所取得的成果也是十分突出的。但细思国内社会资本研究,也存在十分明显的缺陷。社会现象的复杂性使得学术界对社会资本概念的认知也表现出了多面性。这样,在同一个社会资本话语下,其实人们讨论的往往并不是一回事。这一境况表现在实证检验时,一般只是选取社会资本丰富意涵中的一个细小侧面考察,如网络、信任、互惠、社会规范、社交广度等而概以社会资本名之,难免失之片面。鉴于这一显见的缺陷,这本专门论述社会资本对农民收入影响的专著中,王恒彦格外关注社会资本的测度,着力甚勤之处就在于开发设计了社会资本量表。通过参阅大量社会资本实证研究文献,并参考了世界价值观调查(WVS)以及世界银行综合问卷资料后,结合中国农村社会实际,王恒彦开发设计的社会资本量表应该说是扎根中国社会的优秀社会资本测度量表,体现了中国学者在社会资本研究上的本土化努力。量表最引人注目之处在于,承认社会资本概念的复杂性,不再简单以单一维度或指标进行处理,而是尽可能吸纳已有研究所取得的成果,把社会资本视为一个有着多维度张力的概念,通过对其多维度的测度,展示其所反映对象本身的复杂性。

本书除了开发出本土化社会资本量表之外,其创新还表现在注意到资源摄取对农民收入的意义,并考察了社会资本在农民资源摄取过程中的机制。而社会资本对农民收入作用的复杂影响机制既说明中国社会环境之复杂以及处身其中的农民维生之艰,也证明了社会资本对中国问题的解释力。需要注意的是,在许多文献中,信任往往被视为社会资本测度的不二代理变量,而本书却发现,信任对农民收入并没有作用,同样的,代表组织维度的村社会资本以及网络同一性和网络密度也不能对农民收入施加影响。这些发现虽然有点出人意料,但认真思考之下,却又有其合理性。今日农村社区,已经不复过去封闭性村落面貌,费孝通所谓的乡土社会中那种基于血缘、地缘而发展出来的同心圆型波状外推的人际关系结构即使没有完全消失,但也在外部冲击下因为多种利益化考量而有了更多意味。传统乡土社会,因流动性小,人际相处处处透露出熟人社会的规范秩序,揖让进退,皆有所据。高度同质化自然容易在频繁的互动中形成信任,组织认同也会在尊卑有序的日常循环中产生。但这样的封闭乡村,社会资本其实是并不真正存在的。而农村市场经济的发展,农村社区在开放性和人员流动性不断加剧过程中的快速转变,已使其不复熟人社会面貌,而更多表现出"半熟人社区"特征。这既有外来人员增加带来的人际交往的陌生化,也有本是乡亲的农民因为外出务工等多方面经历变化导致的心理隔膜,这种"熟悉的陌生人"的感觉使得彼此会在认知上产生面目模糊感，信任自然是难以确立的。

王恒彦是我指导的博士生中学术基础颇为扎实的一位。自当年我第一次接到他打给我的电话，表示希望跟随我攻读博士学位以来，我对他的认识不断深入。在当初参加面试的所有考生中，他是留给导师组印象最深刻的一位。而在浙大攻读博士期间，其阅读文献范围之广博，思考问题之深刻，以及对问题的敏锐把握和思维的灵活性都给我留下了深刻印象。他能够敏锐地从社会观察中提取学术思想的能力在本著中也有不少体现，比如在专门讨论社会资本对农民收入影响的机制问题时，他却在实际调查中敏感地发现了农民信息能力在其中作用的重要性，并以规范的学术逻辑进行了论证。传播学中的"知沟"假设理论认为，在大众传媒向社会传播的信息不断增多的情况下，处于不同经济社会地位的人获取新知识的速度是不同的，经济社会地位低的人往往比经济社会地位高的人获取这类信息的速度要慢很多。乡村精英主要依赖的是专家、经销商、电视、报纸、网络等外来渠道，而贫困农户获取信息基本上依赖村落内部熟人之间的关系传播，属于村落社会里的次级传播。农民这种信息能力上的差距既影响其收入，也必然会在社会资本影响收入的作用过程中发生影响，这一发现也是这本专著的一个重要创新所在。

一分耕耘，一分收获。王恒彦同志在学术研究上的辛勤努力使得这部专著有着较高的学术价值，读来有一种厚重的充实感，也因而获得了湖北省社会科学基金的认同和资助。对王恒彦同志学术上的进步，我深感欣慰。值此专著出版之际，应其所请，著此小文以为贺，并为之序。

卫龙宝

2016 年 6 月

于浙大求是园

循所闻而得其意，心之察也。

——《墨子·经上》

目　录

图目录

表目录

1 绪 论

　　罗吉斯在《乡村社会变迁》中谈到文化传播对农民的影响时说："交往是引起现代化的关键因素,正是交往的压力,带来了传统社会的土崩瓦解,新的思想从外界进入乡村并在农民中蔓延。""交往就像社会中射出的一道霞光,照进他们与世隔绝的社会,使传统农民逐渐开始进入现代世界。"(罗吉斯和伯德格,1988)米格代尔在《农民、政治与革命》中说："农民在什么条件下从以村庄为基础的谋生生活转变到持续地参与村外制度的生活,这是现代化研究的一个关键问题。在这些研究成果中,共同的一点就是接触现代,我们称之为文化接触,引起人们抛弃旧的生活方式而接受新的生活方式。"(米格代尔,1996)改革开放以来,中国的现代化转型突飞猛进,这其中,几千年来习惯于在固定的田园耕作,享受生活的宁静或困于生活的贫困与单调的广大农民,无疑是这场深刻历史变革中受冲击最大的社会群体。从 20 世纪 80 年代的不甘贫困,创立乡镇企业,到 90 年代走出土地、走出家乡,奔逐在沿海与内地、城市与乡村之间,成为我国最为庞大的流动劳动力大军,他们在我国的现代化转型建设中发挥了巨大的作用。而现代化带动的"民工潮"反过来也给乡村带来了更大的冲击和完全崭新的气象,给农民的交往和社会经济生活以深刻影响。在传统与现代交往方式的交织和冲突中,农民生活究竟受到了什么样的影响?这样的影响其内部过程机制又是怎么样的呢?

1.1 问题的提出

1.1.1 农民生活在一个关系社会里

作为社会化的人,我们每个人都生活在各种复杂的社会关系中,"没有人是孤岛"(Flap,2002)。当代犹太哲学家马丁·布伯(Martin Buber,1878—1965)明确指出:"人生存的基本事实是彼此关联着的人。人无法逃避与他人发生关系。我与你相遇,我和你彼此关联,即使我们的交往是一场相互斗争。即使在彼此的关联中,我已不完全是我,你也不完全是你。但只有在生动的关联中,才能直接认识人所特有的本性。"(布伯,1997,p.185)社会生活中这种人际的彼此关联当然会对每个个体的交往心态、生活福利、社会地位发生深刻的影响,亚当·斯密据此断言:"(跟我们一起生活)的那些人的表情和行为……是我们能看到自己的唯一的镜子。我们正是以某种衡量标准,并透过其他人的眼睛,来审视自己的行为是否合适。"(Bryson,1945,p.161)由此,人的实践活动对自我的社会化具有了双重效应:既可以把人创造成为主体也可以把人的主体性否定掉。米德将之概括为,个体只有在"能采取他人的立场看待自己并像他人对待他那样对待自己的时候"(Mead,1934,p.171),才会成为他本人。

关系在我国社会生活中是一个十分有意义的话题,每个人自出生之日起,就生活在由其家庭、家族及他们自身成长过程中的社会交往而自然编织起的关系网络中。这样的关系网络带来的各种各样信息流既给其生活成长和学习工作提供了种种的方便,同时,在一定程度上也会带来一些不必要的麻烦和阻碍。但无论如何,我们并不能摆脱这种种的关系,更不能脱离这样的关系而生活在真空中(王询,1994)。

农民,尤其是中西部地区的农民,作为其生活和工作环境的重要组成部分,他们基本生活在一个熟人和半熟人的农村社区。相对而言,其生活半径比较小,生活方式比较单一,彼此的同质性很高,关系在其生活中的重要性更是不言而喻的。在当今市场化发展已经比较充分的情况下,牵涉到农民生活质量的市场信息、生活经验、教育乃至于社会公平的感受都在这样的关系网络中流传,构成了农民生活中的种种丰富多彩的内容。种种的信息流在这样的网络中既方便传布,而且,还由于网络的交叉,会很快地在广大农村社区传播,超越其本初的消息源,并导致不可逆料的社会效果。

有学者曾经指出,我国农村社会总体上比较注重构建基于家庭之上的人情关系网络(郭于华,1994;郑世忠等,2007),在这样的关系社会中,农民的家庭收入与其生活中间的社会关系网络是不是存在着联系,以及存在怎样的联系,这种关系与农户收入之间的传导作用机制又是怎么样的,这是一个有趣而又能够激起人们兴趣的研究课题。

1.1.2 社会资本是社会关系研究的重要理论工具

人们生活在一个物质性的世界,物质资源的重要性对人类而言是不言而喻的。因此,历史上,无论是国家—社会的管理者,关注人类生存的思想家,还是为升斗小米奔波的普通百姓,其目光无不聚焦在如何获得尽可能多的资源以求满足必要的生活水准。这类可直接满足人类生活需求的资源,有一个统一的名字:资本。

经济学家无疑是最为关心资源的开发转化和使用的。在汗牛充栋的各种经济学论著中,"资本"往往被经济学家视为是可用来生产诸如建筑、机器、工具、土地和基础设施等产品形式的要素,以及以流动性的资产、股票、债券等形式表现的金融资本(Robison,Schmid 和 Siles,2002;Svendsen 和 Svendsen,2003)。这样的理解对资本的定义也必然是非常狭隘的(Arrow,2000;Robison,1996)。

作为高度社会化的人类,其生活就只是依靠和满足于对物质性资源的生产和利用吗?对资本的理解只能限定在这样狭隘的领域吗?20 世纪初,既是社会学家又是经济学家的韦伯仑(Veblen,1908a)在与经济学家费雪尔(Fisher)的争论中,就曾经尖锐地质问:当物质资本平均分布在不同的企业家中,我们怎么解释它们中存在的明显的优势差别?如果资本仅仅表现为物质性存在,这无疑让那些"浪费了的、无服务价值的、无效的行为丧失了空间"。他批评了费雪尔仅仅将看得见的金融和物质资本视为资本的理论,认为排斥无形资产是传统资本定义的一个缺点(Veblen,1908a,b,c)。在仅仅限定资本为物质性资源的背后,充满丰富性的人就只能被看作是计算行为得失的自利的理性"经济人","在经济学家和心理学家通常设定的原子论视角下,个体行动者被描述成不考虑其他行动者的行为而独自决策和行动"(Knoke 和 Kuklinski,1982,p.9)。

对资本的物质属性的限定虽然长期受到诟病,但直到舒尔茨和贝克尔提出了"人力资本"这一崭新概念后才真正对人们的思想构成冲击,并使经济学研究有了很大改观。但本质上,人力资本理论仍然视人为一种工具性的资源要素,忽略其生产的主体性地位。理论上的平庸僵化与 19 世纪以来弥漫在人类社会生活中的焦虑互为表里。工业革命以来,市场的扩张推动着技术的演变,技术进步又带动市场更大步伐的扩张。市场和技术的交互作用推动人类社会迅猛发展的同时,本应为社会主体的行为者却在这样的历史进步中异化为附属物,忍受着工作的单调和精神的煎熬。工业城市的出现导致了过去稳定的、整合的社区支持的破裂,人们无归属感,感受到分裂、分解、个体化、孤立、无能为力和普遍的焦虑(Giner,1976;Halebsky,1976)。技术进步带来的是整个社会危机感的加深。社会资本理论正是把关注焦点从单纯的物质性生产向关注人的主体性及其所处社会转变的伟大探索。

社会资本是一个出现很早的概念,在马克思、庞巴维克、托克维尔等19世纪的思想家那里已经有这方面的思想萌动,真正推动学术界对这一概念作深入研究的则是布迪厄。美国社会学家帕特南、科尔曼等的工作努力则让这一领域成为现代学术研究中的"显学",人们"又一次找到了一种存在于公开的和建设性的争论中的共同语言,一种在过去的150年中受到狭隘的学科主义严重压制的语言"(Woolcock,2000)。布迪厄第一次从一个社会人的角度重新审视盛行于人们思想中的"资本"概念,将其扩展为物质和人力资本之外包括文化资本和社会资本的更为广泛的概念。社会资本的提出意味着经济是一个开放的系统,其后果并不能用一种数学的精确方式进行计算,它所引发的经济学争论就是经济学家是应该关注一个R-世界(真实的世界)现象背后的真理,还是坚持寻求完美形式主义的M-世界(一个概念和模型的世界)(Backhouse,1998,p.1852;Chick,1998;Krugman,1998;Weintraub,1998)。很明显,社会资本指向的是削减经济的"自然法则"(Waldstrøm 和 Svendsen,2008)。

对社会资本,有人感到"兴高采烈"(Portes 和 Landolt,1996,p.21),但也有人反对这一概念的"资本"隐喻(Baron 和 Hannon,1994;Woolcock,1998),甚至有人提出应该进行"社会资本审计"(Halpern,2005,pp.31-32)。而真正饶有兴趣的,却是它引导人们在对"资本"的关注中自然延伸到对社会结构、社会关系和社会组织的关注。帕特南直接将之定义为"社会组织的那些可通过促进协调行动而提高社会效能的特征,比如信任、规范及网络等"(Putnam,1993,p.167);科尔曼(1988)则把社会资本归结为义务和期望、信息渠道和社会规范,并强调社会网络中的"闭合"(closure)是一种社会资本的创造机制。相对闭合的社会网络令参与者不止在某一领域活动,为社会资本的产生创造了条件。这种创造过程作为一种集体行动,必然又是合作与搭便车共存(怀特利,2000,p.49)。在追溯了资本概念的演变后,Ivan Light (2001,p.1)将其定义为"任何促进行动的价值储蓄"。这是一个既可上溯到19世纪那个包括马克思也只是认识到"资本的唯一形式就是金融和物质资本"的时代,又能追加新的资本形式(人力、文化和社会)的综合性概念。这五种形式的资本有两个共同点:可储存和形态的可塑性。而社会资本又是唯一的无排斥的资本,相对于其他四种形式的资本"排斥穷人、无知的人、无财产的、被压迫的人"是一种大众品。这个既关注社会结构正面也研究"社会责任"负面的概念由此摆脱了单纯的"会计术语"之讥(Brass 和 Labianca,1999;Labianca *et al*.,1998;Yager,2002)而获得真正的学术价值。

实证研究也支持了社会资本这一理论分析工具的价值。帕特南(Putnam,1993)运用这一概念很好地解释了意大利南北人均收入水平差异,Amin(1994)也证明意大利企业中社会关系的网络结构对其绩效有相似的影响。社会关系网络作为社会资本对经济绩效的影响,至少相当于人力资本或教育的作用(Whiteley,2000)。而且社会网络越是发达,社会资本存量就越高(Barr,2000)。陆铭和张爽(2007)指出,由于存在非市场的互动,市场均衡的结果按收入和社会地位对人们进行分层,出现"群分效应",对低收入阶层的收入、人力资本积累和公共品消费产生显著负面影响。边燕杰(2004)也证明了社会网络在中国城市中社会地位获得的作用。

社会关系和社会交往带给人们的利得也需要更新研究工具才能提出更有解释力的论证。对加利福尼亚州阿拉梅达县6928名居民的为期9年的随机抽样调查就说明了这一点。在排除了其他各种可能的死亡原因影响,如吸烟、酗酒、肥胖症、体育活动及对保健服务的利用等之后,"缺乏社会联系的人,与那些有着更广泛接触面的人相比,死亡率更高"(Berkman 和 Syme,1979,p.186)。而对同一样本持续17年的后续研究,不仅证明了以上结论,还进一步发现,对那些超过60岁的老人来说,与亲朋好友广泛接触(区别于与其配偶的接触),对降低死亡率有特别重要的影响(Seeman 等,1987)。另一项研究也显示,保有一个广泛的联系网,会使患普通感冒的概率降低(Cohen 等,1997)。通过各种各样的关系(如亲戚、邻居、朋友、同事以及同为某社会群体成员等)而与他人有广泛接触(面对面或电话)的人,往往比那些仅通过有限的几种关系模式而与他人接触的人有更强的抗感染力。大量对教育问题的研究也说明了社会资本对促进教育质量的重要性(Hall,1999;Putnam,2000;Glaeser,Laibson,和 Sacerdote,2002)。在促进人力资本的生成(Coleman,1988;Dinda,2008),获得职业成功方面

(Granovetter，1985；Mehra，Kilduff 和 Brass，2001；Burt，1992)，社会资本同样发挥着重要作用。

Grootaert(1999)对印度尼西亚的研究发现,社会资本能显著减少贫困,而且,社会资本对特别穷的群体来说更加重要,故被称为"穷人的资本"。基于这一见解,近十余年来,世界银行在世界各地开展了一系列社会资本研究计划,并大力倡导对贫困地区的社会资本建设,将发展社会资本作为缓解贫困的重要手段。联合国教科文组织和亚洲开发银行也认同"因为穷人对社会关系网依赖程度很大,营造社会资本对帮助他们实现必要的社会、经济和政治转变,谋求自我发展就具有关键性的意义"。

中国是一个特别看重社会交往的人情社会,社会资本虽然是一个舶来品概念,却极易与中国社会相契合。"事者,生于虑,成于务"(《管子·乘马》),中国社会的功利更讲究日常交往中的情感积累而不屑于"临时抱佛脚"的投机,情感、关系或曰社会资本是日常来往中的点滴堆积,是"水到渠成"。这种关系维系的资源投入虽然可能有人会难以负担(Riley 和 Eckenrode,1986),但其妙用也正在这日积月累的自然投入中。那么,正在经历由传统向现代社会转型的农村社会,内化在日常人情交往中的社会资本对身处其中的农民又意味着什么? 它会影响农民的收入水平吗? 如果有影响,其影响机制又是怎样呢?

1.2 本研究的理论和现实意义

社会资本自 20 世纪 80 年代布迪厄重新进行深入研究后,经过帕特南、科尔曼等社会学家的努力,在多方面得到了运用和发展,也引起了很多的争论。本书以社会资本对农户收入影响的实证研究在社会资本理论领域进行了独立探索,有一定的理论和实际意义。

1.2.1 本研究的理论意义

本书主要关注农户社会资本对其收入生产过程可能发生的影响。在文献回顾和实地调研的基础上,开发出农户社会资本量表,并基于量表的问卷调查,比较具体深入地分析了社会资本影响农户收入的作用机制。从理论上廓清了社会资本的测度问题。在以往的研究中,由于理论立论基础不同,对社会资本往往存在很多的争论,本研究从农民的视角探索了中国文化背景下农户社会资本的维度问题,对社会资本研究的本土化作出了一定的理论探索。

本书在对社会资本影响农户收入的作用机制的研究中,注意到农户的生活交往网络也往往是其资源摄取的重要途径,因此,特别重视社会资本在农户资源摄取中的运作机制并进而分析这一运作过程对收入可能会具有的影响问题。研究发现,资源网络可以对社会资本的其他构成维度在影响农户收入时发生中介作用。

由于农民交往也是个人际传播问题,本书通过实地调查和文献检索,把人际传播研究中的理念结合社会资本理论,提出农民交往的信息能力与社会资本可以对农户收入发生综合性作用。实证研究发现,农民信息能力对社会资本影响农户收入的作用过程可发生中介作用,从而在理论上开拓了新视野,拓宽了社会资本研究的跨学科结合路径,有一定的理论意义。

1.2.2 本研究的现实意义

2009年,美国《时代》周刊将当年的时代风云人物给予了"中国工人"这个当今世界最大的劳动者群体,以表彰他们在席卷全球的深刻的金融危机中所作出的伟大贡献。《时代》周刊报道指出,中国的工人特别是那些离乡背井到沿海地区打工的民工是这一成就背后的功臣。

转型期中国社会经济的迅速发展,使得传统意义上的农民含义正在发生深刻的改变。农民收入来源也日益多样化,中国人一向重视的人情关系正在受到深刻的影响。帕特南在观察美国社会时,就不无忧虑地指出,美国社会的社会资本正在发生衰退,表现为公民参加各种志愿者组织的数量下降,热情衰减。此论一出,立即引起轩然大波,认同者忧心忡忡,反对者指斥其杞人忧天,也有学者通过对新技术背景下人们的社会交往方式变化的考察指出帕特南的观察其实是有偏颇之处的。更有很多严肃的学者以巨大的精力投入实证研究中,试图以事实和数字说话,为立论打下扎实的事实基础。反观中国迅猛发展的工业化、城市化和市场化进程,它们会否以及在怎样的机制和过程中对传统社会关系发生影响呢?秦琴(2005)对农村社会中社会关系演变的三个阶段划分,特别是关系资本化演变的研究有一定的实际意义。但她的研究也只是停留在观察的层面,并未能更为深入地揭示出这一演变背后的机理。本书的研究以农民收入生产过程中社会资本的影响为立论基点,对社会资本影响收入的作用过程有比较清晰地揭示,可以让我们认识到在当今的农村社会,社会资本可能受到了时代的冲击,但仍然对农民社会,尤其是农民的经济生活产生着深刻的影响,而且这一影响方式是复杂的,人们在现实生活中并不能非常清晰地把握和运用,而只能是模糊感受和一种直觉的运用。而这种不可言说却又实实在在地存在,只能增加农民对具体表现为关系的有限理性把握和量力而为地运用。

随着我国市场化、城市化和工业化的快速发展，在农民寻求更好出路、更广阔就业门路和更多收入的内在渴望与社会经济发展对劳动力需求的强大拉力下，大量的农民走出乡村，走出乡野，进入城市，进入工厂，形成了举世无双的流动劳动力大军。据中国国家统计局的数据，截至 2011 年底，我国流动人口规模达到了 2.6 亿人左右，他们的就业、生活、婚恋、发展等成为整个世界关注的重大问题。国际国内学术界长期以来也一直重视对这一庞大的被冠以"农民工"群体的研究，并产生了大量的成果。

基于本研究的学术视野和兴趣，有很多问题是我们所关心的。如在转型期迅速变化的农村社会，随着农民的人际关系演变，农民社会资本是否也存在着社会资本的所谓衰退问题？为什么？社会资本在农民走出乡村社会寻求工作发展机会时的意义是什么？年轻一代的农民工群体已经不满足于其父辈那种"打工赚钱，回家盖房，娶妻生娃"的人生模式，而更看重和执着于城市的现代文明和现代生活方式，他们的人生定位已经不是回到父辈的乡村了。更深入地观察，他们也许就出生在城市，长大在城市，受教育在城市，父辈的家乡对他们只是一个传说，农村的山山水水早已经远离了他们的生活世界，那里也没有他们眷恋的风景和牵挂，换句话说，他们早已经不是过去意义上的农民了，甚至他们压根就不是农民！和传统的城市孩子一样，他们也是不识五谷，不知稼穑，不会耕耘！但在我国，一方面社会经济发展迅速，另一方面，各方面的管理体制又严重滞后于社会发展。这些下一代的"农民工"，他们就是在体制的夹缝中尴尬成长的。农村不是他们的向往和选择，也不是他们熟悉的社会，城市又并不待见他们，他们该如何融入城市和现代生活呢？在这样的互动中，农民社会资本会有怎样的作用？在和城市的互动中，城市人的社会资本又会怎样演变？他们将怎样投资于这样的社会网络，为自己的发展构建起必要的社会资本支撑？抑或，碎片化的社会和原子化的个体根本就已经无从谈起社会资本，社会资本的衰亡会成为一个既成事实？对这一系列问题的追问和思考将引导我们一步步地把研究深入下去，真可谓"路漫漫其修远兮，吾将上下而求索"。

1.3 研究思路、研究目的和研究方法

1.3.1 研究思路

通过对社会资本理论的综述，在深入把握理论内容的基础上，设计本研

究要进行的调查框架。通过专家访谈和问卷调查,开发农户社会资本调查量表,实证研究农户社会资本对农户收入的影响。

1.3.2 研究目的

(1)目前的实证研究中,很多对社会资本的测度往往只是以有限的题项和变量代表社会资本,进而研究社会资本在经济、社会中的作用,这并不能代表社会资本的整体作用。本研究将在文献和实地研究基础上开发设计社会资本的测度量表。

(2)运用所开发的社会资本量表探索在农户的收入生产过程中,社会资本影响农户收入生产的过程机制。

(3)对社会资本理论中所特别关注的资源嵌入性问题及其作用进行研究,分析社会资本拥有者在资源网络中进行资源摄取的过程机制,资源网络对收入的影响机制。

(4)投资社会资本的重要策略是社会交往,交往效率对社会资本的投资效率有重要影响。通过对交往效率指标信息能力作用的分析研究社会资本和信息能力在收入生产过程中的作用机制。

1.3.3 研究方法

费孝通(2000)在谈到社会学研究时指出,"我们的学科不是一个空想的学问,是科学,科学是从实际里边出来的,'从实求知',从实际里面得到知识,把知识总结出来"。"我们搞调查,不能脱离实际,要'从实求知'"。本书在研究方法的选择上,将遵从费老和曹锦清教授所主张的"从实"的实证研究,将理论研究和实证研究结合起来,以科学的态度和作风,遵循科学程序,对研究假设作严谨论证。具体研究方法主要有:

(1)实地研究。研究过程中,研究者深入样本抽样地,对本研究的对象——农民的日常交往进行近距离观察和入户访谈,并邀请部分农民一起座谈,以更好地理解研究对象的生活状态,使研究落在实地,有基本的经验支撑。

(2)问卷调查法。在本书研究过程中,严格按照问卷设计的程序,多次进行专家咨询、小样本抽查和文献查阅,使问卷既经得起学术检验,也符合中国农村的社会现实。

(3)解释性研究法。研究中,除按照假设确定变量间关系外,还通过相关性研究确定变量的关系,并通过统计和数理经济学技术探究变量间的因果关联。

(4)统计推断法。基于理论研究提出假设,编制问卷转化变量为可测度的指标,并对样本数据作描述性统计分析。

（5）综合运用因子分析、多元回归和结构方程模型等多种统计和计量分析方法。借助 SPSS 和 Amos 软件，对调查的样本数据进行计量分析，构建和提纯模型，检验假设，完善理论。

1.4 研究框架

本书研究的基本路径和分析框架如图 1.1 所示。

本书的研究内容主要分为七个部分：

第一章，绪论。介绍研究背景，以简单的理论脉络提出本研究所关注的问题，介绍研究思路、研究目的和研究方法。

第二章，文献综述。对社会资本理论的来源、相关争论、测度以及实证研究进行认真的文献梳理，寻求本研究的理论依据。

第三章，研究设计与数据来源。本章主要对本书的研究进行整体把握，设计全书的研究路径、概念定义、变量设定以及数据获取的方法、地方和处理办法。

第四章，社会资本量表的开发。本章具体介绍社会资本量表的开发流程，对变量设置、题项取舍、问卷设计过程以及数据的调查获取和处理作具体分析处理。

第五章，农户资源摄取中社会资本的作用。分析社会资本对农户的资源摄取行为的影响机制。农民收入的生产过程必然会有资源摄取问题，社会资本对农户的资源摄取是如何影响的呢？本章将借助结构方程模型作具体的影响机制研究。

第六章，农户社会资本对其收入的影响研究。本章对农户社会资本影响其收入的作用机制进行深入分析。主要分析社会资本对农户收入的影响机制，检验资源网络因素、预期性社会资本和信息能力在这一过程机制中的中介作用。

第七章，结论和展望。对本书研究成果作简要总结，阐明研究的理论和现实意义，并指出研究存在的不足和未来继续研究的方向。

1.5 本研究的创新之处

本书主要是运用社会资本理论对社会资本影响农民收入的作用机制进行了分析，整个研究的创新归纳起来有：

（1）实证研究中，很多研究都只是简单运用个别问题代表社会资本进而分析其对所研究问题的影响。本研究发现，单纯以某些题项代表社会资本

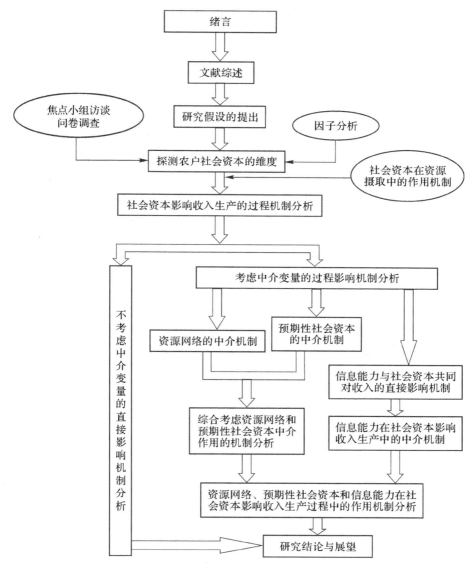

图 1.1 本书研究的基本路径和框架结构

是不足的,为深入探讨社会资本对农户收入的影响,本书在文献检索和访谈的基础上对社会资本进行了调查测度,分析发现,社会资本是一个多维度概念,过去在此概念上的争论也多因为集中于一点而忽视了更为丰富的内容。弄清楚社会资本多维度内容有助于深入探讨其在社会经济活动中的影响,进而分析其内在作用机制。具体到中国中部地区农民社会资本的研究,可以证明,农民的社会资本可以分为 12 个维度,既涵盖了农民个体的社会交往形成的网络结构,也包括农户所赖以生活生产的村层面,是个体化与集体层面双层次的结合。

(2)探讨了农户收入生产过程中的资源摄取问题,分析了社会资本对农户资源摄取的作用机制。

农户的收入生产过程必然涉及资源摄取,但这一资源摄取过程中社会资本的作用机制却一直并不清楚。本研究发现,在农户的资源摄取过程中,社会资本的网络邻近性、网络同一性、关系延续性和预期功能性四个维度对资源摄取过程会发生作用,而且,关系延续性还对网络同一性和网络邻近性有中介作用,预期功能性同时也对关系延续性和网络邻近性在作用于资源摄取过程时也有中介效应。

(3)通过访谈和文献检阅,发现信息能力对农民的日常交往效率有重要影响。分析发现,信息能力可以与社会资本一起影响农户的收入生产过程,把信息能力引入社会资本影响农户的过程机制分析是本研究的重要创新。

(4)信息能力对社会资本各维度在影响农户收入的生产过程中可以起到中介作用。研究发现,信息能力可以对社会资本的预期性维度发挥中介作用,且这一中介作用可以与资源网络的中介作用同时起作用。

(5)对 Cheung 和 Chan(2008)的实证研究社会资本影响模型进行了检验,证实预期性社会资本在社会资本影响农户收入的生产过程中有中介效应。而且,研究发现,资源网络因素、信息能力和预期性社会资本可以在社会资本影响农户收入过程中发挥中介作用。这一研究说明,农户社会资本对其收入生产的影响机制是非常复杂的,从而可以理解,为什么在现实生活中,大家都重视社会资本这样的"关系"作用,却又有一种无力把握之感。

2 社会资本理论综述

社会资本是 20 世纪 80 年代以来社会科学领域广受关注的一个重要概念,布朗认为社会资本是从新经济社会学演化出来的一个最有影响的理论概念(布朗,2000,p.77)。自布迪厄提出重新重视社会资本并开始其研究后,经过大批学者们的努力,社会资本概念已经突破最初的社会学界限,向经济学、政治学、管理学等多种学科渗透,俨然成为一"概念帝国"。厘清这一概念的内涵、形式和功能及其测度,对进一步研究就显得非常必要了。

2.1 社会资本理论的渊源与发展

2.1.1 社会资本日益成为社会理论研究的焦点

社会资本概念在 20 世纪初就已经提出了,但当时并没有引起学术界的广泛关注,更难以有什么认同可言。让学术界对这一问题重新思考的一般认为是法国学者布迪厄(Pierre Bourdieu,1985)。1988 年科尔曼(James Coleman,1988)《作为人力资本发展条件的社会资本》一文的发表,正式奠定了社会资本在美国学术界的主流研究价值。随着研究的增多,对社会资本的探讨也不断深入,卷入的社会科学领域也日益增加。目前,社会资本研究已经从社会学和经济学扩散到了政治学、管理学、组织学、历史学等广泛的社会研究领域。这一点,从各种文献搜索中不断增加并且呈现加速扩大趋势中就可以非常明显地看出(Baum,2000),在此就不再赘述(表 2.1 是最简明的趋势统计)。

表 2.1 社会资本文献在两个数据库搜索的情况

时期	ProQuest	SocioFile
1981—1985	0	3
1986—1990	5	20
1991—1995	40	90
1996—2000	494	514
2001—2003	584	401

资料来源：Pawar(2006)。

虽然社会资本已经获得了多学科的广泛关注，但社会现象的复杂性也使得社会资本这一概念呈现出多面性，至今，由于研究兴趣和研究重点的不同，基于不同的学科视野，社会资本概念实际上并没有形成一个统一的共同认知范式，处于同一个概念说词下的自说自话，是所谓"伞状概念"(umbrella concept)的起步阶段(Hirsch 和 Levin，1999)。其中，普特南(Putnam)对意大利南部社区的研究，林南的研究等，都曾经引起过广泛的关注，边燕杰对中国问题的研究也曾经引起国外的广泛兴趣。在这些杰出学者的研究推动下，社会资本获得了更为广泛的学术认同，虽然至今学术界并没有统一接受的社会资本概念，但也在一些基本范畴上达成了初步共识，如一般都认同如信任、规范等应该属于社会资本的概念内涵，关注嵌入在社会网络中的资源，公民行为规范等(Healy，2001)。还有很多著名的学术期刊还为之出了不少的特辑，如 20 世纪 90 年代后期，许多杂志还组织特刊专题讨论社会资本，主要有 *American Behavioral Scientist* 1997 年 6 月和 1998 年 1 月特刊，*Housing Policy Debate* 1998 年 1 月特刊，*Administrative Theory and Praxis* 1999 年 1 月特刊以及 *National Civic Review* 1999 年 2 月特刊。世界银行还曾经专门举行了社会资本研究的国际学术会议，并创立网站推广社会资本的国际学术研究和交流(网址：http://www.worldbank.org/poverty/scapital/index.htm；讨论区：Let's talk social capital)。有关社会资本的专题性研究比较重要的还有《社会资本：一个多角度的观点》(达斯古普特和撒拉格尔丁，2005)以及哈里斯的《去政治化发展：世界银行和社会资本》(Harris，2002)。

而研究层面也不断得以扩展，从个体的关系网络，到组织乃至于社区和国家等微观、中观和宏观现象都有过深入用社会资本研究的成果涌现(Portes，1998)。

2.1.2 社会资本的理论渊源

Portes 和 Sensenbrenner(1993)认为,社会资本有四个传统:马克思和恩格斯"有限度的团结"(bounded solidarity)概念,指逆境可成为团体团结一致的动力;齐美尔"互惠交易"(reciprocity transactions),指在个人化交换网络中产生的规范和义务;迪尔凯姆和帕森斯"价值融合"观(value introjection),指价值、道德原则和信念先在于契约关系和非正式的个人目标(不是严格意义上的);韦伯"强制性信任"(enforceable trust),指正式制度和特殊性的团体背景使用不同的机制保证实现对已经达成的行为规则的遵守,前者使用的是法律/理性机制(如官僚),后者使用的是实质性/社会的机制(如家庭)。从其学科背景看,则有社会学和经济学两个理论渊源(Portes,1998;韦影,2005)。但更为重要的是,从"资本"的视角重新审视"社会"。因此,探讨社会资本的理论渊源,还是得回溯到"资本"才能比较清楚地理解这一已经因过分泛化而模糊了的概念。

资本是经济学的基本概念,自古典经济学时代起,资本就被视为是社会经济发展所必需的物质基础,与土地、劳动力共同构成社会财富的基本要素。但"就其本质而言,资本是一个不断扩展的概念,其内涵随着社会和经济的不断发展而日益丰富"(林南,2001;陈柳钦,2007)。而对资本进行科学界定和分析的是马克思,"我们必须顺着马克思的轨迹去寻找"(林南,2003)。马克思把资本视为是能带来剩余价值的价值,反映的是一种社会关系,即资本家和工人阶级之间的雇佣与被雇佣、剥削与被剥削的关系。通过资本在资本主义社会的运作过程实现了资本主义再生产和价值增值过程,马克思揭示了资本主义的发展规律及其演变的必然趋势。在资产阶级主流经济学中,经济学家们对把资本仅视为物质性生产要素及其货币化象征的狭义理解一直都不满意,也有一些努力(Von Thünen,1875;Fisher,1906)。但真正实现突破是在舒尔茨提出"人力资本"理论之后。

1960 年,在全美经济联合会的主席就职演说中,舒尔茨发表了"向人力资本投资"(1961)的演讲,呼吁重视人力资本研究,从而激起了广泛的回应。此后,Johnson(1960)、Becker(1964/1993)等在人力资本研究中取得了巨大成就。人力资本理论第一次扩展了社会财富创造中的资本概念,注意到人对财富创造的增值作用,"揭示了从工业经济社会向知识经济社会转化过程中,人的知识和创新能力在财富创造中的决定作用"。林南认为,人力资本理论因为论述了在生产和消费市场上极端不同于古典资本理论的基本结构假设,因而属于现代资本理论。其与马克思古典资本理论是不同的,对马克思的古典资本理论有两大冲击:劳动者可以变为资本家,他们因自己取得的劳动剩余而模糊了与资产阶级的界限;教育和有关人力资本的收入表现在工资之间的关系,被视为是技能和知识的报酬(林南,2003)。

但人力资本理论仍然是一种工具理性方法,视人力为社会经济发展的资源要素,却忽视人与非人资源的根本区别——人作为资源运用的主体性地位。把人与人之间的社会关系排斥在研究视野外,视为外生变量,"当需要从生产力角度向社会制度角度研究人扩展的时候,人力资本理论就显出理论概括力的不足"(方竹兰,2003),社会资本理论的出现可谓应运而生。在社会资本身上,人们"又一次找到了一种存在于公开的和建设性的争论中的共同语言,一种在过去的150年中受到狭隘的学科主义严重压制的语言"(Woolcock,2000;Brown,1998;Brown和Ashman,1996;Durlauf和Fafchamps,2006,p.1642)。社会资本概念甚至催生了一门新学科——新经济社会学,"资本概念不断泛化"(李惠斌和杨雪冬,2000)。

19世纪末,奥地利学派的代表人物庞巴维克提出过"社会资本",是与"私人资本"相对的,指"那些用来作为在社会经济方面获得财货的手段的产品"(庞巴维克,1995[1923]:73)。这与后世理解的反映人们社会关系的"社会资本"概念存在很大差距。现代意义上最早使用社会资本概念的是Hanifan(1916),在其社区研究中,为解释社区参与对当地教育所产生的影响作用,提出了社会资本的概念。Jacobs(1965)和Hannerz(1969)在社区研究中为解释的方便也使用了这一概念。布迪厄的研究则使得这一术语有了系统的学术式表达(Portes,1998)。他在《社会学研究》中发表的"社会资本随笔",首次对社会资本概念做了严格的界定,"实际或潜在的资源的聚合体,这些资源与拥有或多或少制度化的共同熟识和认可的关系网络有关"(Bourdieu,1985)。布迪厄强调了社会资本的关系特质,强调彼此"联系"(connections)的人们之间所承担的社会义务,以及相对应的,网络成员可共享的集体资本。这样的社会资本必然是依赖于网络本身的,成员个体的关系和有利于网络扩展的关系,这种网络资源的数量尤其是其质的水平相当程度上影响到成员的福利水平。从而,布迪厄强调社会资本的社会性,而非是自然赋予,需要成员经常的投资以精心构建某种必要的社会能力(sociability)。布迪厄是欧洲著名学者,但其作品主要以法语发表,一定程度上又限制了其思想的传播。

真正促进社会资本研究的,是美国学者格兰诺维特关于"弱关系"和"嵌

入性"（embeddedness）的研究（Granovetter，1973，1985）。华人学者林南
（Lin，1981）关于社会网络和社会资源的研究也有其独特的促进作用。林南
在社会资本指标测量和模型建构上也做出了独特的贡献（Lin，Fu *et al.*，
2001）。强关系代表着同质性，在同质性强的网络中，流动的信息有较大的
重复性和冗余度，对个人帮助不大。而弱关系对应的是异质性，它可以起到
不同社会群体之间"关系桥"作用，为个体提供更丰富、更有价值的信息。弱
关系虽然从关系性质上看是弱的，但从它能够使个人得到更多异质性的信
息和资源意义上说，它又是相当"强有力"的（Granovetter，1973，1982）。林
南认为，信息和资源的分布不是随机的，而是按社会等级排列的。处于结构
中较高地位者就拥有更多的信息和资源。在这个意义上，强关系对应于同
阶层等级内部的人际联系，弱关系对应于不同等级间人际联系，其中向下的
弱关系是没有意义的，只有向上的弱关系，也就是比自己地位高的人之间的
联系才能给个体带来更多、更丰富的资源。林南社会资源理论有三大假设：
社会资源假设——工具性行动的成功概率与社会资源有正相关；位置力量
假设——在等级结构中所处位置与可获取的社会资源有正相关；关系力量
假设——弱关系的运用与社会资源有正相关（Lin，1982，1990）。林南的研
究视网络关系为一种有价值的资本品思想，并被林南进一步发展为"社会资
源"理论（social resource theory）。

博特（Burt，1992）"结构洞"理论将注意力从网络中的资源转移到网络
结构，认为社会资本是"朋友、同事和普遍的联系，通过它们你得到了使用
（其他形式）资本的机会"。并非所有的节点都是有联系的，那些没有联系的
节点就形成了"结构洞"。无论是"结构洞"还是网络封闭都会产生社会资
本。由此，"社会网络分析"超越了隐喻（metaphor）阶段，形成一整套关于社
会结构的观点和严密的分析方法和技术手段（Wellman 和 Berkowitz，1997；
肖鸿，1999）。

为了更清晰地界定社会资本，Coleman（1988）给出了社会资本的五种形
式：（1）义务与期望；（2）存在于社会关系内部的信息网络，个体可以从他的
社会关系网络中获取对自己行动有用的信息，这种社会关系就构成了社会
资本；（3）规范与有效惩罚；（4）权威关系，它为人们解决共同性问题提供帮
助；（5）多功能社会组织和有意创建的社会组织等。1990 年，Coleman 出版专
著《社会理论的基础》，引入经济学的研究方法探讨了社会资本的形成问题。
Coleman（1990）通过扩大观察对象，增加了社会资本的垂直组成部分，他从更
广泛的层次或中观层次对"社会资本"这一概念进行了分析。垂直型联盟的特

征是科层关系、成员之间权力不平等,和微观层次的社会资本一样,以联盟为基础的社会资本能够产生正的外部性和负的外部性(格鲁特尔特和贝斯特纳尔,2004 年中文版)。科尔曼的研究仍然是混乱的,对社会资本拥有者、社会资本来源甚至社会资源这些概念在使用上存在种种的不清晰(Portes,1998)。

科尔曼认为社会资本是一种社会结构因素的看法为其后研究者将社会资本的研究上升到宏观层面提供了可能性。社会资本研究中影响最大的是帕特南,他与同事用 20 年时间研究了意大利地方政府的运作问题,其专著《让民主政治运转起来》(Putnam,1993a)把意大利中部和南部企业的竞争力差距归因为两地的社会资本差异,强调社会资本蕴涵的那些基本特性,诸如信任、规范在社会行动的协调中可以提高社会效率,从而大大提高了物质资本和人力资本的收益。他特别强调社会资本的公共品属性,是社会活动的副产品(Putnam, 1993b,1995)。社会资本理论的这两个理论渊源在 Davis(2001)看来,体现了对立的两个理论模型——新马克思主义和新自由主义,布迪厄和帕特南正是其代表。帕特南将社会资本定义为社会组织中那些表现为网络和规范特征,这些特征能促进成员为达到共同利益而团结合作,减少群体内的机会主义行为。他认为,现代公民社会中民主制度运行的基础是公众的"自发参与行为"所形成的社会资本网络(networks of civic engagement),从而拓宽了社会资本理论,但也引起了诸多争议(Portes 和 Landolt,1997;Paxton,1999)。公民参与网络是由于一个地区具有共同的历史渊源和独特文化环境,人们容易相互熟知并成为一个关系密切的社区而形成的。在公民参与网络中,商业联系植根于社区和家庭结构,这一结构通过各种方式对破坏人们信任关系的人或行为进行惩罚而得到强化。这种公民精神以及公民参与所体现的就是社会资本,是能够通过推动协调的行动来提高社会效率的信任、规范和网络。"社会资本是指社会组织的特征,诸如信任、规范以及网络,它们能够通过促进合作行为来提高社会的效率。"社会资本一般来说都是公共品,是一种团体的甚至国家的财产,而不是个人的财产,集体社会资本不能只是简单地归结为个人社会资本的总和。他成功地将社会资本概念从个人层面上升到集体层面,并引入政治学研究。

Loury(1977)是最早在经济学中引入社会资本概念的经济学家。约拉姆·本-波斯(Yoram Ben-Porath,1930)曾经提出交易系统中的"F-相关"(F-connection)的作用问题。F-相关即指家庭、朋友、厂商,他们会对交易方式发生影响。新制度经济学的经济学家对制度所产生的经济影响也有许多深刻的分析。Loury 批评了新古典经济理论研究中的片面性,认为单纯强调个

体的经济行为是无法解释美国种族间收入不平等的。在大城市中心区成长
起来的黑人后代很难获得超越其父辈的收入,这与其受教育水平及其接触
社会经济信息的渠道有密切的联系,由于缺乏与劳动力市场的联系,必然就
不能拥有更好的工作机会。广泛存在于家庭和社区的社会资本在儿童甚至
青年的心理成长、社会化以及人力资源发展中都具有至关重要的作用。
Coleman(1988)所建构的社会资本正是在吸取了这些研究的基础上提出的,
是一种结构主义的概念范式,更有综合性。他指出人的社会性获得需要各
种资本的组合:遗传而来的天赋人力资本;物质性先天条件;来自周边社会环
境的社会资本。社会资本作为一种资本性资源,嵌入在社会结构中。

对社会资本的理论演变,Pawar(2006)曾经依文本出现的时序有过简单
的总结(表2.2)。

表2.2 文献中"社会资本"的出现阶段

时 期	作 者	来 源
1890	马歇尔运用了社会资本的不同意义	Grootaert & Bastelaer, 2001
1916	Lydia J. Hanifan,西弗吉尼亚的一个教育改革家。社会资本被视为是"那些构成人们日常生活的大多数具体的资产:构成社会单元的个人和家庭中所拥有的如好意,伙伴,同情和社会交往"。	Putnam (1998),Woolcock (1998),Winter (2000b)
1961	Jane Jacob,"网络是一个城市不可替代的社会资本,无论何时,也无论是什么原因,资本一旦丢失,由之所来的收入就会丢失,不会再回来,直到并且除非能够渐渐地并幸运地积累起来。"	Woolcock (1998),Winter (2000)
20世纪70年代后期	Glenn Loury,作为经济学家在批评新古典理论在研究种族收入不平等时使用了"社会资本"一词。	Portes (1998);Winter (2000)
1986	Bourdieu P.,社会学家:资本的形式有经济的、文化的和社会资本等。	Bourdieu (1986)Winter (2000)
1988	James Coleman,社会学家:社会科学的基础	Winter (2000)
1993	Robert Putnam,政治学家:让民主运作起来	Pantoja (2000),Winter (2000)
1996	世界银行 The Social Capital Initiative:Concept and measurement of social capital. 把社会资本理论与经济增长过程连接了起来。	Grootaert & Bastelaer (2001),相关研究者

资料来源:Pawar(2006)。

20 世纪 90 年代以后,社会资本这个概念逐渐出现在一些国际组织的文献中。1993 年以后,社会资本就开始成为发展语境中的关键性词汇,被国际组织、一些政府和非政府组织广泛采用(Harris 和 Renzio,1997)。同时,社会资本对经济的影响吸引了不少学者的注意力,Woolcock(1997)、Evans(1996)、Fountain(1997)和 Fukuyama(1995a,1995b)等人从创新、制度经济学、经济发展和国家政策等方面运用了社会资本理论。Woolcock(1997)高度肯定了社会资本的经济学意义。Evans(1996)从发展经济学的意义上指出,通过把规范和网络称为社会资本,帕特南等当代理论家把基本关系具体化为具有潜在价值的经济资产。Evans 认为当代发展战略只重视宏观经济学的成就,却未花大力气了解其所依赖的宏观制度的功能。他还认为,作为推动市场交易制度的社会资本,在发展理论中一直具有非常重要的作用。Fukuyama(1995a)也从经济发展和社会繁荣方面研究了社会资本概念。帕特南(Putnam,2000,p.23)指出,社会资本是"有力的,可描述我们生活的很多方面",而不仅仅是"予人温暖的骄傲"。很多学者都把社会资本概念引入了自己的研究领域,如低犯罪率(Halpern,1999;Putnam,2000),更好的健康水平(Wilkinson,1996),收入更为平等(Wilkinson,1996;Kawachi,Lochner 和 Prothrow-Stith,1997),对孩子福利和健康的保护(Cote 和 Healy,2001;Kawachi,Kennedy 和 Glass,1999),腐败更少、政府更有效率(Putnam,1995),社会治安(Varshney,2000),企业家创业(Barr,1998;Fafchamps 和 Minten,1999),社会资本存量和概念的性别差异(Goldstein,1999),等等。

2.1.3　社会资本与关系

社会资本研究中往往会提到"关系",但社会资本并不就是中国人意义上的那种"关系"。有必要对两者间的区别和含义上的一致性进行辨别。关系是人际交往中的核心,但中西方对关系的理解和认知是不同的,关系于中国人具有特殊的意义。因此,理论界在讨论"关系"时,会关注是特指还是泛指的区别(翟学伟,2007)。特指是"guanxi",而泛指有 interaction,communication,relationship,connection,tie,reciprocity,等等。泛指在西方一般表示人与人之间联系的性质、过程和状态,表达是人际关系网络结构和联系,交往主体都是独立个体。而中国人的关系是不同的,最先描述中国社会关系的是乔健(1982)。他认为中国传统社会的关系存在 personal network 和 particularistic tie 这样的双重含义,有三个重要特点:以自我为中心;交往的工具性目的并通过不断交往以强化维持;透过他人而结成关系网。从而是区别于西方的"guanxi"。金耀基(1992,p.64)指出,中国人的关系性存在会特别意味着一种人伦意义,看重人与人之间的差等区别和社会的稳定有序。

翟学伟(2003)的辨别可以比较清晰地分别出中西方之间对关系的不同认知。他在研究中国农民工流动求职过程时,认为格兰诺维特的强关系和弱关系解释中国社会流动和求职是不恰当的,因为:(1)格氏假定的是在一个个体独立地决定自己的择业方式的社会,求职是求信息,弱关系比强关系重要;而传统中国社会的人认为个人求职首先是求人(边燕杰,1998)。(2)格氏没有区分信息真假,假定凡是信息即为真。但中国社会中的信息有真假。可靠的信息来自个人的信任。(3)西方更有价值的信息往往在内群体之外,而中国人可靠信息在内群体当中。农民工求职对信息是否可靠很看重(高嘉陵,2001)。(4)西方人内外群体是区分两个彼此独立的群体,关系强弱分明;而中国人的内群体概念只是从某一个体层层推出去的可大可小的伸缩自如概念,关系强弱不分明。(5)西方关系概念是互动概念,中国关系概念既是互动的,也是空间概念。中国的是一种关系信任,有别于西方社会的信用制度(李继宏,2003)。

在总结了前人有关关系研究的一系列洞见后,翟学伟(2007)提出中国人关系生成的三个命题:(1)持久并缺乏选择性,是一种捆绑性的纽带(bundled tie)——情理并重命题;(2)互动的等级和类别化——不对称关系命题;(3)空间同一化——关系同域化命题。而且,翟学伟(2009)通过对中国中小企业的个案研究认为,关系的指向同社会资本的指向是有所差别的。中国人的关系更多地用来庇护、权力运作与行动者与结构之间的权宜,具有个人层面特征;而社会资本则关注信息、信任、合作及资源的投资与回报,具有社会与制度性特征。

费孝通的差序格局概念在反映中国传统社会人际关系时是比较准确的,这一格局的最大问题就是它归结出来的自我主义特征,这点同儒家思想和家庭生活的价值取向是背道而驰的。

中国人的关系中存在很浓厚的人情面子情结(黄光国,1988;金耀基,1992;翟学伟,2001,2004)。边燕杰(1998,2001)认为,强关系在中国表现为人情关系,而人情关系无论是直接的还是间接的,都是强关系,作用不仅是提供就业信息,还提供实质帮助。李汉林和王琦(2001,pp.15-39,pp.71—91)认为城市农民工的交往和社会支持都是强关系的。黄光国以社会交易理论(social exchange theory)为基础,发展出一套"人情与面子:中国人的权力游戏"的理论模式。按照这种模式,在儒家伦理影响之下,个人在作关系判断时,会将自己与对方之间的关系大致上分为三类,并依不同的社会交易法则与对方交往。这三种关系分别是情感性的关系(遵循需求法则)、混合性的关系(人情法则)及工具性的关系(公平法则)。所谓情感性的关系指的是家庭成员的关系;混合性的关系是指个人在家庭之外所建立的各种关系,包括亲戚、朋友、邻居、同学及同乡等;工具性的关系是指个人可能为了达成某些目的,而和他人进行交往,其中只含有少许情感的成分,交往双方并不预期将来会建立起长期性的情感关系。在家族企业里,企业家以"需求法则"和在组织中工作的家族成员交往,以"人情法则"和其雇用的员工交往,和组织外的其他人一般则是建立短暂的"工具性关系"。

对中国社会现代转型所带来的人际关系演变,也是人们关注的焦点。最早对中国社会变化作出理论观察的是傅高义(Vogel,1965)。他认为1949年后中国社会人际关系出现了从朋友向同志的转变。朋友关系是一种特殊主义的关系和道德准则,而同志关系则是一种普遍主义的关系和道德准则。但他的分析片面强调社会关系变迁的意识形态基础,而忽略了现实的社会资源配置体制变迁对社会关系的影响,没有揭示出这种社会关系变迁的深刻内涵。应该看到1949年以后多次大规模开展的移风易俗、批判封建思想残余、革命理想教育等意识形态运动,是造成社会关系革命的重要原因(孙立平,1996)。孙立平(1996)指出中国社会关系在1949年前后是从一种特殊主义的表达型关系到同志这样一种独特的普遍主义的表达型关系的演变过程。50年代以来,从一种以表达为取向的普遍主义关系向以功利为取向的特殊主义关系演变,但不是向传统的人际关系回归。造成这种转变的深刻社会经济根源是中国社会稀缺资源配置方式的变化,传统的"差序格局"不仅仅是一种社会关系格局,或是一种伦理道德模式,实际上还是一种对社会中稀缺资源进行配置的模式或格局,从而形成个人对血缘和地缘的依赖和效忠。1949年后是用社会主义再分配经济体制取代了过去以血缘和地缘为基础的配置制度,人际关系也因而转变,向特殊主义的功利取向转变。这中间,人际关系还出现一种"原子化"(atomization)趋势(Kornhauser,1959;Friedrich,1954),在地位不平等的人们之间形成一种庇护主义关系网络,是个人化社会人们的一种生存策略,以利益最大化而不是风险最小化为特征(Oi,1989)。地位相同的人之间则会有工具性横向私人关系。庇护主义关系在发挥整合作用的同时,也赋予体制和结构以弹性。这一趋势也是中国社会"差序格局"走向"理性化"(陈俊杰和陈震,1998;杨善华和侯红蕊,1999),出现"工具性差序格局"的反映(李沛良,1993)。运用关系理论研究中国经济发展比较成功的还有冯华(2006)。Standifird 和 Marshall(2000)从理论上解释了基于关系的交易对交易成本的节约,证明了关系网络的积极作用。

因此,中国社会生活中关系的特殊性使得简单套用西方的学术术语进行研究并不完全恰当,已经出现的对关系的研究正是一种学术本土化的努力。

2.2 社会资本的定义及形成

2.2.1 社会资本定义

由于社会资本理论的复杂性和过于宽泛,其定义也并没有一个统一的广为接受的界定(Putnam,1998;Cox 和 Caldwell,2000;Paldam 和 Svendsen,1999;Portes 和 Sensenbrenner,1993;Portes,1998;Durlauf 和 Fafchamps,2005;Foley 和 Edards,1999;Kawachi 和 Berkman,2000;Narayan 和 Cassidy,2001;Warde 和 Tampubolon,2002)。一般涉及社会资本理论研究的评述也会对此有所述及(Woolcock,1998;Adler 和 Kwon,2002;周红云,2002;方竹兰,2003;张文宏,2003;陈柳钦,2007)。

很多文献都在讨论社会资本概念(Baron 和 Hannan,1994;Robison,Schmid 和 Siles,2002)。任亮(2007)把社会资本归纳为五个命题,基本把握了有关该概念的各种不同看法。Pelling 和 High(2005)更为直接,认为,社会资本概念的广泛使用源自三部认识不同的著作(Bourdieu,Coleman 和 Putnam)。Bourdieu(1984)是基于现实主义的认识论对资本不同形式的表述,把社会资本概念作为社会分层理论的一部分使用的。引入社会资本概念以廓清那些为精英集团用来再生产其特殊地位的社会纽带。与之相反的是,Coleman(1990)作为一理性选择的理论家是在其实证分析美国受教育程度时引进作为解释变量的。Boudieu 把社会资本视为个人有意识保留的物品(其对社会分工的意义和力量是由社会建构的)。社会资本是社会过程和互动中一个很大程度上无意识产生的结果。Putnam(1993)首先使用社会资本是为了解释意大利制度绩效、管理和经济发展的不同。后来,对于美国普遍的公众参与,他引进了被广泛引用的社会资本定义"社会生活特征——网络、规范和信任——保证参与者一起更加有效地行动以追求共同的目标"

(Putnam,1995, pp. 664-665)。定义包含着连贯的一系列要素组成了社会资本并得到广泛认同,在各种领域得到广泛使用(Woolcock,1998)。不同的定义都归结到了"关系"(Narayan 和 Cassady,2001;Portes,1998)以及由这些关系而来的相互合作或各种资源上的好处。但社会资本仍然是一个不可靠的概念,越是接近越是不可靠,但并不妨碍其在政策上的运用(Fine,2001)。社会资本在文献中因而是千人千面(Johnston 和 Percy-Smith,2002),具有很强的"概念延展性",对各种社会现象采取一种海纳百川式的"全接收"(Macinko 和 Starfield,2001)。也不乏对其嗤之以鼻的,指斥社会资本概念是"旧瓶装新酒"(Labonte,1999;Lochner,Kawachi 和 Kennedy,1999)。正如 Portes(1998)指出的,必须弄清楚其含义以免随便滥用。

在社会资本研究上,方法的多样性和对不同社会资本质量的反映阻碍了其综合和知识的积累及跨领域的理论建树(Schuller,Baron 和 Field,2000)。Sabatini(2009)认为社会资本面临两个问题无法解决,首先是定义太宽泛,而且在缺乏适当数据时,既没有普适的测量方法,也没有单一扎实的指标为各方都接受;其次,即便社会资本是一个多维概念,也无法清晰地理清哪一维度对发展的不同方面都有正面的影响。Hean,Cowley 和 Forbes 等(2003)在寻求构建社会资本的理论模型时,曾经总结这一概念在理论和实证研究上的混乱,指出,社会资本涉及的维度主要有:

信任(Kilpatrick,2000;Kawachi,Kennedy, 和 Wilkinson,1999b;Leana 和 Van Buren Ⅲ,1999;Snijders,1999;Collier,1998;Cox,1997;Putnam,1993a,b;Coleman,1988);

治理社会行动的规则和规范,如互惠等(Fukuyama,1999;Collier,1998;Portes 和 Sensenbrenner,1993;Coleman,1988);

社会互动的类型(Snijders,1999;Collier,1998);

网络资源(Kilpatrick,2000;Snijders,1999);

其他的网络特征(Hawe 和 Shiell,2000;Kilpatrick,2000;Astone,Nathanson,Schoen,et al.,1999;Krishna 和 Shrader,1999;Burt,1997;Putnam,1995)。

而要把这些成分组合在一个框架下做整合,则面临很多基础性挑战必须克服:

(1)必须把不同的成分连接起来以扩展对概念的理论认识(Leeder 和 Dominello,1999);

(2)需要力避在社会政策上这个概念的矛盾用法,把概念的实体性与其

后果或肇因区别开来(Woolcock,1998);

(3)需要通过开发有效的(有效和可靠)和理论自洽的测量策略来确定社会资本的解释力。

作为第一个系统表述社会资本的作家,布迪厄指出:"社会资本是现实或潜在的资源的集合体,这些资源与拥有或多或少制度化的共同熟识和认可的关系网络有关,换言之,与一个群体中的成员身份有关。它从集体拥有的角度为每个成员提供支持,在这个词汇的多种意义上,它是为其成员提供获得信用的'信任状'。"(Bourdieu,1986,p. 248)这是最为精练的理论分析,把社会资本指涉的社会关系和资源都包括了进去,但同时"把每一种类型的资本都化约为经济资本"(Bourdieu,1986,p. 241,p. 252)也是他的重大局限,具有典型唯物主义决定论色彩(张文宏,2003)。布迪厄认为社会资本不仅是动态的和创造性的,而且是一种结构性现象,但其作品只是在20世纪80年代才翻译成英文,使其思想传播受到很大限制(Schuller,Barton和Field,2000)。科尔曼则把社会资本定义为"个人拥有的社会结构资源","它并不是一个简单的实体,而是由具有两种特征的多种不同实体构成的:它们全部由社会结构的某个方面组成,它们促进了处在该结构内的个体的某些行动"(Coleman,1990,p. 302),强调其结构性质和公共品性质,但对概念本身仍然存在模糊,何为其拥有者,何为其来源,何为其本身,都并不十分清楚(Portes,1998,pp. 5-60)。但科尔曼是在理论上对社会资本给予了全面而具体的界定和分析的第一位社会学家。他根据功能对社会资本进行定义,指出其并非一单一的实体,而是一组具有共同特征的不同实体:它们都是社会结构的某些方面组成的,并能推进结构中个体的某些行为(Coleman,1990,p. 302)。表现为三种形式:由对社会环境的信任而来的义务和期望;其次,作为行动基础的社会结构的信息能力;第三,有效交易的规范。

帕特南则把社会资本解释为"能够通过推动协调的行动来提高社会效率的信任、规范以及网络"(Putnam,1990,pp. 35-36)。在帕特南这里,社会资本不是某个人的财富,而是整个社会的财富,关乎一个社会的经济和民主发展。帕特南原来把社会资本定位在横向水平层次上的关系是狭隘的(DeFilippis,2001),必须扩展为包括异质性团体间的联系和互动(Putnam,1998)。Halpern(1999)认为"让民主运作起来"牢牢确立了帕特南在社会资本理论版图上的地位,因为他树立了一个理念:富有效率的地方政府必须是有着"充满活力的社团生活"。但他实际上把社会资本"看成了主观的社会规范(信任)、客观的社会特征(社会网络)和结果(有效性和效能)的交融物和混合物"。这既赋予其巨大的解释潜力,也因为彼此的混同而显出了不足,"这些事物之间的关系本应是经验性调查的对象"。基于其对帕特南社会资本定义的理解,纽顿在解释社会资本与现代社会的关系时提出了三个模型:(1)深度信任的杜尔凯姆模型;(2)浅度信任的托克维尔模型;(3)现代社会的抽象信任(纽顿,2000)。

波茨借用嵌入的观点,认为社会资本是"个人通过他们的成员身份在网络中或者在更宽泛的社会结构中获取稀缺资源的能力。获取能力不是个人固有的,而是个人与他人关系中包含着的一种资产。社会资本是嵌入的结果"(Portes,1995,pp. 12-13)。波茨区分了理性嵌入和结构性嵌入,所谓理性嵌入是基于双方互惠预期,双方关系是建立在迫使对方承认的预期能力的基础上;而当双方成为更大网络的一部分时(结构性嵌入),信任会随着相互期待而增加,更大的社区会强制推行各种约束,此即"可强制推行的信任"。互惠期待和可强制推行的信任二者都是借助于对约束因素的恐惧而推行的。波特根据其对社会资本的网络联接,将其定义为由网络结构提供的网络行动者的信息和资源控制,由于各人在网络中的流动、信息获得和资源摄取的不同,使得不同结构和位置的个体表现为机会和能力的不同,这就是"结构洞"理论。福山则基于其对经济发展和社会特征的认识,认为社会资本是一种"有助于两个或更多个个体之间相互合作、可用事例说明的非正式规范……规范必须能够促进群体内的合作。因此,它们往往与诚实、遵守诺言、履行义务及互惠之类的社会美德存在联系"(Fukuyama,1995a)。Passey(2000)认为福山(Fukuyama,1995b)试图比较不同国家和文化中因为信任水平的不同而致经济绩效的差异。作为内生于一个社会的信任水平决定了其繁荣和民主的程度,以及经济竞争的能力。

对社会资本定义比较有影响的还有华裔学者林南的资源观,"社会资本由嵌入在个人的网络和联系中的资源组成。……它不是个体所拥有的物品,而是通过直接和间接的关系获取的资源"(林南,2005,p.54)。林南社会资源理论有三大假设:社会资源假设——工具性行动的成功概率与社会资源有正相关;位置力量假设——在等级结构中所处位置与可获取的社会资源有正相关;关系力量假设——弱关系的运用与社会资源有正相关(Lin,1982,1990)。Flap 和 Nan(1986)及 Erickson(1996)都认为社会资本是由嵌入在社会关系和社会结构中的资源组成。Flap(1986)提出社会资本的三个要素为:第一,在个人社会网中,"当要求帮忙时,准备或者有义务帮你"的人数;第二,这些人愿意帮忙的关系强度;第三,他们所拥有的资源。

　　社会资本的作用也得到一些重要国际组织的关注。经合组织（OECD）定义社会资本为"能在团体中促进协作的、可共享的规范、价值和理解的网络"（Cote 和 Healy，2001，p. 41）。绩效与创新联盟（PERFORMANCE AND INNOVATION UNIT，2002，p. 5）定义比较宽泛，指社会资本是"塑造一个社会中社会互动的网络、规范、关系、价值和非正式交易"。它有三个非常重要的方面：社会网络、社会规范和交易（这是不会发生任何偏离规范事件的保证）。

　　世界银行的定义更为广泛：社会资本是可以塑造一个社会中互动的质量和数量的制度、关系以及广泛性联系，它不仅仅是支撑一个社会的制度的总和，它是把社会凝聚在一起的黏合剂。世界银行认为狭义的定义反映了人们间的横向联系，包括社会网络和规范，对社区生产力和财富有影响。广义的定义则把工作场所的人们间的纵向联系包括了进来，有正面和负面的双面作用。由于认识到社会资本在经济发展和解除贫困中的作用，世界银行 1996 年以来已在世界各地开展了旨在促进社会资本积累的研究（Feldman 和 Assaf，1999）。其基本理念就是："一个社会的社会资本包括制度、关系以及支配着人们互动并促进经济社会发展的态度和价值观。社会资本不仅是社会的支撑制度，也是维系社会的纽带。"（Grootaert，1997：3）

　　社会资本理论的问世引发了很多的争议，也产生了很多不同的定义，它们往往从特定角度试图把握社会资本概念。从大量文献定义看，对社会资本定义一般有两个重要切入视角，一是把社会资本视为一种由社会互动而来的社会关系—资源，具有某些可用的实际功能，具有一定的客观性；再就是研究处于社会网络关系中的人及其行为的应有规范，如信任、规矩等，是主观的价值规范。Coleman 和 Hoffer（1987）注意到社会资本有功能和结构的区分。Grootaert 和 van Bastelaer（2002，pp. 10-11）和 Uphoff（2000）提出社会资本有结构性和认知性两种类型。结构性反映的是一种网络的"线"：联系的范围、密度和数量（Poortinga，2006a），具有行为特征：（1）人们之间关系联系的集合体；（2）可能存在的组织嵌入（Putnam，1993；Veenstra，2002a；Hooghe 和 Stolle，2003）。而认知性反映的则是"节点"：态度和价值，如资源交换中的支持、互惠和信任（Poortinga，2006a）。对各种定义讨论比较全面的有 Woolcock（1998），Adler 和 Kwon（2002）和 Tamaschke（2003）对不同的定义进行了一次搜刮式总结。范德西（van Deth，2007）认为，目前对社会资本的理解包括：（1）结构性的和文化的方面；（2）为未来的物品和行为投资；（3）根据其功能定义，却不能对其精确含义取得一致意见。

基于不同群体不同层次间的联系,社会资本可分为津梁型(bridging)、内向紧密型(Bonding)和关联型(Linking)(Gittell 和 Vidal,1998;Narayan,1999;Onyx and Bullen,2000;Putnam,2000,p. 23;2001;Woolcock 和 Narayan,2000;Woolcock,2001;Leonard 和 Onyx,2003;Schuller,2007)。Woolcock 和 Sweetser(2002,p. 26)指出:"内向紧密型社会资本反映的联系是关乎你本体的(家庭、亲戚和血缘),……津梁型社会资本反映的是人口学意义上不是你的人们间的联系","关联型社会资本则是与有权力的人的联系,无论他们是具有政治或金融影响力",包括与正规制度的联系(Woolcock,2001;Mayoux,2001)。关联型允许集团从权力机构摄取资源、思想和信息,可确保集团成员"汇集"微观上的社会资本和社会行动后达到某种政治经济上的有影响的水平(Evans,1996)。内向紧密型社会资本是同质性团体的关系,而"津梁型社会资本趋向于把多样化的社会阶层的人联接在一起"(Field,2003;ONS,2001),近似于格兰诺维特的"弱关系"(Granovette,1973,1985),是多样性的、异质性的团体之间的联接,是一种类似于有机团结的形式,是加总社会资本(Wilson,2006)。但内向紧密型社会资本思想的理念则是"强关系"(Lin,Ensel 和 Vaughn,1981),并不完全就是好处(Olson,1982)。内向紧密型社会资本和津梁型社会资本的区别在学术界虽然取得了基本共识,但也并没有系统地概念化(Patulny 和 Svendsen,2007;Schuller,2007)。Szreter 和 Woolcock(2004,p. 655)认为这些没有考虑到地位和权力在不同群体间的差异。而关联型可反映"社会上那些通过明确的、正式或制度化权力或权威成分实现互动的人们之间的那种尊重规则和保持着信任感的关系网络。"津梁型是平等关系的水平联系,而这是纵向的,是对权威的一种信任。

陈捷和卢春龙(2009)把帕特南对社会资本的关系划分思想区分为共通性社会资本和特定性社会资本(Fukuyama,1995,2001,2002;Putnam,2000;Knack,2002;Uslaner,2002;Perez-Diaz,2002;Zmerli,2003;Callahan,2005)。共通性社会资本在客观维度上主要由一些开放型的社会网络组成,把具有不同经济、社会甚至政治背景的人联系在一起(Knack,2002)。主观上包括人们之间"无区别的"、包容性的社会信任以及互惠互利的道德规范,这一社会信任不是以彼此是否认识或有相同的背景为基础(Uslaner,2002)。特定性社会资本,客观维度主要由一些排他型的社会网络所组成,这些网络由那些有共同经济、政治或人口特征的人所组成。把那些不拥有这些特征的人或群体排除在外(Fukuyama,2001)。主观维度上包括那些"区别性的"、局限性的人际信任,它是以彼此是否认识或是否拥有相同的背景为基础,只会维护成员圈子里的局部利益。

撒拉格尔丁和格鲁特厄特(2005)在讨论社会资本定义时,认为社会资本概念的扩展是由非正式的和地方的横向组织,再加入科层组织并推广到政府和法律规则等正式国家结构的,包含着社会关系与经济结果是相互影响的思想,认识到潜在的社会关系既带来了发展水平的提高,也可能产生消极的影响。经济学家索洛则丝毫不看好社会资本研究,认为那些研究和讨论社会资本的人试图理解某种难解、复杂且重要的东西:一个社会的制度和共有的态度与其经济运作方式是如何相互作用的。这是一件费力不讨好的工作。"为什么要叫社会资本?我认为,这是试图从糟糕的类比中得出确定的结论。"因此提出,可代之以"行为模式"一词。奥斯特罗姆对社会资本的看法相对平和,她把社会资本分成了最狭义的社会资本观、过渡的社会资本观以及扩展的社会资本观(Ostrom,1990)。

布朗(2000)从另外的角度概括了社会资本概念使用的状况。布朗用系统主义的本体论把社会资本看成是按照构成社会网络的个体自我间的关系类型在社会网络中分配资源的程序系统,并把系统的要素、结构和环境划分为微观、中观和宏观三个层次。对社会资本概念的理解建立在三个不同层次的使用上:社会资本分析的微观层次,即嵌入自我观;社会资本的中观层次,即结构观;社会资本的宏观层次,即嵌入结构观。与奥斯特罗姆的三个阶段对立起来。布朗的系统观和层次观在特纳(2005)这里得到了回应。他把社会资本定义为"那些在一个社会中通过创造和维持社会关系和社会组织形式来增强经济发展潜力的因素",它们在宏观、中观和微观三个层次上发挥作用:(1)一定数量的人们组织起来满足生产、再生产、管理和协作中基本的和基础性的需要(宏观制度层面);(2)社团单元组织人力资本以及组群单元促生决定一个社会成员待遇地位的社会差别(中观层面);(3)以面对面互动形式包含在社团和组群单元中的各种社会交往(微观层面)。Nahapiet和Ghoshal(1998)则把社会资本分为结构维度、关系维度和认知维度,更好地方便了人们对社会资本结构的把握。

以上大致阐述了学术界对社会资本定义的各种不同学术思考,作为参考,我国学者丁湘成和左停(2009)曾对主要定义有个简单的总结,附在这里以方便更好理解(表 2.3)。

表 2.3　主要社会资本的定义

布迪厄	"……与群体成员相联系的实际的或潜在的资源的总和,它们可以为群体的每一个成员提供集体共有资本支持……"(1986)
科尔曼	"……一种责任与期望、信息渠道以及一套规范与有效的约束,它们能限制或者鼓励某些行为……"(1988) "社会组织构成社会资本,它们有助于目标的实现,如果社会资本缺失,那么目标可能会无法实现,或者实现的代价会比较高昂……"(1990)
帕特南	"……指社会组织的特征,例如网络、规范和信任,它们有助于人们为了共同的利益进行协调与合作……"(1993) "……指个体之间的联系——社会网络以及在此基础上形成的互惠和信赖的价值规范……"(2000)
福　山	"……群体成员之间共享的非正式的价值观念、规范,能够促进他们之间的相互合作,如果全体的成员与其他人将会采取可靠和诚实的行动,那么他们就会逐渐相互信任。信任就像是润滑剂,可以使人和群体或组织更高效地运作……"(1999)
林　南	"……内嵌于社会网络中的资源,行为人在采取行动时能够获取和使用这些资源。因而,这个概念包含两个重要的方面:一是它代表的是内嵌于社会关系中而非个人所有的资源;二是获取和使用这种资源的权力属于网络中的个人……"(2001)
联合国开发计划署	社会资本是一种自觉形成的社会规则,它体现于社会各组成部分的关系中,体现于人与人之间的关系之中。而且,它只有建立在民间团体和组织所达成的协议的基础上才可能是稳定的。(1999)
经济合作与发展组织(OECD)	"……网络以及共享的规范、价值观念和理解,它们有助于促进群体内部或群体之间的合作……"(2001)
世界银行	"……一个社会的社会资本包括组织机构、关系、态度与价值观念,它们支配人们之间的行为,并有利于经济和社会的发展……"(1998)

资料来源:丁湘成和左停(2009)。

对社会资本概念不同定义的总结可以更清楚地说明这一概念的复杂性,但正如 Woolcock(1998)所指出的,社会资本的基本思想是建立在最强大的理论基础之上的,它吸收并扩展了迪尔凯姆、韦伯和齐美尔关于不同类型的社会关系在实现制度成果方面的作用的综合观点。它不是试图证实或驳斥社会关系始终而且处处是"理性"行为人的结构的主张,或是替代"原始规范"或"文化"的结果这些主张,而是一种引起对经济生活的社会—结构解释的更为有效的探讨,并试图鉴明所涉及的社会关系的类型与组合、形成它们的制度环境,以及它们历史上的出现与持续情况。社会资本的三个关键概念,信任、规则和网络都不是什么新东西(阿罗,2003),社会资本不能替代过去的各种资本概念,但它拓展了人们对资本的理解,可更好地促进社会可持续发展(撒拉格尔丁和格鲁特厄特,2005)。

2.2.2　社会资本的形成

Glaeser(2001)指出,"对规范社会科学和致力于提高社会资本的政治机构来说,社会资本的形成都是一个关键课题"。在社会资本研究中,一种方法是把社会资本的积累视为是个人现象(Brehm 和 Rahn,1997;Glaeser, Laibson, Scheinkman, *et al.*, 2000;Glaeser, Laibson, Sacerdote, 2002)。再者就是以比较宏观的视角从特有学科视野来看待,一个来自社会流行病学和经济学,一个来自人类学,不仅关注社会资本的形成,而且关心其瓦解[dissolution, Wilkinson(1996, 1997a, 1997b)],以及其他研究者认为工业国的收入不平等损害了社会资本,继而伤害健康,尤其在穷人中间对社会资本的损害(Egolf, Lasker, Wolf, *et al.*, 1992;Kawachi 和 Kennedy,1997a, 1999,2002;Kawachi, Kennedy, Lochner, *et al.*,1997;Kawachi, Kennedy 和 Wilkinson,1999;Macinko 和 Starfield,2001)。

这样,在个体视角之外,有社会资本形成的社群视角和社会资源观。Inkeles(2000,p.247)强调,"推动社会资本研究前进的是增加值假设……允许社区做其无力做的事情……没有附加社会资本。相反,个体化的研究普遍对附加值不置一喙,更为关心现有资源可得到的竞争性优势。似乎一成不变的就是处理所赢即所失的零和情境(win-lose situation)。对人类来说,如果我们可确定在社区层面上增加社会资本无论对个人还是社区最大程度上是一种双赢的话就会非常有吸引力"。

社会资本的社群观认为,社会资本产生于志愿性社群内部个体之间的互动;这种社群被认为是推动公民之间合作的关键机制,并提供了培养信任的框架(Putnam,1993,1995;Fukuyama,1995a;Coleman,1988,1990)。理论基础是经济学的囚徒困境分析和博弈论。社群成员的重复互动可产生促进合作行动的规范、网络和信任,埃里克森(Ellickson,1991)和奥斯特罗姆(Ostrom,1990)的经验研究证明,重复社群互动产生合作规范。Dipasquale 和 Glaeser(1999)证明了社区的持续性有助于社会资本的形成(正面影响)。

社会资本的社会资源观强调社会资源是社会资本建构的基础,而这些资源可通过其社会网络摄取(Raider 和 Burt,1996;Sandefur 和 Laumann,1998),伯特(Burt,2000)认为,结构洞和结构封闭是两种不同的网络结构,它们都能产生社会资本。嵌入在网络中的社会资源可提供各种利益,如信息、影响力和控制力。社会资本反映了这种资源摄取能力(Burt,1997;Lin,Voughn 和 Ensel,1981)。社会网络会强调社会互动的结构以及该结构如何促进或限制对资源的摄取(Lin,Voughn 和 Ensel,1981;Sandefur 和 Laumann,1998)。不同性质的资源对不同类型的社会资本都是有用的(Putnam,2001;Sandefur 和 Laumann,1998),其作用体现在多方面,如求职(Granovetter,1973),寻求社会支持(Haines 和 Hurlbert,1992),取得地位(Lai et al.,1998),收入差异(Carroll 和 Teo,1996)。

社会资本中有两种网络的效果得到证实:表达型和工具型的行动。表达型趋向于个人、团体或社区去占有资源(如价值、生活水平和福利),从而,一个封闭的或紧密的网络是紧密型社会资本的源泉(Putnam,2000),会促进团体的凝聚力和团结以保护重要资源。而工具性行为寻求更多的资源提高个人、团体或社区成功的机会。为此,一个超越团体(津梁型社会资本)、更为开放或松散的网络更有好处。理论上,表达型的公民行为在团体紧密或封闭网络中更为有用;而工具性行为对团体松散或开放式网络更为有利。

van Emmerik(2006)区分了硬社会资本和软社会资本。硬社会资本具有任务导向,可获得职业成功。这种社会资本往往有职业特征,有利于职业成功和相关信息交流(Ibarra,1993)。可提供劝告、契约、培训和保护(Ibarra,1995;Gersick et al.,2000),或赢得挑战和可行的安排(Ibarra,1993)。而软社会资本是一种情感支持资源,可获得社会情感支持,有很强的友谊交流和社会支持,在亲密性和信任水平上都很高(Ibarra,1993)。通过咨询、友谊和模仿,有利于自我发展自信和确立职业身份(Gersick et al.,2000)。

对社会资本的批评也很多(Putzel,1997;Arrow,2000;Grootaert 和 Van Bastelaer,2001;Sobels,2002;Hunter,2004),大多数批评是可以置之不理的,因为正如 Hunter(2004)所指出的:"……(这些)批评往往只是一种智力的拼斗,而不是指向概念本身,或支撑它们的分析框架。"但听听批评者的声音仍然是有用的。有批评指出研究者在把目光投向社会资本时,忽视了不平等的结构性原因而转移国家对提供服务的责任(Harris,2002),对性别视而不见(Molyneux,2002)。社会资本并不必然产生有利后果(Morrow,1999),社会资本对个人资源的榨取会阻碍其成功(Johanson,2001)。这就导致一个社会资本的衰退问题(综述有 Portes,1998;Portes 和 Landolt,2000;Sobel,2002),帕特南(Putnam,2000)仔细研究了美国社会资本的兴衰,Costa 和 Kahn(2003)则讨论了这一现象背后的成因。在生产社会资本的过程中也会有"成本"(World Bank,2001)。在团结和信任的关系上,会有义务和责任(Portes 和 Sensenbrenner,1993)。社区的一些规则在个体自由以及发展与外部的非亲密性网络联系上都有阻碍作用,不利于经济的流动性(Fernandez-Kelly,1995;Portes 和 Landolt,1996)。同时,团结也必然意味着社会排斥,带来非某一特定网络之外人群的不利处境(Geertz,1963;Portes,1998;Putzel,1997)。研究者的注意力因此不得不再次向权力和不平等现象回归(Fine,2001)。女人往往被排斥在男人的权力型信任和互惠网络之外(Burt,1998;Molyneaux,2002;Mayoux,2001;Neuhouser,1995;Smith-Lovin 和 McPherson,1993;World Bank,2001)。

2.3　社会资本的实证研究

社会资本是一种"把社会黏结而非捆绑在一起"的力量(Serageldin,1996,p.196)。社会资本的重要性在于它会影响社会政治环境,继而影响政府、法律规则和公民及政治自由(Olson,1982;North,1990)。Veblen(1908a)称之为"无形资产"。世界银行把社会资本视为是减贫工作中一个重要的开发工具或"缺失的环节"(Grootaert,1998),是社会开发的关键所在(Eade,2003,p.307)。世界银行在 2000/2001 年世界发展报告《与贫困作斗争》中明确提出,要把支持穷人积累社会资本作为反贫困的重要措施之一。Grootaert 运用印度尼西亚数据证实社会资本能显著减少贫困,被称为"穷人的资本"。Healy(2001)指出我们需要保护"社会地带",并设计一些保护和更新的战略。社会资本水平高的社区和国家其收入也更高,可做其他社区不能做的事(Robison 和 Siles,1997)。职业的成就、精神健康、经济稳定和不参与犯罪活动一定意义上都是受益于社会资本(Furstenberg 和 Hughes,1995)。管理专家也将之视为是组织开发所仰仗的工具(Cohen 和 Prusak,2001)。

社会资本可以影响和塑造很多社会经济后果,如民主(Brehm 和 Rahn,1997;Putnam,Leonardi 和 Nanetti,1993);健康(Kawachi 和 Berkman,2000;Kawachi 和 Kennedy,1997a);农村减贫(Narayan 和 Prichett,1999;Woolcock 和 Narayan,2000);学校成绩(Goldin 和 Katz,1999;Israel,Beaulieu 和 Hartless,2001);经济增长(Dasgupta 和 Serageldin,2000;Knack 和 Keefer,1997;Zak and Knack,2001),等等。对社会资本的实证研究,帕特南的开拓性作用无疑非常重要。他和同事对意大利的调查发现,

初始社会资本水平高的地区其政府更为有效率，从而对地区发展有利，社会资本指标有 3 组：市民团体的广泛程度；地区政府效率测量指标；公民对地区政府满意度调查指标（赫利韦尔和帕特南，2005）。帕特南之后，很多社会学家和经济学家都对社会资本在社会经济各领域的作用进行了实证检验，在对社会资本的测量和功能作用等多方面都有进一步的认识，取得了很大成就。Woolcock(1998)总结了社会资本的 7 个领域：社会理论与经济发展问题、家庭和青少年行为问题、学校教育和社会教育、社区生活、工作与组织、民主与政府管理、集体行为问题等。本书主要从四个领域的经验研究中总结社会资本在社会领域中的作用，并借以揭示社会资本的作用机制，为实际工作中的政策制定提供更详尽的理论借鉴。

2.3.1 社会资本在社会发展中的作用的实证研究

发展与社会资本关系的文献很多，Uphoff(2000)认为社会资本是一种可带来心理、认知、文化、社会和制度利益的资产。发展会受到历史的影响（Glaeser，Porta 和 Lopez-de-Silanes，*et al.*，2004；Tabellini，2007；Acemoglu 和 Robinson，2006）。Tabellini（2008），Guiso、Sapienza 和 Zingales（2008），Fransois 和 Zabojnik(2005)构建了文化演化模型研究经济发展。在其他资本禀赋基本相似的情况下，发展结果的不同用社会资本解释是一个很好的视角（Guiso，Sapienza 和 Zingales，2004；Fidrmuc 和 Gërxhani，2008）。Knack 和 Keefer(1997)、Temple 和 Johnson(1998)证明高水平的信任和社会参与在控制了其他促进增长的因素后与增长是正相关的。信任的积累可视为是总生产函数中的投入（Crudelia，2006）。Miguel(2003)，Mogues 和 Carter(2005)，Rupasingha、Goetz 和 Freshwater(2006)考察了社会资本存量与经济增长的关系，尤其是犯罪率和其他社会问题的减少的作用。Rodrik(1998)研究了社会资本对经济增长的影响。以充分的经济计量学证据说明，1975 年后经历了严重经济衰退的国家往往都是分裂的社会，包括种族隔离严重，冲突管理的能力弱等。Collier 和 Gunning(1999)也指出，非洲的经济低增长率可归结为其严重的种族隔离和政治上的弱势。

社会资本在发展中具有重要作用，原因是多方面的（Silvey 和 Elmhirst，2003），首先，社会资本是理解社会关系方面向其他资本形式（如经济的、文化的）转化较好的媒介，对其进行分析有利于解释为何个体能提高或维持其社会地位（Bourdieu，1977；Portes，1998）；其次，该概念可让焦点集中在发展而不是经济增长上（Bebbington，1999）；第三，这是一个在市场和国家之外可概念化公民社会作用的有用概念（Grootaert，1999；Ostrom，1996；Uphoff，1993）；最后，社会资本在解释不服从新古典移民理论的预期模式上很有用（Palloni，Massey，Ceballos，*et al*.，2001）。

对社会资本在社会从传统向现代的转型中的作用问题，一般研究者都注意到现代性的嵌入会对转型中的社会产生影响（Putnam，2000；Costa 和 Kahn，2003）。Kumar 和 Matsusaka（2009）对社会资本在社会发展中的性质转变进行了理论解释。他们区分了两种社会资本：本地化资本（Local capital）和市场型资本（market capital），前者依靠家庭和其他个人网络，后者则依赖于非个人的市场制度如审计和法院。认为在前工业化时代，因其积累成本低，本地化资本由于长距离交易的困难而显得十分重要，但在长距离交易日益可行以后，这种资本反而不利于工业化转型。而市场型资本的积累成本太高，却支持陌生人间的贸易从而有利于劳动分工和工业化转型。建立在家庭以外的信任会导致不相关人们之间的弱关系（Fukuyama，1995），Beugelsdijk 和 Smulders（2003）提供了相关证据。

传统型组织植根在文化和传统中，这是社会规范的源泉。"传统不是，也永远不会是静止的，但因其切近信奉该理念的人们的需求、价值和利益而得以幸存"（Uphoff，1996b，Ⅸ）。社会资本在既存组织中因其重要性而不容易被超越或丢弃（Esman 和 Uphoff，1984）。尼日利亚政府试图替代土著组织的失败也说明了这一点（Wolff 和 Wahab，1996）。土著组织的维持是由其成员把社会经济联系紧紧融合在了一起，组织成员对按照年龄和经验任命的领导是承认和信任的。在未曾工业化的农村社会中，亲缘仍然渗透在社会生活中。大量的反复互动、共同遵守的婚姻规则以及亲戚关系等等，大多数时间人们都知道别人在干什么（Godoy，Reyes-García，Huanca，*et al*.，2006），这种亲密互动的关系会强化彼此对对方的影响（Abraham 和 Platteau，2001）。在小型的、前工业化社会中，人们投资社会资本是为避免邻居，尤其是亲戚的嫉妒、不信任以及闲言碎语（Abraham 和 Platteau，2001；Henrich 和 Boyd，2001）。有时投资也是源自利他主义（Boyd，Gintis，Bowles，*et al*.，2003），伴随着的回报是确定的（Wilk，1993）。

传统社会向现代开放性市场经济的转变会导致社会资本的削弱（Besley，1995；Johnson 和 Earle，2000；Knauft，1991）。文化人类学家对市场开放性给传统的社会资本形式，如互惠互助等的不利结果进行了研究（Escobar，1996；Hymes，1972；Ortner，1984）。市场经济活动的增加使得

人们更为勤奋工作而损害了休闲时间,弱化了社区社会纽带的联系(Gross,
Eiten, Flowers, *et al.*, 1979)。财富、收入和消费的增加会让人们找到更为
廉价的自我保险形式(Carter,1997;Fafchamps,1992)。Morduch(1995)和
Rosenzweig(1988)发现在印度南方的农村,穷人们虽然会用更多的礼物和
交换来降低风险,但在处理不幸后果时还是希望运用信用方式处理。进入
现代经济社会,社会资本积累上团体的作用是中性的。因为家庭成员是分
开的并经常流动,人们往往看不到邻居的投资或消费(Heffetz,2004)。
Dahal 和 Adhikari(2008)对菲律宾自然资源管理的研究也是一个有说服力
的实证,内向紧密型(Bonding)社会资本对土著居民高度同质化的社区来
说,其高水平的凝聚力和传统规范是管理成功的重要因素(Garforth 和
Munro,1995)。而对集体行动的有效管理,津梁型(Bridging)和关联型
(Linking)社会资本则扮演同样重要的作用,不仅有助于利用外部资源,而且
会提升津梁型社会资本。Fearon 和 Laitin(1996)融合津梁型和内向紧密型
社会资本讨论种族团体间的合作问题就是这种思路扩展的很好尝试。

对流动社会的社会资本变化问题,Glaeser, Laibson 和 Sacerdote(2002)
提出了 6 个假设并进行了检验:(1)社会资本首先会随着年龄的增长而增
长,随后会随着年龄增长而下降;(2)社会资本会随预期的流动性而衰退;
(3)社会资本在社会技能回报更高的职业中会上升;(4)房屋主拥有的社会
资本更高;(5)物理上的距离会导致社会联系急遽下降;(6)对人力资本进行
投资的人也会对社会资本进行投资。其检验的结论是,个人动机而非团体
成员推动了社会资本积累的决策。

Godoy, Reyes-García, Huanca(2007)对玻利维亚亚马孙河一个土著村
落社会资本形成进行了调查,考察私人社会资本投资与几个变量间的关系:
个体变量;团体社会资本的溢出;村里收入不平等状况;市场开放性。发现
年龄与社会资本存量间存在倒 U 形曲线关系,收入对社会资本有正面影响,
但地理流动、财富和教育与社会资本之间不存在显著相关性。村庄的团体
社会资本与私人社会资本投资有强关联。村庄的收入不平等和市场开放性
则有负相关。其他研究还发现,女性相对于男性拥有更多非正式社会关系
(Alesina 和 La Ferrara, 2000; Brehm 和 Rahn, 1997; Putnam,2000)。年轻
人和已经退休的人的非正式关系也比中年人多,而中年人中单身没有孩子
的又比已婚有孩子的人多(Putnam, 2000)。离异的也比其他人更少信任
(Putnam, 2000)。

把社会资本与发展过程联系起来的有两个路径,一是网络视角,社区内

外的关系对个体的影响,是帕特南和科尔曼所强调的"公共品"观;再就是制度视角(Woolcock 和 Narayan,2000)。不仅讨论网络的个体联接,而且关心塑造社会结构的社会和政治环境。Wetterberg(2007)对 1997 年亚洲金融危机中印尼家庭福利的分析发现,某些社会关系可增进贫困家庭的福利水平,但社会关系的分布在社会经济的不同阶级中是不一样的。大多数实证研究都是对社会资本理论三个来源:布迪厄、科尔曼和帕特南的检验(Adam 和 Roncevic,2003;Foley 和 Edwards,1999;Wall,Ferrazzi 和 Schryer,1998)。很多制度经济学家对低收入群体中团体对个人决策的影响很关注(Chwe,2001;Greif,1993,1994;Norton,1990)。在他们看来,文化是解决范围比较小、收入也低、人们常常面对面交流社会中协调问题的途径。由于收入低下,有成效的分工以及生产的规模经济都不可能,用正式制度促进协调,制止搭便车都不可行,结果就会出现非正式制度鼓励信任、团结并抑制过于自我的行为以有利于整个群体的利益。社会距离会对互惠行为产生影响(Collier,2002;Cox 和 Deck,2005),信任则可预期从他人得到的无条件帮助。Wakefield 和 Poland(2005)在探讨社会资本与社区开发中三个方面的关系:社区整合、公众参与和权力关系时,特别强调,不应该只是看到社会资本对社区开发的正面影响,还应该看到其负面作用。

嵌入于社会网络中的社会资本对制度绩效、个人的社会资源储备、求职及社会支持等都有重要作用,也为社会和谐、经济成长和政治运作起到积极作用。社会资本中源自社会网络、社会一体化和社会互动的结构性成分效应有助于强化个人的幸福感(Mullins 和 Dugan,1991;Tompkins *et al.*,1988;Cramer,1999;Skerkat 和 Ellison,1999;Granzin 和 Haggard,2000)和职业地位(Lin,1999),提供社会控制和支持,降低交易成本(Narayan 和 Cassidy,2001;Torsvik,2000)。事实上,源自社会资本的社会控制对规则是有益的,是对社会规则的接受和更大的支持。社会控制培育了个人对工作的义务(Huiras *et al.*,2000),信任鼓励了个人的公众参与,寻求帮助,遵从规则(Boey,1999;Bollen 和 Paxton,1998;Brehm 和 Rahn,1997)。志愿者提供的帮助似乎可产生更大的野心和成功(Wilson,2000),享受更好的生活(Midlarsky 和 Kahana,1994;Thoits 和 Hewitt,2001;Wilson,2000),有效防止个人堕落到下层阶级,陷入失业和穷困(Buckingham,1999)。这也是发达国家关注社会资本与社区建设的关系的意义所在(Saegert,Thompson 和 Warren,2001)。

作为网络关系的社会资本可用以探索社会正义和经济效率之间的关系

(Brown 和 Lauder,2000,2001)。Paxton(2002)发现社会资本与民主之间是互为影响的关系。Olson(1965)在讨论集体行动和团体规模问题的开创性研究中,得出的结论是较小的团体可更为有效地提供集体产品。Esteban 和 Ray(2001)则指出,这一结论需要视生产函数而定。Kawachi 和 Berkman(2000)认为社会资本存量高也会带来社会兼容和社会凝聚,从而有利于可持续的经济人文发展(Stanley,1997),提升社会正义和影响力(Labonte,2000;Wallerstein 和 Freudenberg,1998)。社会资本对集体管理是有用的,团体式的结构性社会资本可推进集体行动(Uphoff,2000;Pretty,2002)。

Greif(1994)认为社会互动的文化基石在减少搭便车和机会主义行为上起着关键作用,"但对社会资本决定因素研究的匮乏阻碍了其在经济社会发展中作为政策工具的运用"(Rupasingha, Goetz 和 Freshwater, 2006,p. 84;Glaeser, 2001)。Greif(1994)认为一个经济体的发展和组织水平可决定其社会是"集体主义"还是"个人主义"的特征。前者倾向于建立特定团体的社会资本——特定家庭、宗教或民族团体——指望非正式的执行力,而后者(奥尔森式的组织,Olsonian group)却看重跨团体的互动,它们会促进普遍化的社会资本积累并运用正规的执行规则,也就是 Svendsen 和 Svendsen(2004)所谓的"内向紧密型"和"津梁型"社会资本。但非正式制度对发达国家与不发达国家的作用是不同的(North,1990;Feige, 1997)。社会资本(以志愿参与的组织测量)不仅取决于个人的财富、受教育水平或特殊利益,还取决于国家层面的文化和制度安排(Schofer 和 Fourcade-Gourinchas,2001)。对东欧转型国家的研究提供了社会资本与民主之间关系的实证。

Kaasa 和 Parts(2007)探讨了东西欧国家间个人层面社会资本的不同作用。Paldam、Svendsen(2000)和 Adam、Makarovic、Roncevic 等(2004)证实了东西欧国家间社会资本平均水平的差距,分析了这种差距产生的原因。Fidrmuc 和 Gërxhani(2008)发现,西欧国家与东欧转型国家之间的差异是与后者比较低的发展水平和制度质量差有关系的。在转型国家,如果正式和非正式制度并行发展,彼此协调,则抢劫性的行为如腐败和逃税就会降低(Pejovich, 2003);反之,如果彼此冲突,这种抢劫性现象肯定会发生(Gërxhani,2004)。

东欧这种情况也有理论称之为缺失社会资本的独裁理论(Raiser,1999;Kunioka 和 Woller,1999;Paldam 和 Svendsen,2000, 2001)。独裁者会破坏社会资本,无论是团体的或普遍化的。而且,他们会创造出一种条件,在独裁垮台后,社会可能会积累"负面"社会资本阻碍经济增长。在转型期,"正面的"社会资本会消散,而"负面的"社会资本则以地下活动如腐败和有组织犯罪的方式凸显。

Trigilia(2001)特别提醒,在研究社会资本对发展的作用时应该警惕潜在的两种风险:由社会资本而滑向文化主义的泥沼,从而低估了在发展中真正起重要作用的政治因素;再就是只是注意到社会资本对发展所具有的正面作用而对负面作用视而不见。为此,需要关注的不是社会资本的来源,而是应该区分社会资本对地方发展的正面作用和会引起其他后果的其他形式问题。这就必须理清这种差异性的两个关键条件:社会资本必须被视为是社会关系和社会网络,而非文化和市民性;必须仔细分析社会资本与其他制度,特别是政治体制相互作用的问题。

2.3.2　社会资本与其影响下的经济结果的实证研究

奥斯特罗姆认为社会资本是具有资本属性的,但社会资本同其他资本有所不同,这种差异表现在四个方面:(1)社会资本不会因为使用但会由于不使用而枯竭;(2)社会资本不容易观察和测量;(3)社会资本难以通过外部干预建立;(4)全国性和区域性政府机构对个人用来追求长期复杂努力的社会资本类型和水平有重要影响。社会资本概念是理解个体如何实现合作,如何克服集体行动问题以达到更高程度的经济绩效的关键所在。Whiteley(2000)对34个国家1970—1992年间社会资本与经济增长之间关系的实证检验说明,社会资本对经济增长的作用至少与人力资本或教育的作用相当。Newton(1999)认为社会资本研究聚焦于正规组织化的志愿者协会会遗漏很多东西。Knack 和 Keefer(1997)及 Temple 和 Johnson(1998)发现了社会资本与经济增长之间的正相关关系。Knack 和 Keefer(1997)同时指出,诸如志愿者协会这样在经济发展中合作团结的很好的情况只是在小规模的社区中才成立,而在某一利益集团经济目标与其他集团或非组织化的利益相冲突时,集团及其成员活动的总体经济效益往往是负面的,是信任机制而非志愿活动产生了这一良好效果。Stone,Levy 和 Paredes(1992)比较了巴西和智利两国服装业的生产合约安排问题,讨论了非正式的社团和信用体系的作用,肯定了社会资本在宏观层面的作用。

社会资本的经济后果问题,学术界从宏观的经济增长及相关影响的问题和微观的个体意义上进行了实证研究。

在宏观层次上,更多社会资本可以导致更高的经济增长,获得更好的人力资本和更为有效的治理绩效。区域水平上,社会资本也会发生作用,但区域既非宏观也不是微观意义的(Warner,1999;Cellini 和 Soci,2002)。

Routledge 和 von Amsberg(2003)对社会资本与经济增长关系的研究是极具启发性的。通过把贸易模型融于增长模型,探讨了社会资本在技术进步推动的增长中可能发挥的作用。更多研究者则研究了影响社会资本形式的基本因素,包括社会和民族分割的作用(Easterly 和 Levine,1997;Alesina,Baqir,Easterly,1999;Miguel 和 Gugerty,2002)。Alesina 和 La Ferrara(2000)发现,收入不平等、"种族"和民族隔离水平越低,则社会参与度越高。反之,隔离越严重,或越不平等,则问题越严重。Sharpe(2004)讨论了生产率和社会发展的双向联系。

社会资本影响经济增长的机制是多样化的,在索洛—斯旺增长模型中,产出是技术、物质资本、人力资本以及社会资本的函数(Solow,1956),因为社会资本可以改变技术使用的方式。而且,社会资本还可以通过对其他资本形式的影响而间接影响增长,Narayan 和 Pritchett(2000)就认为社会资本以增加教育的方式而对人力资本发生正面影响。但在索洛框架下用计量经济学进行研究社会资本的总回报仍然阙如。Ishise 和 Sawada(2009)在扩展的 Mankiw、Romer 和 Weil(1992)模型中增加了社会资本以测度社会资本的产出弹性,他们把社会资本定义为可增加信息共享及通信联系的社会联接性,发现社会资本产出弹性的上限是 0.10,低于物质、人力资本和劳动力投入。其次,社会资本的总回报率在 OECD 国家是可忽略的,而在发展中国家却更高,说明社会资本总回报率与发展水平相关。制约大范围交易的主要因素是市场缺失和市场不完善(Aoki 和 Hayami,2001;Besley,1995),社会资本一定程度上补充了市场的不完善,对经济有正的总益处。最后,社会资本的年折旧率接近 10%,高于物质资本。这可能与其是无形资本有关。

人们从事社会交往活动会产生一种"关系产品"(Uhlaner,1989),但这一产品的金钱价值则取决于参与者的共同贡献。Antoci,Sacco 和 Vanin(2007)的理论模型证明,社会参与可促进社会资本积累,它们又都促进社会所喜闻乐见的休闲活动。但增加私人活动而非社会活动,则可导致经济增长并趋于帕累托稳态(Pareto-dominated)。因此,社会资本的衰退是有利于经济增长的。Jones 和 Newman(1995)建构了包含微观社会资本模型的经济增长模型,但社会资本对经济增长的影响机制也并没有一致的说法(Miguel,2003),如社会资本可带来更为有效的公共服务(Putnam,1993),因为人们更乐意公众投票。社会资本也可以扮演非正式的保险(Arnott 和 Stiglitz,1991),减轻私人和公共部门保险市场供给不足的影响(Dasgupta,

2005)。社会资本的细小变化会对经济有显著影响,说明社会资本与经济绩效之间可能是非线性的关系;社会资本也有"黑暗"一面,基于社会资本的制度设计过去曾经被滥用以歧视特定集团,工业化国家的历史经验为之提供了证据(Ogilvie,2005)。

宏观上,实证研究表明社会资本对经济发展的影响是难以处理的,而且还存在计量经济学上的技术难题,如变量潜在的内生性问题,难以寻找工具变量以区别社会资本与其他影响经济增长的因素(Durlauf,2002)。

在社会资本与经济增长关系问题上,工业化发展与社会资本之间的相互关系是值得关注的一个重大问题。工业化会带来社会资本的破坏是研究文献中关注的一个传统话题(Hirsch,1976;Putnam,2000),也是经济学研究现代经济发展的兴趣所在(Antoci 和 Bartolini,1999,2006)。Miguel,Gertler 和 Levine(2006)运用印尼家庭、企业和村庄层面的全国调查数据,构建了 1985—1997 年 274 个地区的面板数据,探讨了工业化对社会网络的建构亦或破坏的影响问题。文献中的社会网络测量分为两大类(Fukuyama,2000a;Putnam,2000):志愿者社区协会活动的密度和信任及非正式合作的水平。实证分析的两个主要结果是,首先,快速工业化地区在大多数测量社会互动的密度——包括更多非政府信用合作、社区娱乐团体化在本地节日和典礼上的收入份额上升。其次,工业化周边地区却面临信用合作以及互相合作的减少,这恰恰是工业化地区社会互动增加的映射。Miguel,Gertler 和 Levine(2005,2006)的发现与其他文献关于社会资本促进快速增长的发现是相反的(Putnam,1993;Knack 和 Keefer,1997;Grootaert,1999;Narayan 和 Pritchett,1999;Whiteley,2000;Beugelsdijk 和 van Schaik,2005)。工业化对社会网络起作用而非相反。很多研究,无论是理论(Lipset,1959;Flanagan,1987;Inglehart,1997),还是实证(Inglehhart 和 Baker,2000;Paugam 和 Russell,2000;O'Connell,2003;Casey 和 Christ,2005)也有同样的发现,即社会资本可能会协调经济发展,而不是决定其发展,或甚至社会资本是由经济结果所决定的。历史学家 Cribb 和 Brown(1995,p. 148-149)也指出,印尼在 20 世纪 80 年代的快速工业化导致了大规模的移民,使得"长期凝聚农村社区的社会和道德纽带迅速销蚀"(Cribb 和 Brown,1995,p. 148-149)。

微观经济中,社会资本可以有两种方式对经济发生影响,一是社会资本对给定团体的集体行为的意义(Loury,1977;Akerlof,1997;Brock 和 Durlauf,1999,2001;Knack,2003);二是社会互动可促进社会资本的形成,社区社会资本对个体的经济成就会有重大影响(Williams,2005;Aizer和 Currie,2002;Conley 和 Topa,2002;Iyer 和 Weeks,2005)。具有更多社会网络储备和公民团体的社区在面对贫困和脆弱的环境时往往处于更为强有力的位置(Moser,1996;Narayan,1995),解决争端(Schafft,1998;Varshney,2000),利用新机会(Isham,1999)。定义贫穷的特征应该是某人而不是——或更进一步说是被排除在——某个社会网络和制度外,而这个网络可以保证有好工作和体面的住房(Wilson,1987,1996)。

一些微观研究发现社会资本的回报为正(Durlauf 和 Fafchamps,2005;Fafchamps 和 Minten,2002)。但研究者更多地注意到了社会资本外部性问题,微观意义上社会资本的私人回报是不能认定为社会资本的社会有益性的依据的。Durlauf 和 Fafchamps(2005)和 Fafchamps(2006)指出,个体的回报对于社会总体的回报是一个糟糕的指标。如果社会资本使得某些个体或团体获得的租金是以其他人为代价,社会资本就是个体获利而对社会是非生产性的。Olson(1982)曾列举了工会、政党和游说团体就是这样的组织。Fafchamps(2006)称之为"结构的谬误"。而社会资本正的外部性并不能全部由其所有者所独享,非正式制度是可补充发展不完善的市场机制的(Aoki 和 Hayami,2001)。因此,需要设计一个独立的框架以估计社会资本总体回报率。

社会资本在创新和扶贫中的作用都说明了其可能具有的经济结果。如印度和孟加拉格拉敏(Grameen)银行对贫穷家庭的妇女进行小额贷款,Rankin(2002)认为格拉敏银行是一种有效利用女性社会资本的借款机制。社区的强制性信任会把不还钱的妇女排斥在社区的交易之外。Fountain(1997)研究了社会资本在推动创新中的作用,指出:"社会资本一个最关键的特征就是信任的可传递性,即如果 A 信任 B,而 B 又信任 C,则 A 会信任 C。因此,在一个比较大的社会网络中行为主体无须个人间的直接接触也可以获得相互间的信任。"企业主网络对企业创新和培训也有独特的影响(MacGillivray,2002;Erickson 和 Jacoby,2003;Gransey 和 Heffernan,2005;Tura 和 Harmaakorpi,2005)。尽管企业层面社会资本无疑非常重要(Subramaniam 和 Youndt,2005;Ahuja,2000;Burt,2000;Tsai 和 Ghoshal,1998),以前的研究已经说明,企业绩效与个人社会资本关系密切(Burt,2000)。个人社会资本反过来是彼此强烈相关的,而且可加总为一国或一地社会层面的社会资本(van Oorshot 和 Arts,2005)。

社会资本对人们的职业生涯尤其职业流动具有深刻的影响。调节职业流动的机制一般有：计划分配、市场机制、社会网络机制。社会资本在这三种调节机制中都会发挥作用，有助于人们进入劳动力市场（Granovetter，1973，1974；Schiff，1992，2002；Fernandez，Castilla 和 Moore，2000；Aguilera，2002；Munshi，2003），得到薪水（Aguilera，2003；Boxman，De Graaf 和 Flap，1991；De Graaf 和 Flap，1988）或者职业地位（Lin，1999；Franzen 和 Hangartner，2006）。回报与人们所拥有的社会资本的不同类型有关（Beugelsdijk 和 Smulders，2003；Putnam，2000；Portes，2000）。如，寻找工作不仅看其依靠的网络，而且看网络提供满意工作的动机（Cheung 和 Gui，2006）。Flap 和 Völker（2004，p.15）指出：社会资本在群体内部的分布及其成员间存在着多大程度上的联系，或多大程度上资源丰富的人与贫乏的人之间会彼此切断或保持联系对群体的整体经济收益是有影响的。林南（Lin，1999a，1999b）指出，社会资本之所以能对求职等工具性行为产生积极作用，主要是因为它有助于解决信息不对称问题、促进信息流动，使拥有者获得关键人物的"影响"和帮助、为拥有者提供信任资源以及其他类型的支持等。社会网络可使求职者广泛而深入地了解职位情况，也为雇主扩大和筛选了申请人后备军（Fernandez 和 Weinberg，1997）。社会资本允许那些由于逆向选择问题而不能识别求职者特征的企业筛选员工（Holzer，1988）。美国有大约 50% 的在职员工是通过朋友和亲戚以及其他社会网络找到工作。而雇主也往往应用社会网络来获得相关潜在雇员的信息，36% 的企业都给予被推荐的职位申请者最后机会（Montgomery，1992）。Fernandez，Castilla 和 Moore（2000）探讨了一个雇佣中等或低水平技能员工的雇主可得到的好处，通过调查这些员工登记的推荐人以探求他们的社会资本，说明在节省搜寻成本上推荐是更为经济的途径。当然对其他人来说是不利的。

Boorman（1975）最早研究了网络的职业流动机制问题，他提供了一个正式的网络模型描述寻找工作时的信息结构。这是一个内生模型：个体都会扩大交往以最大化其在失去目前工作后找到新工作的概率。Calvó-Armengol 和 Jackson（2004）给出了另一个正式模型，证明了在社会交往扩大后可增加就业可能性。Datcher（1983）研究了非正式网络对辞职概率的影响，发现工人如果在受雇以前就已经与公司有了联系，则离职的可能性会降低。说明工人社会网络的高延展性意味着持久的在职工作。Aguilera（2003）则证明了，人力资本的增加意味着工作期更短，这说明他们在提高自身的求职条件。但社会资本却与坚持一份工作时期的长短正相关。求职作为一个社会过程，运用其个人网络可以找到更持久的工作。

移民往往意味着在一个陌生的社会重新开始生活,社会资本对移民无疑非常重要。Amuedo-Dorantes 和 Mundra(2007)发现,在移民中,社会网络并不能提高移民的就业率。但社会网络尤其是强关系通过提高移民的小时工资水平,对移民的经济地位趋同是有用的。在印尼,社会资本对城乡之间的移民联接起着重要作用(Hetler,1989;Hugo,1982;Jellinek,1987)。移民网络形成一种"循环累积因果关系"(Massey,1990,p.4)。这一网络资源既可为潜在移民提供工作信息,也可以随着网络的成长,有能力支持更多的农村向城市移民(Fuller,Kamnuansilpa,Lightfoot,1990)。社会资本是用以应对资源短缺的重要工具(Grootaert,1999;World Bank,2000)。

Brook(2005)对英国 ONS 调查的分析发现,社会资本对劳动力市场的影响会受到具体国度以及志愿或私人部门中福利状况的结构和水平的影响。

对劳动力市场的弱势群体,Caspi,Wright 和 Moffitt 等(1998)研究了美国失业青年的人力资本和社会资本,但增加了一项个人资本(personal capital),即个体行为特征以及会影响工作动力和能力的资源。其结论是个体在童年时期的个人和家庭特征会影响(shape)未来劳动力市场的结果。有着反社会行为的孩子其个人资本的水平较低,而失业的风险会增加。低社会资本的孩子,如那些单亲家庭或有父母冲突经历的家庭,其失业风险也会增加。Smith(2000)和 Aguilera(2002)对美国弱势群体特别是少数民族和性别上的弱势者有更为深入的研究。他们得出的共同结论是为弱势群体提供劳动力市场信息可以有效降低社会不平等,尤其,如果结合开发人力资本和个人资本的其他措施的话。Stone,Gray 和 Hughes(2003)详细报告了澳大利亚进行的一项有关社会资本与劳动力市场包括工作搜寻的关系的调查。其最主要的发现有:从就业中劳动力地位看,社会资本确实起作用,社会资本水平高的员工往往是全职的职工;但在寻找工作时,是网络而非信任对找工作更有用。另一个发现是,不同群体中的个人其社会资本分布是不均衡的,一定程度上可缩小或消除既有的社会经济背景不平等或差异的影响。

社会资本与幸福(Brown 和 Harris,1998)。Dockery(2005)利用对澳大利亚青年的序列调查数据,集中调查了劳动力市场的经验对澳大利亚青年人从学校向工作转变过程中自我报告的幸福水平问题进行了研究,发现失业持续时间和工作质量而不是仅仅找到工作会使幸福感减弱。失业会降低幸福感已经得到很多实证研究的支持,如在欧洲和美国(DiTella,

MacCulloch 和 Oswald，1997），在英国（Clarck 和 Oswald，1994），在英国和美国（Blanchflower 和 Oswald，2004），德国（Gerlach 和 Gesine，1996）。

Helliwell 和 Putnam（2004）运用世界价值观调查（World Values Survey，WVS）中美国和加拿大的数据，发现公众参与、信任和社会关系与幸福感之间既存在独立的相关性，也可以通过健康影响到主观的幸福感。在欧洲国家，在考虑到其他社会解释因素后，无论社区还是个体层面上的组织身份与自我幸福感都有很高的相关性（Gundelach 和 Kreiner，2004）。一项包括欧洲、美洲和亚洲的跨国性国家层面的研究发现，社会资本指数与生活满意度是正相关的（Bjørnskov，2003）。Kawachi 和 Berkman（2001）的两个模型解释了社会资本和幸福间的路径机制。"缓冲模型"认为，社会资本保护或降低了有害现象的影响（负面的生活事件）；"主要影响"模型则提出，高水平社会资本会直面正面的准则并正面影响幸福状态。

在社会资本的经济后果研究上，对性别差异带来的结果差异日益引起研究者的关注。Silvey 和 Elmhirst（2003）对印尼两个地区农村妇女从农村向城市移民行为的研究发现，作为一项发展型资源，社会资本具有性别的局限性。劳动力市场上，女性和男性在不同职业中的收入差异得到了大量实证研究的支持（Treiman 和 Terrell，1975；Bose 和 Rossi，1983；Bielby 和 Baron，1986；Reskin 和 Roos，1990；England，1992a，1992b；Hendityo 和 Gill，1999；Tomaskovic-Devey，1993），但深入系统地探讨不同群体成员有差别的结构性位置分配及相应的回报机制的理论分析仍然比较少见（Tam，1997）。林南（2005，p.99）运用资本欠缺和回报欠缺理论分析认为，由于女性无论在家庭还是社会中都会处于资本获得上的弱势，从而其回报也会因为动员的差异、中间代理人努力程度的差异以及组织和制度对动员资本的回应不同造成回报欠缺。林南运用中国城市的数据对其理论假设进行了验证。

2.3.3 社会资本在教育中作用的实证研究

社会资本对教育的作用是很多学者关注的一个有意义的领域。研究也确实说明，教育（人力资本）和社会资本指标之间是有强相关的（Hall，1999；Putnam，2000），而且这种相关性在多国范围也是存在的（Glaeser，Laibson，和 Sacerdote，2002）。很多研究证明了学生成就与强关系之间的联系（Bank 和 Slavings，1990；Bryk 和 Schneider，2002；Garnier 和 Raudenbush，1991；Jones 和 Maloy，1988；Lareau，1987；Lee 和 Croninger，1994；Sui-Chu 和

Dogglas,1996)。在社会资本与教育的相关性研究上,一般有几个侧重点,一是父母的身份地位本身对孩子教育的影响,再就是父母与孩子关系的交流沟通对孩子成绩的影响,社区环境对孩子的影响,以及受教育程度对学生本身社会化后果的影响等等。这种教育结果包括如考试分数和等级,学习习惯,退学模式(dropout)和大学入学率。Dika 和 Singh(2002)对社会资本与教育关系的研究做了很好的综述。

在父母对孩子的教育影响上,由于假设双父母会在孩子教育上彼此纠正、补充、支持和强化其能力(Edwards,2004;Holland,Weeks,和 Gillies,2003;Morrow,1999),一般认为,双父母对孩子的影响比单亲好。单亲母亲家庭的孩子在入学率记录上更为糟糕,他们的考试成绩也平均比双亲家庭孩子的更低(McLanahan 和 Sandefur,1994,p.44)。这一负面影响还会延续到孩子的成人生活,他们更容易退学、非婚生子以及面临更多的求职困难(Haurin,1992;Haveman 和 Wolfe,1995;Kiernan,1992;McLanahan,1985;McLanahan 和 Bumpass,1988)。Steinberg(1996)报告说父母在参与学校访问后对孩子是有正面作用的。通过对父母及其子女和社区的调查并关注他们之间的互动,Furstenberg 和 Hughes(1995)把社会资本定义为父母对孩子和社区的社会投资,发现社会资本确实可提高孩子从高中毕业并读大学的可能性。所以,父母在运用社会资本时应该最大限度地与孩子的成功联系起来(Burton 和 Jarrett,2000)。Smith,Beaulieu 和 Seraphine(1995)采用母亲就业、兄弟姐妹数量、父母的监督做法考察了家庭社会资本与大学入学率之间的关系。McNeal(1999)发现社会资本只是在阻止孩子从高中辍学上与社会经济地位高低有关——父母的收入、教育和职业声望。至于代际封闭性(即校内同龄人父母网络)的影响要更为复杂。Muller(1995)和 Carbonaro(1998)报告了对数学成绩的影响。但 Morgan 和 Sørensen(1999)却声称有关数学成绩的说法是虚假的,Carbonaro(1999)也持此看法。Muller 和 Ellison(2001)对分班的研究是中性偏负面的。在高中辍学率问题上,Teachman,Paasch 和 Carver(1997)则对收入与父母是否知道孩子的朋友的父母之间找到了明确的互动证据。

科尔曼(2000/2005,p.33)认为:"家庭背景至少可分解为三个不同的成分:财务资本、人力资本和社会资本。"作为社会资本的经典研究之一,运用科尔曼社会资本概念的研究者有很多(Orr,2000)。Sandefur 和 Lauman(1998,p.483)观察发现,很多采用科尔曼社会资本概念形式的研究者并没有"系统地分析社会资本的作用机制"。通过信息、影响力和控制及社会团结,社会资本可表达利益。可用以解释父母在跟老师和学校管理者接触后对孩子在学校的学习有更多了解,从而更有利于父母对孩子的学习施加影响。"家庭中使孩子获得成年人人力资本的社会资本依赖于家庭中成年人的经常在家和成年人对孩子的关注程度。"(科尔曼,2000/2005,p.35)Astone 和她的同事(Astone,Nathanson,Schoen,*et al.*,1999)就批评科尔曼的概念是社会交换理论的扩展。社会资本既可能是集体的,也可能是私人的,作为集体资源对学生学习有积极影响(Coleman,1985),或社区的影响(Hagan,MacMillan 和 Wheaton,1996),社会繁荣(Putnam,1993)。私人层面,职业流动(Granovetter,1985)或个人的健康和心理幸福(综述参见Baker,2000)。

就社会资本对教育的重要性而言,对家庭和学校的意义等问题的研究,布迪厄的工作无疑杰出而重要(Bourdieu,1977,1984,1986,1990,1994;Bourdieu 和 Passeron,1977;Bourdieu 和 Wacquant,1992)。以他的研究为基础的其他二手文献更多(Calhoun,LiPuma 和 Postone,1993;Robbins,1991;Swartz,1997)。他的概念是更大框架的一部分,涉及诸如习惯、田野、符号暴力以及各种形式的资本(经济、文化、社会和符号)。社会资本可视为是一个人的一套有价值的关系。并且,他意识到了网络关系中各种关系价值是不一样的。在学校背景中,这种关系对中产阶级是最有价值的。学校本质上是中产阶级的设置,也对中产阶级作出了回报(Bourdieu 和Passeron,1977;Bernstein,1974;McLaren,1998;Mehan,Villanueva 和Hubbard,*et al.*,1996;Stanton-Salazar,1997)。

因此,在抛弃了普遍的遵从科尔曼式的理论前提后,Stanton-Salazar(1997)及 Stanton-Salazar 和 Dornbusch(1995)找到了一些例外。他们回到布迪厄的阶级分析范畴,以阶级和种族差异来分析社会资本,发现社会资本与社会地位是正相关联的。

在美国,受教育水平和社会资本之间有强相关性,高中以前就离开学校的,相对于受过大学或职业教育的人来说,他们的社会信任水平要低3倍。43%在高中以前就离开了学校的人,其种族信任水平要比其他完成高中教育的要低4倍。Lee 和 Brinton(1996)对韩国的研究发现,制度性社会资本相比私人社会资本更利于大学毕业生找到好工作。Pong(1998)发现,对大多数单亲家庭的学生来说,其整体社会资本可抵消其经历中的负面影响。Kerbow 和 Bernhardt(1993)发现,在控制了社会经济地位这一变量后,非裔美国人和西班牙后裔的父母对孩子的学校生活更关心和更愿意参与学校活动,这对于处境劣势的孩子来说非常重要。这加强了 Stanton-Salazar 和 Dornbusch(1995)的观点:少数民族和工人阶级的孩子在学校的成功更为依赖社会资本。Margo(1987,1990)对美国 1900 年代入学率的研究发现,在绝对隔离的教育体制下,学校特征可解释入学率种族差异的 44%—77%(1990,p.78),而其余的则可归因于黑人家长的低识字率和较低的职业地位(p.79)。Horvat,Weininger 和 Lareau(2003)运用民族人口统计资料重点研究家庭与学校关系上的社会—阶级差异。通过仔细辨别不同阶级的网络特征探讨了家庭在面临出问题的学校环境时网络作用的方式。相对于工人阶级和穷人父母,中产阶级的父母会倾向于集体反应,他们也可以独立地利用需要的各种信息、专长或权威等职业素质来质疑校方的判断。研究中没有发现种族差异,但证实了社会资本的资源中心观在不平等问题上占有突出的地位。

Delgado-Gaitan(1992)研究了 6 个墨西哥裔美国家庭,发现无论是家庭内部资源,诸如父母督促家庭作业,还是家庭外部资源,如与有协作关系的其他工人探讨孩子管理问题,都已经在学校的视野中了。Villanueva(1996)研究了一个拉丁裔家庭的三代人,强调未受教育的祖父的"明智"给儿孙们提供了教训。Mehan 及其同事们(Mehan,Valenzuela 和 Hubbard 等,1996)对圣地亚哥的一项"由个人决策而来的进步"(Advancement Via Individual Determination,AVID)打破常规努力的研究发现,把那些成绩差的学生安置在特殊班级,并提供额外支持服务(如申请大学、参观校园及协商申请程序等)。他们提出,如果职能部门(institutional agents)培养并激活社会和文化资本,那么学校就不仅仅是阶级文化的再生产者而是其转变者(也可参见:Moll,Amanti,Neff,*et al.*,1992)。Valenzuela(1999)对得克萨斯州高中拉美移民学生的研究报告指出,相对于美国出生的同龄人,其社会资本水平相对更高,但并没有发生脱离学校正规教育的事情。

有着高水平关系信任的个体间交流信息和给予关怀慈善的情况比信任程度低的个体间更多。Bryk 和 Schneider(2002)证实了在学校信任关系的重要性,他们对芝加哥小学生的调查说明,成人的信任对小学生的成绩是很关键的。Hagan,MacMillan 和 Wheaton(1996)讨论了家庭搬迁对孩子的影响,由于失去了同龄人网络和信任会降低社区社会资本,从而会影响孩子的学习效果。

Goddard(2003)在相比其他研究者增加了对教师的调查后,对小学生学习成绩与社会资本的关系问题进行了研究,发现学校层面社会资本对孩子成绩影响并不大,但社会资本水平高的学校,其学生通过州组织的高水平数学和写作考试的比率更高。

社会资本对学校和社区的成功发展也是有作用的(Dricoll 和 Kerchner,1999;Potapchuck,Crocker 和 Schechter,等,1997;Smylie 和 Hart,1999)。Schneider(1996)发现,教育政策在向强调父母和社区的参与的方向转变,从而也就能更好地构建社会资本(National Education Goals Panel,1995)。

在社会资本与教育的关系研究上,研究者往往会把社会资本的测量与摄取社会资本混淆起来,无意义地试图把社会资本与个人或集体的某些结果联接起来(Paxton,1999;Stone,2001)。Furstenberg(2005)提出,社会资本绝对不是个人的财产。在家庭社会资本研究中应该关注几个议题:(1)家庭如何生产和积累社会资本;(2)基于家庭的资本怎么管理和配置;(3)以家庭为基础的社会资本和以社区为基础的社会资本之间的关系;(4)社会资本对作为集体的家庭及其个体成员福利的结果问题。

2.3.4 社会资本与健康关系的实证研究

社会条件和社会环境是影响健康和疾病的基本要素的看法并不新鲜,可回溯到一个多世纪以前的杜克汉姆和 Virchow(Cassel,1976;Durkheim,1897;Link 和 Phelan,1995;Virchow,1848)。从已有研究看,社会网络和社会支持在塑造人民健康上的作用是得到公认的(House 和 Kahn,1985)。关注社会资本与健康关系问题的研究增加很快(Labonte,1999;Hawe 和 Shiell,2000;Lomas,1998;Marmot,1998;Macintyre,2000;Morrow,1999,2000;Poland,2000),Starfield(2001),统计发现,2001 年之前关于社会资本与健康关系的实证研究只有 10 篇,而 2002 年这一年就超过了 50 篇(Kawachi,Kim 和 Coutts 等,2004)。研究领域涵盖了成人社会资本与成人健康(生理和心理的)之间的联系(Pollack 和 von dem Kneseback,2004;Young et al.,2003;De Silva et al.,2005c);社会资本与孩子的心理健康(Caughy et al.,2003;Drukker,Kaplan,Feron,et al.,2003;Van der Linden et al.,2003);社会资本与营养。在美国,社会资本多的母亲会增加母乳哺养孩子的时间(Anderson et al.,2004),无论是家庭还是社区层面的社会资本都降低了家庭的饥饿可能性(Martin et al.,2004)。高水平社会资本会增加母亲的心理健康从而促进孩子成长(Patel et al.,2004;Harpham et al.,2005),影响路径包括母亲的理解、思考、行动和感觉。这似乎说明社会资本对健康的影响在社会亚群体中是不同的(Brown.,1992;Cutrona et al.，2000)。Locher 和 Ritchie 等(2005)说明社会资本的影响因性别和种族群体而不同,相对于其他的性别和种族组,社会资本的很多方面对黑人营养风险都有关系。

Szreter 和 Woolcock(2004)区分了对社会资本功效的理解非常不一样的三个视角,即:(1)社会支持的视角,社会网络是人们主客观福利的中心关切;(2)不平等主题,日益扩大的经济不平等侵蚀了不同群体间人们的互相尊重和信任;(3)政治经济方法,健康上的不平等本质上是获取物质资源的差异所致。而这三种视角基本平行对应于社会资本的三种类型:内向紧密型、津梁型和关联型(Narayan,1999;Putnam,2000;Szreter 和 Woolcock,2004)。社会资本的社区乃至于国家差异与健康的关系以及如何测评健康状况都是在健康问题研究中,文献所必须关注的,但对社会资本的经验发现并不能令人信服地说明社会资本的效应(Lynch,Due,Muntaner et al.，2000)。

对健康问题的研究,都会注重社区对居民健康的社会影响。在社区层面,社会资本是促进社区发展的重要推动力量。社会资本水平的高低一般都会跟个人的幸福感紧密相连,在健康问题上尤其如此(Berkman,Bassuk 和 Lochner,2000;Coleman,1988;Kawachi,Kennedy 和 Lochner,1997;Sampson,Raudenbush 和 Earls,1997)。社会资本对健康影响的作用机制一般有三个方面:第一,认为良好的社会关系和充满活力的社区联系对健康具有积极作用,并可制止某些不良的健康行为如吸烟、酗酒等(Berkman,Glass 和 Brissette 等,2000;Subramanian,Kim 和 Kawachi,2002);第二,通过保持社会凝聚力,社会资本有助于保持健康状态以应对技术、经济和社会的迅速变迁(Reidpath,2003;Jensen,1998);第三,社会资本可促进社区的自我帮助,有利于社区的共同努力以解决集体(健康)问题,促进本地的服务环境改善和宜居性(Kawachi,Kennedy 和 Glass,1999;Sampson,Raudenbush 和 Earls,1997;Kawachi,2002)。

社区建设上社会资本发挥作用有三种形式:社会规划、本地开发和社会行动。社会规划方法指专家与社区成员一起组成顾问委员会,专家诊断问题所在并提出解决方案,社区则将其"买入"并取得"所有权",案例有降低心脏健康风险因素的国际实验(Lichtenstein,Wallack 和 Pechacek,1990;Thompson,Wallack 和 Lichtenstein 等,1990;The COMMIT Research Group,1988)。本地开发方法则强调在建设更美好社区中自助和互助的重要性。健康推广人员会鼓励社区成员认识他们社区的优势和劣势(Shiell 和

Hawe,1996),开发并扶助地方的解决(Mairs,1991),特别强调社区能力(Kretzman 和 McKnight,1993)。而在社会行动中,健康推广人员则完全是游说广泛社会变迁的鼓动家。其目标直指不合理的经济和社会结构是决定不公平的健康条件的根本原因,因而要求改变这种结构,或至少应该重新分配。

运用帕特南(Putnam,1993,2000)社会资本概念,Kawachi,Kennedy 和 Lochner.,*et al.*(1997)最早探讨社会资本与健康关系,对美国 39 个州生态与死亡率关系的研究发现,州层面上,信任、互惠和公民协会成员身份与死亡率之间有显著的关联性,而在州平均团体成员与死亡率之间则是反向关联。

Carpiano(2006)以 Portes(1998)理论为基础,把帕特南和布迪厄的理论做了概念化的模型处理探讨社会资本在社区和地区的运作。对于术语"社会资本",他给出了四个要素:结构性前导、社会凝聚力、社会资本和社会资本结果。其模型包括了个人层面、社区层面和社会资本要素对健康状态的影响。但对社会资本是社区集体的还是个体测度并没有达成一致,可视为是连接个人和集体特质的介媒(Kawachi,Kim,Counts *et al.*,2004;Poortinga,2006a,2006b),区别于个体层面的社会支持概念(Field,2008)。"社会资本可视为是个人财产,但必须通过其团体成员身份实现"(Szreter 和 Woolcock,2004)。

在集体层面上,社会资本与健康之间的关系也是充满矛盾的,有实证研究表明,集体意义上的社会资本非常重要。各种社会资本指标和人的健康之间在当地(社区)、地区、州或全国层面上具有关联性。Kennedy,Kawachi 和 Prothrow-Stith 等(1998)发现,在俄罗斯,不信任、犯罪、各种关系的质量和公众参与与预期寿命及死亡率在地区层面是关联的。Veenstra(2002b)证明了在加拿大 Saskatchewan 的 30 个地区,社会资本与人们的健康状态负相关。但很多研究则没有找到集体层面上的社会资本与人们健康之间的关联性(Kennelly,O'Shea 和 Garvey,2003;Lynch,Davey 和 Hillemeier 等,2001;Veenstra,2000)。

个人层面,社会资本与健康水平正相关得到了实证支持(Barefoot,Maynard,Beekham *et al.*,1998;Hyyppa 和 Maki,2001,2003;Lindström,2004;Pevalin 和 Rose,2004;Rose,2000),而且在个体的健康自评上这种关系也是存在的(Kawachi,Kennedy 和 Glass,1999;Kim,Subramanian 和 Kawachi,2006;Poortinga,2006a;Subramanian Kawachi 和 Kennedy,

2001)。这些研究中,社会资本是以某地人民的共同经验所带有的集体特征进行概念化的(Lochner,Kawachi 和 Kennedy,1999)。从作用机制分析,社区社会信任的增加可刺激健康信息的扩散,或促进更加健康的行为规范(Kawachi 和 Berkman,2000;Rogers,1983),同时,普遍信任也通过心理社会过程降低长期的痛苦(Kawachi 和 Berkman,2000;Wilkinson,1996)。基于个体的信任水平,信任程度高的个人相对于信任程度低的人可享有更高的社会资本效用(Subramanian,Kim 和 Kawachi,2002)。Abbott 和 Freeth(2008)认为心理社会途径可以用更为一般化的规范(包括社会信任)来推动低犯罪率的环境形成。实证研究也支持这一看法(Sampson,Raudenbush 和 Earls,1997;Wilkinson,1996)。

很多研究并不能区分集体和个人作用效果的问题。很多研究没发现彼此之间的关联性(Kavanagh,Turrell 和 Subramanian,2006;Subramanian,Kim,和 Kawachi,2002;Veenstra,2000,2005)。

必须承认,共享的社会资源对健康是一笔财富[Commission on Social Determinants of Health(CSDH,2008)],但对社会资本缺乏标准化的、可靠的和国际共同认可的评估也有碍其对公众健康问题的解释。用一些变量作的近似解释是不够的(Field,2008)。为区分社区内的整合和社区间整合,帕特南(Putnam,2000)(追随者 Gittell 和 Vidal,1998)区分了内向紧密型和津梁型社会资本。内向紧密型强化了排他性的社会身份,支持群体内的互惠,增强团结,以团体归属感和彼此信任作考量。津梁型是外向的,彼此不相似但共享松散的联系,如偶然相识、工作同事、不同民族或文化背景的人,测度指标有凝聚力、群体外的信任和互惠(Putnam,2000;Uslaner,2002)。帕特南指出内向紧密型社会资本可帮助人们满足基本需求,而津梁型有助于让人向前看,取得更高的目标,并可摄取外部的财富,在促进经济增长中实现信息共享。Szreter 和 Woolcock(2004,p. 655)认为这些没有考虑到地位和权力在不同群体间的差异,建议增加第三个维度——关联型,反映"社会上那些通过明确的、正式或制度化权力或权威成分实现互动的人们之间的那种尊重规则和保持着信任感的关系网络"。津梁型是平等关系的水平联系,而这是纵向的,是对权威的一种信任。

内向紧密型对本地互惠网络、社会支持乃至于促进团结上都有作用(Putnam,2000;Berkman,Glass 和 Brissette,*et al*.,2000)。这对弱势群体尤为重要,Fernandez-Kelly(1994,1995)对西巴尔的摩的开发研究,Carol Stack(1974,1997)对城市和农村贫困社区开发的研究都证明了这一点。也有人注意到,诸如社区规范和网络这样的强社会资本其实也存在负面后果,社会"纽带"会制止而不是支持某些行动(Levi,1996;Abel,1995;Habermas,1984;Riger,1993;de Souza Briggs,1998)。社会资本发挥作用还必然受到清晰的社会边界的限制(Ostrom,1990,1996),清楚界定的成员身份对社会资本形成十分重要(Pennington 和 Rydin,2000)。只有当失当的行为会被"点名批评、责骂、羞辱",社会资本才能发挥作用(Rose,2000,1407)。但这又是问题重重的,一方面,强势的、内部凝聚的团体在把成员与他人区分开时对其福利(Wilkinson,1996;Putnam,2000)和集体行动(Della Porta 和 Diani,1999;Mansbridge,2001)很重要。互惠社会网络对困难环境中的生存是基本的要求(de Souza Briggs,1998;Fernandez-Kelly,1994;Riger,1993)。另一方面,它们本质上又是排他的(Cloke,2002),并会强制其成员遵从团体的规范,这是很多理论界人士所反感的(Habermas,1984;Crow,2002)。社会资本只能是在"边缘社区对其脆弱的成员以威胁和强制方式"建立(Cohen,2001,p.273)。

社会资本不能被视为是孤立于政治结构之外的,讨论社会资本对健康的影响必须置于经济和政治环境下(Poland,Coburn 和 Robertson,1998;Robertson,2000;Wilkinson,1994,1996)。在政策建议中,强调不同团体成员间的联系和凝聚力的重要性,而忽视他们在很多资源摄取上本质上的不平等,可能会扩大而不是解决既存的问题(Berman,1997;Bourdieu,1986;Poland,2000)。社会联系和信任的增加并不意味着公平的提升,反而是社会控制的增加(Fainstein,2001;Navarro,2002)。

健康状况自评往往是文献中对健康主观性认识的测量指标(Bobak,Pikhart 和 Rose 等,2000;Carlson,1998,2004;Poortinga,2006a;Subramanian,Kawachi 和 Kennedy,2001)。大量时序数据研究证明了其可作为健康测量的客观情况的一个代理变量(Frankenberg 和 Jones,2004;Jylhä,Volpato 和 Guralnik,2006)并可预测死亡率(DeSalvo,Bloser,Reynolds *et al*.,2005;Idler 和 Benyamini,1997)。考察社会情境与健康状况自评也是一个重要研究方向。

在控制了人口学和社会经济要素的差异后(Kim,Subramanian 和 Kawachi,2006;Lochner,Kawachi,Brennan,*et al*.,2003),社会资本的情境指标与个人健康状况间存在着正相关,而无关乎空间大小(Helliwell 和 Putnam,2004;Kawachi 和 Berkman,2000;Kawachi Kim 和 Coutts 等,2004)。研究情境与个人特质互动,与健康和幸福感之间的关系却很少

（Kim，Subramanian 和 Kawachi，2008）。Kim，Subramanian 和 Kawachi（2006）、Subramanian，Kim 和 Kawachi（2002）和 Poortinga（2006b），分析了个人及情境下信任关系互动对健康自评的影响，生活在信任程度高环境中的个人信任水平高，从而比个人信任程度低的人得到的健康好处更多。其他研究则发现社会资本与社会人口学特征的交叉作用会扩大健康状况在性别、种族（Elgar，Trites 和 Boyce，2010；Kim，Subramanian 和 Kawachi，2006）和受教育程度上带来的差异（Browning 和 Cagney，2002）。对荷兰的一项研究发现社区社会资本与死亡率之间的负相关关系男人比女性明显、已婚比未婚成年人明显、城市比农村成年人明显（Van Hooijdonk，Droomers 和 Deerenberg 等，2008）；对中国农村的研究发现，信任与健康的关系随着村一级信任和不信任水平而变化（Wang，Schlesinger 和 Wang 等，2009）。一项对孩子行为问题的调查也发现了父母的宠爱与问题孩子之间的负相关在贫困社区更为强烈（Caughy，O'Campo 和 Muntaner，2003），与之相应的是对加拿大青少年问题的调查，发现社区社会资本降低或消除了贫富年轻人之间在心理与生理健康上的差异，该研究对社会资本只是在个人层次的测量（Elgar，Trites 和 Boyce，2010）。还有的研究探讨了个体与环境中种族特征的交叉作用与社会资本之间的联系问题（Almeida，Kawachi 和 Molnar 等，2009）。

尽管对社会资本是在某一情境下的概念化（Kawachi 和 Berkman，2000；Macintyre 和 Ellaway，1999），大多数测量的方法还是基于社会调查中个体感觉的加总并扩展到更大规模。个体感觉则受到很多个人特质的影响（Alesina 和 La Ferrara，2000）。Subramanian，Lochner 和 Kawachi（2003）利用 1994—1995 年在芝加哥进行的芝加哥社区人类发展计划的社区调查（PHDCN）数据，运用多层次模型探讨了社区之间社会资本的差异问题，发现即使考虑到人口学（年龄、性别、种族、婚姻状况）和社会经济特征（收入、教育），个体的信任感仍然存在着社区上的差异，说明社会资本确实存在环境影响。

地区（area）社会资本与健康自评的关系上，一些研究发现在控制了个体的人口统计学和社会经济特征后，彼此不相关（Poortinga，2006a，2006b；Subramanian，Kim 和 Kawachi，2002），Sundquist 和 Yang（2007）发现个体社会人口学指标有部分的关联证据，个体社会资本与健康的关系也有证明其相关的（Kim，Subramanian 和 Kawachi，2006）。至于地区社会资本，结果也不一样，或太小不具有统计显著性（Poortinga，2006a；Veenstra，Luginaah

和 Wakefield，*et al*.，2005)，或只是某种必需的可能性(Engström，Mattson 和 Järleborg，*et al*.，2008；Kawachi，Kennedy 和 Glass，1999；Poortinga，2006b)。在个体层面与地区层面社会资本交互作用中也有部分的证据发现了相关性(Engström，Mattson 和 Järleborg，*et al*.，2008；Kim 和 Kawachi，2006；Poortinga，2006a；Subramanian，Kim 和 Kawachi，2002)。Snelgrove，Pikhart 和 Stafford(2009)把社会资本定义为社会信任和公众参与，运用多层次 logistic 回归模型，发现，在英国，地区(area)社会资本中，社会信任与自评健康相关，而公众参与与自评健康水平之间无关。在提升本地健康水平的问题上，公众参与多被视为是建设健康的、可持续的社区的核心所在(Ife，1995；Rissel，1994)。

在国别比较上，对社会资本与健康的关系研究比较少，一项对德国和美国中年人的研究发现，个体报告的互惠、信任和参与性与自我认为的健康、沮丧和功能状态之间是相关的(Pollack 和 von dem Knesebeck，2004)；而对 OECD 19 个国家面板数据的分析则发现，社会资本(对他人的信任和参与志愿者组织的数量)与预期寿命间不存在关系(Kennelly，O'Shea 和 Garvey，2003)。Lynch，Smith 和 Hillemeier 等(2001)对 16 个发达国家的国别社会资本分析没发现其与死亡率之间的关联性。Poortinga(2006b)对 22 个欧洲国家的多层次分析发现，个体层面的社会信任与公众参与对健康自评是正相关的，而国家层面则没有发现这样的相关性。同时，这二者之间也是存在相互作用的。社会资本对个体的益处似乎并不是一致的，社会资本水平高的国家得到的益处也多，反之亦然。社会资本与健康结果间的关系在不同人群中的表现是不一样的(Drukker，Buka 和 Kaplan 等，2005)。在发展中国家和中等收入国家研究中，一项对匈牙利个体层面的截面研究发现，无论是政治性还是非政治性组织成员，社会资本与健康自评是正相关的(Skrabski，Kopp 和 Kawachi，2004)。在俄罗斯，整体意义上，发现社会信任、互惠和公民组织的成员身份与低年龄段男女的死亡率之间是有关联的(Rojas 和 Carlson，2006)。而个体层面的研究却发现某些类型的网络(相对于社会资本)是生理和情绪健康自评的更好的预测指标(Rose，2000)。对哥伦比亚的研究则发现，在控制了社会人口学和环境因素后，信任以及组织成员身份都跟自评的精神健康之间无关(Harpham，Grant 和 Rodriguez，2004)。

Elgar、Davis 和 Whol 等(2011)根据世界价值调查(World Values Survey，WVS)采集的 50 个国家的 69725 个成年人样本进行多层次分析，揭示了国家层面社会资本与健康和生活满意度之间存在联系;而交叉层面的互动显示社会资本对女性要比男性的益处大,对老年人和有信任感的、关系亲密的人好处也更大。

在国别或其他类型的社区诸如街道社区或邮政区进行比较时,很多其他的因素可能会混淆社会资本的健康效应。Islam,Merlo 和 Kawachi 等(2006)对 42 篇研究不同国家社会资本与健康结果间关系的论文进行了总结,并根据这些论文中涉及的是单一还是多层次分析进行分类。对所研究国家的平均主义水平进行比较后发现,社会资本与健康之间正向关联的关系是存在的,但与各国的平均主义水平无关。多重分析或是地区层面的分析都发现,平均化高的国家社会资本在解释健康水平问题上并不显著,而平均化程度少的国家,社会资本的作用更为突出。

在分析影响健康的因素时,社会经济不平等(Lynch 和 Kaplan,1999;Marmot,Bobak 和 Smith,1995;Wilkinson,1996)和社会资本(Kawachi 和 Berkman,2000;Kawachi,Kennedy,Lochner et al.,1997)往往是经验验证时所必须重视的。

收入不平等与糟糕的健康状况有很强的关联性(Kennedy,Kawachi,Prothrow-Stith,1996;Wilkinson,1992,1994,1997c;Anderson 和 Armstead,1995;Kawachi 和 Kennedy,1997a,b,1999;Kaplan,Pamuk,Lynch et al.,1996;Lynch,1996;Lynch,Kaplan,Pamuk et al.,1998;Davey Smith,1996;Kawachi,Kennedy,Lochner et al.,1997)。但已有研究对收入不平等与健康之间的关系仍然充满了矛盾,对收入不平等与公众健康之间观察到的关系,Wagstaff 和 van Doorslaer(2000)鉴别出多达 5 种竞争性的解释,反映了个体层面这种关系的多样性。相当多数研究认同平均主义程度高的社会往往在健康和寿命的表现上会更好(Lynch,Smith,Harper et al.,2004a;Subramanian 和 Kawachi,2004);对既有关于收入不平等与健康之间的关系研究也有人提出质疑(Deaton,2003;Lynch,Smith 和 Harper,et al.,2004a),批评说看似是收入不平等的影响实际上是绝对收入或个人收入的结果(Wagstaff 和 van Doorslaer,2000;Gravelle,1998;Fiscella 和 Franks,1997)。但多层次研究表明,在控制了个体层面的收入和一系列其他因素后,收入不平等与个体收入和健康之间都是有关系的,收入不平等对健康的影响并非是个人层面收入测度的一种假象(Lochner,Pamuk,Makuc et al.,2001;Diez-Roux,Link 和 Northridge,2000;Kahn,Wise,Kennedy et al.,2000)。个体层面的收入与健康之间是一种非线性关系(Gravelle,1998)。在控制了各种生活方式及政治经济特点后,Olsen 和 Dahl(2007)对 21 个欧洲国家健康的等级分析发现,个体层面的收入满意度 和社会资本相对于社会层面而言,其对健康有更强相关性。收入水平和生 活水平的巨大差异会导致悲伤或降低人们的幸福感(Wilkinson,1996)。

表 2.4　155 篇论文中的 168 个分析案例研究的收入分布与公众健康的关系问题

	完全支持	部分支持	不支持	加 总	排除了部分支持后的完全支持占所有分析的比率
	正相关有统计显著性	正相关只有部分统计显著性	正相关没有统计显著性	所有研究	
国家	30(11)	9	6	45(11)	83
州,地区,城市	45(13)	21	17	83(13)	73
县,片,教区	12(2)	14	14(1)	40(3)	45
加总	87(26)	44	37(1)	168(27)	70

资料来源:Wilkinson 和 Pichett(2006),表 1。

Wilkinson 和 Pichett(2006)对 155 篇论文中涉及的 168 个分析样本进 行了分类(见表 2.4),根据收入不平等状况与公众健康之间的关系,研究结 论分为三类:完全支持型:收入不平等状况越大,人们的健康越差,这种关系 具有统计学的显著意义;不支持型:二者之间不存在正面相关的统计显著 性;部分支持型或混合型:报告支持统计意义上部分而非全部的正面相关。 这也是 Lynch,Smith 和 Harper 等(2004a)划分的"正面"、"负面"和"混合"。 对 168 个分析案例的解读可知,当收入分布作为社会阶级差别的衡量指标 时,其与健康间是存在关联性的。实际上反映的是社会分层作为社会组织 的基本特征,不平等有着很多的社会经济原因。Elgar、Davis 和 Whol 等 (2011)对社会不平等与公众健康的关系问题并无明确的结论。

社会经济不平等与健康关系的研究一般会关注收入的分布,Wilkinson (1996)最先关注这一问题,他的研究发现,收入不平等越厉害,则预期寿命 越低。支持者有之(Kawachi,2000;Marmot,2002;Marmot,Bobak 和 Smith,1995;Subramanian 和 Kawachi,2004;Ram,2006;Wilkinson 和 Pickett,2006),反对者也不少(Lynch,Smith 和 Harper 等,2001,2004;

Mackenbach，2002；Osler，Prescott 和 Gronbaek 等，2002；Ross，Wolfson 和 Dunn 等，2000；Shibuya，Hashimoto 和 Yano，2002）。研究结果的这种不一致，与不同研究者选择样本的时间跨度、涉及的样本国家和测度水平都有关。

在研究方法上有两种理论方法，一是心理学和社会流行病学，如 Wilkinson(1996)、Kawachi 和 Berkman(2000)，强调社会比较会提高压力水平，而在拥有社会资本时则可舒缓；再就是更加物质主义的方法，Lynch 和 Kaplan(2000)坚持不同社会经济层次上的物质条件差异是形成不平等与健康状况的基本机制。将两个方法整合的研究也已经出现（Schnittker 和 McLeod，2005；Szreter 和 Woolcock，2004）。现在的共识一般说，收入不平等本身并不是糟糕健康状况的原因，但它是更为广泛的社会结构不平等的一个指标，这些才会通过歧视、占主导的等级制、暴力以及对人力资本或社会基础设施投资的不足影响健康状况（Deaton，2003；Eckersley，2006；Islam，Merlo 和 Kawachi 等，2006；Lynch 和 Kaplan，1999；Subramanian 和 Kawachi，2004；Wilkinson，2005）。

跨国研究也发现了社会资本和社会经济地位与健康之间存在着稳健的关系（Islam，Merlo 和 Kawachi 等，2006）。Carlson(1998，2004)发现参与公众活动与健康是有正面效应的，就如同经济满意度。但收入不平等、社会资本与健康状况的关系是复杂的，有支持的证据最典型的在美国（Islam，Merlo 和 Kawachi 等，2006），更多其他研究都不怎么支持（Kennelly，O'Shea 和 Garvey，2003；Lynch，Smith 和 Harper 等，2001，2004）。但 Ram(2006)对 108 个国家的比较在利用更好的数据后发现，收入不平等与预期寿命存在强负相关。在不与健康发生联系时，社会资本（信任）与收入不平等也是负相关的。

对社会资本和收入不平等与健康状况间效应的生态学研究容易为其他环境特征所干扰，如政治制度（Navarro 和 Shi，2001）、文化差异（Eckersley，2006；Forbes 和 Wainwright，2001）。Navarro 和 Shi(2001)提供的证据表明，不同政治制度可能会混淆收入不平等与公众健康之间的关系。Eckersley (2006)指出，流行病学专家应该重视文化价值或规范，它们可能是与结构性不平等上的差异相联系的。

有人还进一步提出应该深入分析社会资本影响健康的机制，对结构性效应与背景性效应作出区别（Lochner，Kawachi 和 Kennedy，1999；Poortinga，2006a；Subramanian 和 Kawachi，2004；Veenstra，2005）。结构性效应（compositional effects）往往是在来自不同团体的个体之间存在的性格等的巨大差异而使得团体间产生差异时存在;背景性效应(contextual effects)往往是在团体特征与个体层面的混合结果差异相关联时存在(Diez Roux,2002)。因为"在社会上一些孤单的个体集中在缺乏社会资本的社区了"(Poortinga,2006a)。多层次分析方法的发展提供了很好的分析工具,其优点就在于可同时分析这两种效应并将其区分开(Diez Roux,1998,2000;Duncan,Jones 和 Moon,1998),避免了在生态学和个体意义上,以某层次使用的数据去推导另一层次的结论这样荒谬事情的出现。此外,多层次方法在统计上可解释组内观察的非独立性,从而检验组内和个体层次上的随机变化。Mansyur,Amick 和 Harrist 等(2008)发现的收入不平等与健康之间的负相关关系支持了关于个体收入与健康关系的结构性效应的研究(Fiscella 和 Franks,1997;Gravelle,1998)。县级层面对收入不平等与死亡率关系的考察,也可以发现个体因素的影响(Soobader 和 LeClere,1999)。目前为止,运用多层次方法的跨国研究只是局限在欧洲。Blakely 和 Woodward(2000)认为不同国家会暴露出不同的宏观上的环境风险要素,如社会经济不平等或社会资本存量低。多层次分析方法也将会拥有更加广泛的运用空间。

3 研究设计与数据来源

本书的学术兴趣焦点是个体农户的社会资本对其拥有者农民家庭收入的影响,探究社会资本影响农户收入的复杂作用机制。因此,研究主要围绕社会资本的测度与其对农民收入影响的过程机制展开。

3.1 研究设计

3.1.1 基本概念

3.1.1.1 社会资本

在文献综述中,已经整理证明,社会资本定义的不清晰是这一概念在应用中受人诟病颇多的一个重要原因,社会资本定义因为不精致而置疑(Herreros,2004),被称为是"烟雾后面的火苗"(fire behind the smoke)(Paldam 和 Svendsen,2000)。Robison,Schmid 和 Siles(2002)在梳理了学术界有关社会资本的各种定义后曾经总结指出,Coleman(1990)的定义把"社会资本是什么"和"通过社会资本可以取得什么目标"混杂在了一起(Portes 和 Sensenbrenner,1993),实际上是假设了一个计算个人优势的理性行为者;Burt(1992)定义社会资本把"在哪里"和"有什么用"联系在一起;Portes(1995)把社会资本定义为个人利用其网络成员或更为广泛的社会结构的成员身份调用稀缺资源的能力。把"什么是社会资本"(个人调用稀缺资源的能力)和"社会资本在哪里"(网络或更广泛社会结构)混在了一起;Putnam(1993)定义社会资本是社会组织的特征如信任、规范,与经过促进协作行为可增进社会效率的网络。"社会资本的基础"(信任和规范)可分解为"社会资本可做什么"(通过促进协作行为提高社会效率)和"社会资本在哪里"(网络)。"一旦社会资本被解构为说什么、在哪里、生产什么(怎么用)和怎么生产,那么,就可视为在概念上弱化了'是什么'的定义。"这些概念都把社会资本定义最应该探讨的本质性与其功能功利地联系在了一起。有鉴于此,他们从一个特殊的角度——同情——来定义社会资本:

社会资本是一个人或团体对另一个人或团体的同情,这种同情对另一个人或团体可生产一种潜在的利益、优势和倾向性的对待,而超越了某种交换关系的预期。

上述定义把"是什么"(同情)和"做什么"(潜在利益)分开了,聚焦在存在(具化)在人际关系中的转化能力。是什么包括了有别于贪婪的动机。

社会资本牵涉到授予者与接受者之间的关系。授予者的同情可能包括:(1)某个人;(2)某一类的成员,如年龄、性别、种族,或基于社会风俗而独立行动的校友团体,并不一定要清楚其他人在做同样的事;(3)某组织中的人有意识的互动以产生同情。

Waldstrøm 和 Svendsen(2008)在总结各种社会资本定义时,特别注意到招人诟病的"社会"与"资本"结合在一起的逻辑上的费解,认为应该把马克思、韦伯伦、布迪厄、林南和 Light(2001)在对"资本"认识上的卓见整合起来。所以,基于 Bourdieu-Veblen 扩展了的资本定义的社会经济学框架,他们提出了资本定义的 PIPES 模型。该模型既糅入了经济学家坚持的资本"物质性"效用的一面:资本是 PP, Productiveness(此时此地)和 Prospectiveness(前景式,由过去投资催生的未来生产);也整合了马克思等思想家关于资本可积累性的一面:此时此地的生产性和可交换(Productive 和 Interchangeable),以及作为潜在资源的方面(愿景性的嵌入和策略——Prospective, Embedded 和 Strategic)。

因此,资本定义的 PIPES 模型:生产性的(Productive)、可交换的(Interchangeable)、愿景性的嵌入和策略(Prospective, Embedded 和 Strategic),PI 是实际资源,PES 是潜在的资源。

这一思想可直观表达为:

表 3.1　现实和潜在资源框架的资本属性：PIPES

现实资源	潜在的资源
生产性的	愿景式
可交换的	嵌入的
	策略性的

资料来源：Waldstrøm 和 Svendsen，2008，p. 1508.

按照这一模型，如果社会资本包含潜在的网络资源，行为者意识到这一点就非常重要（Carley 和 Krackhardt，1996；Krackhardt，1987）。而且，不仅应该认识特定的网络结构或位置，还应该正确理解网络结构，从而决定一个人从网络中得到的权力或利益（Krackhardt，1990；Granovetter，1973；Burt，1992）。

而社会资本"社会性"的一面则在于，它是由生活在某一情境中的人所创造的，也就是有具体的历史过程，同时又是此时此地的。所以，社会资本的定义，综合定性和定量分析也许是出路（Chloupkova 等，2003；Svendsen 和 Svendsen，2004）。

对社会资本定义众说纷纭的讨论，很容易令人陷入困惑，那么，该怎么给社会资本一个明确的非功利性的定义呢？当年，冯友兰先生对历史文化遗产继承的思考可给我们深刻的启迪。1957 年，在谈到如何继承哲学遗产问题时，冯友兰先生曾提出过"抽象继承法"，认为不是"继承什么"的问题，而是"怎样继承"的问题。有必要区分哲学命题的抽象意义和具体意义。随着时间的推移，哲学史上的一些命题的具体意义会过时，会丧失其价值，但是其抽象意义却依然值得继承和发扬。哲学遗产的继承，本质上就是继承哲学史上的一些命题的抽象意义。命题的抽象意义和具体意义可更确切地表述为命题的一般意义和特殊意义（冯友兰，1957，pp. 273-274；281-285）。冯氏的"抽象继承法"与伽达默尔关于诠释学的"应用"的论述，可谓相互发明。在讨论诠释学的应用时，伽达默尔指出："如果诠释学问题的真正关键在于同一个流传物必定总是以不同的方式被理解，那么，这个问题就是关于普遍东西和特殊东西的关系的问题。因此，理解乃是把某种普遍东西应用于某个个别具体情况的特殊事例。"（伽达默尔，1999，p. 400）在关注思想传承过程中普遍和特殊、一般和个别的关系上，抽象继承法和诠释学在应用旨趣上各有侧重。抽象继承法对历史流传物的继承是在分析其特殊和普遍的基础上，继承其抽象普遍的一面；而诠释学则强调，对历史流传物的具体诠释,要与继承主体当下的特殊诠释学处境相结合。"抽象继承法是诠释学应用的前提,而诠释学应用是抽象继承法的落实。两者的结合,为我们提供了对思想传承过程的完整描述。"(郁振华,2012,p.51)

根据以上讨论,面对社会资本这个既有希望又充满问题的概念(both promising and problematic concept),定义应该是具有历史感的社会性与其可使用、交换甚至可期待的资源属性的结合。同时,应该注意到,社会资本绝不仅仅就是一种资源性社会存在。自布迪厄到林南,将社会资本与资源相等同的思想就一直存在。张其仔(1997)也将社会资本看作是人与人之间在信任和合作基础上形成的社会网络,是资源配置的一种重要方式,并试图将社会资本作为一个内生变量纳入经济学研究范围,探讨其对厂商行为、经济增长、产权制度选择、劳动力流动等的影响,还希望从社会资本视角考察儒家文明与经济现代化关系。但恰恰是"这种将社会资本等同于社会网络之中的社会资源的做法,降低了社会资本的解释力,也不利于社会资本理论的独立发展"(陈柳钦,2007)。因此,综合已有分析,可把社会资本定义为:社会资本是人们在社会生活中各种关系性资源的积累,这种关系性资源包含即期的、可交换的社会资源和预期的某种愿景式的嵌入策略,关系性资源的积累不简单地以功利性交换为预期,而是基于合规范的认知所产生的某种倾向性优待的同情。

3.1.1.2　信息能力

按照本研究的旨趣,信息能力主要指涉微观层次上农民在交往中的信息接收和处理的能力,这里内在蕴含着对"信息"的理解问题。王涛、张恩英和贾淑萍等(2000,pp.2-4)在寻求对"信息"进行定义时,认为已有定义多数是从信息的外延表征来定义,很难反映其本质内涵,因此,他们提出,可把"信息"定义为"传递中的知识差(degree of knowledge)"。理论上,这一定义既反映了信息发生的基础和过程,也揭示出信息价值的基础所在,并可揭示出信息与知识增长之间的关系——由"知识差"所构成的中介桥梁;而且这一特质也揭示出信息的层次性、不可分性和共享性,说明了噪音、信息失真和误差的根本所在。基于这种理解上的优点,可接受对"信息"是一种"传递中的知识差"的认识。

对农民信息能力的认识可借用传播学的有关理论更为深入地理解。

日常生活中的人际交流活动就是传播学意义上的人际传播。人际传播的"第一个特征是,人际传播发生于有关系存在的环境里。事实上,通常给关系和人际传播所下的定义是一致的。……我们知道某人所以与他人发生关系,是因为他们极有可能彼此交流。而他们进行交流的方式是由关系的约束所决定的。……关系还受到彼此怎样看待对方的约束。有些关系被人们认为着重于彼此扮演的角色。关系双方的相互行为既基于本人扮演的角色,也基于对方扮演的角色"(罗洛夫,1997,p. 22)。而在这种人际传播中,交往者心里都有一种"传播理论"在指导行动,是他们所处文化背景以及社会认知、传播实践和对经验的亲证。只要交往发生,交往者都在有意无意地发送两种讯息,一种是实的、可以感知的内容讯息,一种是"关系的讯息"。关系的讯息通常没有显在的形态,是一种暗示或环顾左右而言他,需要由接受者来揣摩(陈力丹,2005)。因而,交往行为者的信息能力显得殊为重要。

从笔者收集到的文献看,国内对农民社会中人际传播研究比较早的是祝建华(1984)。他也是最早就用 SPSS 软件做相关研究的学者之一。根据他对上海郊区农民传播行为的研究,把农民传播行为分为大众传播与人际传播两个子系统,大众传播的使用效率高于人际传播。人际传播系统包括五项人际渠道,其中以串门的使用率最高,会议与婚丧喜庆次高,文化馆和茶馆最低。他的研究与江苏省在 20 世纪 80 年代初的调查一起对我们认识改革开放初期农民的人际传播非常有帮助。江苏省 1983 年和 1985 年曾经进行过两次大规模传媒受众问题的问卷调查,对农村的结论基本相同:除广播外,报纸、电视普及率相当低,大多数农民很少甚至不接触报纸和电视;农民大多数不接触新闻的传播,接触程度不到五分之一;农民听广播的目的主要是娱乐,其次是获取外界信息;传播工具在农村还未充分发挥作用,尚看不出其对农民思想观念的显著影响。(方晓红,2002)

随着我国改革开放以来社会经济的迅猛发展,农民的交往在现代通信技术的冲击和各种大众传媒影响下,会不会发生深刻的变化呢?有关研究虽然不多,但亦足以管中窥豹了。张涛甫(2009)以安徽为实证,指出人际传播在该地区农民中仍然占据主要地位。从信息交流的方式看,63.2%的调查对象所在的村(街道)安装了广播,但村(街道)重要信息的传达中只有32.6%的调查对象是通过广播得知的,而 36%是通过熟人转告得知的。与亲属成员的交往中,互动以合作为主。在急遽社会变革的时代洪流中,乡村社会农民的人际传播仍然占有如此重要的地位确实令人遗憾甚至失望。

那么,该怎么看待这一时代的巨大落差呢?有研究者指出,这与市场经济发展中媒介市场的权力分布密切相关。就媒介市场而言,经济关系中的2/8 原则可以被置换为这样的表述:拥有 80%购买力的那 20%的消费者获得了媒介 80%的注意力和 80%的信息资源;拥有 20%的购买力的 80%的消费者获得了媒介 20%的注意力和 20%的信息资源。信息分配、享有上的不平等加剧了城乡二元社会的差别,它最终造成城市相对于农村的政治特权,城市人相对于农村人的话语霸权,以及城市文化相对于农村文化的文化霸权(赵丽芳,2006)。显然,城乡二元体制造成的农民话语权缺失,为我国农村的人际传播提供了运行的生态。加之中国广大农村是一个基于亲属关系的同质社会,同质性极高。共同的生产方式、消费方式、生活方式、语言、爱好、娱乐等造成了他们对传播信息的高度共享和认同;而大众传媒对农村信息的缺失也为农村人际传播留下了足够的运行空间。(熊顺聪和黄永红,2010)

虽然,我国农村信息的传播"主要内容是娱乐性内容,而其承载的农村发展信息则很不充分,且形式较为单一,由此造成城市与农村之间的'知沟'在不断扩大,传统文化受到大众文化的挤压而趋向消失,大众传媒为农村受众不断制造出各种'虚假影像',阻碍了农村受众对现实世界的正确认知"(张宁和方晓红,2002)。但不能不注意到,现代传媒仍然对农村农民产生了深刻的影响。根据调查,日常聊天中,来源于大众传播媒介的话题已经占到了 20%。而且当遇到不公平的事情时,高达 25.9%的调查对象认为最好是向新闻媒介反映,购买商品时,16.5 %的调查对象选择依据是媒介广告。且有 67.8 %的调查对象同意或基本同意"看新闻能帮助我改善生活"(张涛甫,2009)。

从技术传播演变看,一项新技术在农村的传播通常是从一些具有较高社会地位或较高教育背景的革新者开始的,而那些后知后觉通常是跟随着革新者,受革新者人际传播网络的影响(Rogers,1983)。就我国农村农民的信息接收习惯看,村民对于大众传媒的信息会有一个再解读的过程,用农民的话说农民的事(蔡婧和李红艳,2008)。这都说明,农民人际传播中的信息能力素质对其交往效率有很重要的作用。

因此,我们对信息能力的定义为:农民信息能力是农民在人际传播以及接触现代大众传媒中对其所接受信息的数量、质量蕴含知识差的敏感性程度以及消化吸收和反馈处理能力。

3.1.1.3　收入

农民收入变量是本研究需要测度的一个重要变量。一般地,农民收入都会以农户当年的实际收入来反映。从我国目前的农村实际看,农户的收入已经实现了来源的多样化,可分为工资性收入、家庭经营性收入、财产性收入和转移性收入等四种(蒋乃华和黄春燕,2006)。但从调查数据获取的角度看,农民往往会计算其毛收入,而对其劳动投入及其他成本一般意识不强。同时,一般人在面对陌生人时也不愿意透露其实际收入。为客观反映农民收入状况,Godoy、Reyes-García、Huanca 等(2007)以所考察村的基尼系数代表收入。但在本研究中,作为微观调查,需要的是每个家庭的收入数据,这种系数并无实际意义。为此,笔者对收入的收集设计了两种方案,以相互对照。

本研究的收入变量,以农民家庭为单位,衡量一个家庭一个年度的收入水平。为克服数据收集的难题,在调查中,一方面,作抽样访谈,结合国家统计局公布的农民收入数据,我们设计了农民年度收入的数量区间,让农民进行选择;另一方面,我们还设计了一套主观性的心理评估,对农户的收入满意度做调查,两者的结合一定意义上可满足本研究的目的。

3.1.1.4　资源

自林南提出社会资本的资源观以来,资源作为社会资本研究中的一个必有之义项是研究者所无法回避的。在个体层面,社会资本一般会指涉网络资源,并被视为嵌入在关系中的一整套资源(Beugelsdijk,2003)。

本研究把资源视为是嵌入在社会网络中的某种同情性倾向,是可带来潜在利益、优势的物质性资本或无形的不可见"权力"。

3.1.2　研究假设

卡尔·波兰尼在《伟大的转折》一书中指出,人类的经济生产方式有三种:市场经济、再分配经济和互惠经济。资源配置表现为三种相应的方式:市场交换型、权力授予型和社会关系网络(张婉丽,1996)。对深刻反映社会关系本质的社会资本研究已经充分说明了人们的社会交往是可以带来各种经济的、社会的、职业和身心效能的。而社会资本在改变交往主体经济状况方面的作用已经日益引起国际社会的注意,联合国在大力倡导应该培养和投资社会资本时,甚至称之为"穷人的资本"(Grootaert,1999)。20世纪90年代以降,运用社会资本改善贫困成为全球贫困治理的一个重要战略,联合国教科文组织和亚洲开发银行都重视社会资本对扶贫开发的重要的关键性意义(Malvicini 和 Sweetser,2003)。

改革开放以来我国市场化发展的深入,使得农民在经历了新中国成立后很长时期的经济管制限制后,也不断获得越来越多的经济活动自由,转型中的中国农村社会农民的交往方式也因此发生着深刻的变化。王思斌(1987,1995)观察到20世纪80年代后农村在家庭生产功能恢复后,亲属关系出现了强化和紧密化特点,经济的互利在使亲属关系紧密的同时,也会导致彼此的疏远。郭于华(1994)观察到传统亲缘关系与现代社会经济关系的交织、融混是一种现实的存在。在农村新的经济结构启动及发育过程中,亲缘关系是信任结构建立的基础,也是实际获得资源的重要途径。折晓叶(1997)指出农村社会出现了"利、权、情"交织的合作圈以家族村落深厚的社会基础为依托形成一种"内合作体系",这一带有浓厚传统色彩的合作模式会在现代工业化进程中的农村衍生出各种拟似连带关系网络,有着强大的社会影响力。边燕杰(2004)在对中国城市生活的观察中,则提出人们社会交往中的网络结构深刻影响着其社会经济地位。基于这些研究观察,笔者认为,蕴藏在农民社会交往中的人际传播行为也必然对他们的收入产生深刻而复杂的影响。

因此,本研究的基本假设为:

假设1:农户社会资本是一个多维度的变量,且各维度会对农户收入发生影响。

在对社会资本的定义中,我们已经把社会资本与资源运用中的同情性倾向相联系,布迪厄直接把社会资本定位在资源,是"实际或潜在资源的集合,这些资源与由相互默认或承认的关系所组成的持久网络有关,而且这些关系或多或少是制度化的"(Bourdieu,1985,p.248;1980)。在交往网络中利用既有网络以获取所需要的资源(Wetterberg,2007),或利用社会网络获得社会支持和帮助是可能的(Andrews 和 Knoke,1999;Bloom, Fobair, Cox *et al*., 1991;Grandori,1999;Nohria 和 Eccles,1992)。李培林(1994, 1995)在科尔曼隐含命题(社会结构有独特的资源配置功能)的基础上提出:社会结构中的某些要素,如家庭和社会潜网等具有特殊的资源配置作用。相对于法律和政策规定的"正式制度结构"而言,它们构成了一种"非制度化社会结构",社会结构转型也是一种独特的资源配置方式,与"市场"和"政府"相并列,是进行社会资源配置的"另一只看不见的手"。Vlker 和 Flap (1999)进一步强调,可使用的社会资本可以从两个维度加以度量:一是直接的资源测量,再就是网络的结构测量(如网络规模、网络密度、范围和结构洞)。莫维把同群效应(peer effects)或社区效应(neighborhood effects)引起的社会互动(social interaction)归入了社会资本(Mouw,2006)。这样,凡是能影响个体行为或结果的某个参照群体(reference group)的特征、行为或结果,都可以被视为嵌入性资源(embedded resources),也即社会资本(Durlauf,1999;Portes,1998;陈云松和范晓光,2011)。所以,有:

假设1.1 农户社会交往网络既是其社会资本的重要维度,也是其资源嵌入的社会依托,农户资源网络在与其他维度一起对收入产生影响的同时,还会对社会资本其他维度影响农民家庭收入的过程发挥中介作用。

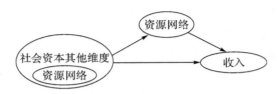

图 3.1　资源网络维度会对社会资本其他维度影响农户收入的
生产过程起中介作用

实证研究也证明,与工作有关的各类经济性质的交易,可以嵌入各类社会关系中,社会资本作为一种社会资源,蕴藏于行动者的各种社会联系中。社会资本可帮助个体提高收入、工作表现完美、取得职业成功以及其他的成就(Aldridge 和 Halpem,2002;Krishna 和 Uphoff,2002)。因此,对每个个体的交往网络来说,作为其交往网络的一部分,自然会对这个关系网络有某种期待,这种对嵌入在网络中的成员以及附着其后的资源利用是符合人的交往理性的。这一期待可理解为某种理性预期,既可以是对关系网络可能给自己带来利益的预期(当然也有负面影响的预测),也包含着对这种网络是否继续投入的决策思考,甚至会影响其是否会继续保持这个交往网络!Cheung 和 Chan(2008)在对日本神户的实证研究中就发现了这种预期性的社会资本对人的某种成就预期的影响。所以,对农户社会资本,有:

假设 1.2 农户社会资本会对其家庭收入产生影响,但具体维度的作用机制和影响后果是复杂的、不确定的,农民对关系的预期是社会资本影响农民收入的重要方面。这种预期性既会与其他维度一起对收入发生影响,也会对其他维度的影响产生中介作用。

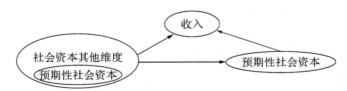

图 3.2　预期性社会资本对社会资本维度影响农户收入的生产过
程有中介作用

进一步讲,资源网络维度和预期性社会资本对社会资本其他维度影响农户收入生产过程会同时发挥中介作用,所以,由假设 1.1 和假设 1.2,可进

一步假设:

假设 1.3 在社会资本影响农户收入的生产过程中,资源网络维度和预期性社会资本分别对其他维度影响农户收入的生产过程发生中介作用是同时发生的。

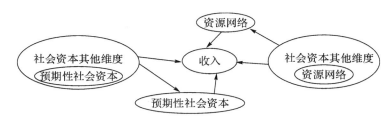

图 3.3 资源网络和预期性社会资本同时对其他维度社会资本影响农户收入的过程发生中介作用

有研究指出,社会资本如网络弱关系对不同社会或经济团体的信息和资源交流有十分重要的作用(Warner 等,1997),如果反过来追问:人们的信息交流是否会受到交往主体的信息源、数量以及信息消化吸收和反馈处理能力的影响呢? 如何影响,也就是影响的内在机制是什么呢?

现代交往的复杂性和现代通信技术及大众传媒对人们交往的深刻影响也必然会反映到农民社会的日常交往中,人们交往的频度在加深,而交往工具的复杂性也在强化,交往的信息流日益增多和复杂,这就对日常交往的信息处理能力提出了相应的要求。 在我们的访谈中,也不断听到农民会谈起某些影响其经济决策的信息问题,他们会为因为抓住某次关键事件信息而得意,也会因未能理解或不够敏感而错失了某些"发财机会"而痛悔。 这说明,社会资本对收入的影响会受到交往主体间的彼此信任、密切度和信息能力的影响,从而,有:

假设 2:农民信息能力与社会资本一起影响农户收入的生产过程。

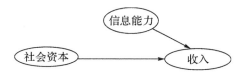

图 3.4 社会资本和信息能力可同时影响农户收入生产

对信息能力与社会资本同时影响农户收入的过程,可进一步探讨彼此间的影响机制问题,可假定农民交往中的信息能力不仅可以和社会资本一起影

响农户收入的生产过程,而且还会对农户收入的生产发生中介作用。从而:

假设 2.1 农民信息能力在社会资本影响农户收入生产过程中可发挥中介作用。

图 3.5 信息能力对社会资本影响农户收入的生产过程
发挥中介作用

结合假设 1 和假设 2,进一步我们可假设信息能力与资源网络及预期性社会资本的中介作用可同时发生。即:

假设 2.2 信息能力可与资源网络一起对社会资本影响农户生产过程同时发挥中介作用。

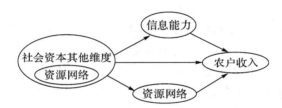

图 3.6 信息能力和资源网络同时对社会资本影响收入发生中
介作用机制示意

假设 2.3 信息能力可与预期性社会资本一起对社会资本影响农户收入的生产过程同时发生中介作用。

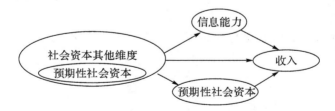

图 3.7 信息能力和预期性社会资本同时对社会资本影响收入发生中介
作用机制示意

假设 2.4 信息能力可与资源网络及预期性社会资本一起对社会资本影响农户收入的生产过程同时发生中介作用。

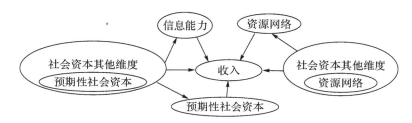

图3.8　信息能力和预期性社会资本及资源网络同时对社会资本影响收入发生中介作用

本章研究设计的假设将在以后各章节中作具体地细化展开并深入讨论和论证。

3.2　变量设置和数据获取

如何测度社会资本是社会资本实证研究中经常会引起争论的问题。由于各种测度导致的处理结果的不一致,会挑起一系列的争讼,核心关键的如对社会资本能否测度的质疑,社会资本测度指标是否表达了社会资本的内涵等,也有对处理中的技术的质疑(陈云松和范晓光,2011)。因此,合理设置变量以反映社会资本的内在意义和获得可靠的数据为技术处理奠定牢固的基础都是非常重要的。

3.2.1　变量设置

本书涉及的变量主要有作为自变量的社会资本维度测度、作为中介变量的信息能力的测量和因变量收入的测度。

(1)收入　收入水平是反映一个社会居民经济状况和生活质量的重要指标,客观地测量居民实际收入水平也一直是经济学家和社会学家们所关注的一个重要问题。但如何近似准确地测量收入状况,尤其是微观层次的居民收入水平却是一个非常困难的问题,收入数据的收集会受到多种因素诸如制度、心理和技术的影响,在消除了诸多不确定因素后,测量中的误差也会影响对收入的判断(van Praag, Hagenaars 和 van Eck,1983;Ravallion,1994;Glewwe,2007)。在我国农村的特殊情境中,农民传统的不愿"露富"的心态也会影响其报告真实收入水平。为此,在收集收入数据时,问卷专门设计了主观上的心理评估和客观的收入区间,这样,在帮助农民克服心理障碍的同时,还可以对他们报告的准确性进行检测。

(2)中介变量　本研究需要测度的最重要中介变量是农户信息能力。

由于农户信息能力受到其自身素质如受教育水平、职业经历、社会阅历等的影响,对其的量化测度因此显得比较困难。为了比较好地对这一变量构思进行具体量化,不能将之视为单一向度,而应该尽可能包含比较多的信息量。问卷中把信息能力看作是一个有多方面指向的多维变量,通过设计相关而又指向不同的题项,来综合反映信息能力水平。

(3)社会资本 根据假设,社会资本不是一单一维度的变量,而是涵盖多维度,所以,必须围绕研究主旨和我国农村的实际来测度。

在社会资本各维度的测度设计题项中,参考了很多实证研究和理论探索的文献。世界银行测量社会资本用的 SCAT(The Social Capital Assessment Tool, Krishna 和 Shrader,2000),适应性社会资本工具(Adapted Social Capital Assessment Tool,A-SCAT)和 Harpham, Grant. *et al.*(2002)基于这一工具开发的简化版 Short Social Capital Assessment Tool(SASCAT)是重要的参考,Spellerberg(1997)、McArdle, Waters, Briscoe *et al*.(2007)、Sabatini(2009)、Green, Grimsley, Suokas, *et al*.(2000)、ONS(2003)、Cheung 和 Chan(2007)等。一些探讨性论文如包先康和朱士群(2009)提出中国乡村社会资本可包括熟人关系网络、作为规范的村规民约以及乡土信任等。提出社会资本的结构性内容指社会网络的凝聚力,包括参与各种志愿性的协会,密度和同质性和邻近性(Wollebaek 和 Selle,2002),功能性的内容有在网络中得到的帮助和投资(Hofferth 等,1999)。以及证实社会资本的结构模型,混合了内容、轶闻和后果(Corral-Verguzo,2002)。通过对各种文献的参考,力求社会资本概念内容的一致性和广泛性统一,对社会资本概念有一个整体的揭示说明(Bagozzi,1982)。第四章将对此作进一步系统地说明和分析。

3.2.2 数据来源

本研究的数据来源比较广泛,一方面是农民分布的广泛性需要对数据的代表性有比较高的要求,同时,数据收集的便利性也是必须考虑的重要因素。

本研究选题是 2009 年 11 月确定的,笔者当时正在杭州,出于数据收集的便利性,在问卷设计的过程中,笔者的访谈和最初问题题项的设计在文献之外,主要是在浙江慈溪进行的。通过对慈溪农村的走访,笔者初步设计了农户社会资本可能涉及涵盖的题项集合。时间持续约 20 天左右。这期间笔者曾经多次入户走访了当地的农户。由于当地经济发达,纯务农的农民非常少,多为兼职农民,且非农就业已是其主要的收入来源。虽然笔者通过访谈年龄大的农民以弥补不足(访谈了很多年纪在 50 岁—70 岁的农民老大爷),但仍然觉得样本代表性不足。在初始问卷出来后,笔者随后在江山、永康和江苏淮阴、徐州作了一次预调研,以测度问卷的初始设计质量。

经过专家审核和反复参阅文献,形成了第二次问卷。在当年 12 月下旬,笔者又再次亲赴浙江江山,向当地农户发放问卷。之所以选择江山,重要原因就在于江山位处浙西,农业占比相对要高,务农在家的农民比较多。而且,那里更接近内地条件,可为下一步对内地的调研做准备。在浙江的两次比较长且规模较大的调研,基本确定了问卷的内容框架。

2010 年春节期间,笔者在湖北荆门农村的家乡对周围乡村的农民进行了部分问卷调查和访谈,以求完善问卷。经过再次的实地调查和文献的参阅,最终形成了本研究的问卷。随后,笔者在 2010 年 5 月在湖北、山西进行了大规模的问卷发放,截至 7 月,问卷基本回收完毕。有关问卷设计得更具体的分析和修改,本书第四章将作详细地报告。

这里,需要说明的是,为什么会选择湖北和山西两省。学术界有共识,"中国的三农问题在中部,中部的三农集中在两湖",湖北既是笔者的家乡,又是三农研究所必须关注的重要省份,在湖北作抽样调查是理所当然。至于山西,一方面,山西也是中部省份,且位于华北,可代表中部农村的另一面,同时,山西也是众所周知的煤矿大省,对这个省农村农民的调查因而显得特别有意义;再者,山西也有笔者的朋友,可帮助征集调研人员和发放问卷,而且,他们的专业水平也可以对参加调研的学生作基本的必要培训,以保证问卷调查的样本数量和质量。

3.3　假设论证策略路径

曹锦清教授在华东理工大学成立文化研究所时提出了"返回国情,返回历史,返回实证"的口号(曹锦清,2010,p.3)。本研究焦点关注就在于当下农村农民的现实交往所积累的社会资本对其收入的影响,希望探讨这种影响的过程机制,因此,对本研究提出的假设的论证将采取理论研究和实证研究相结合的路径作具体的分析论证。

3.3.1　理论研究

理论研究中研究者首先必须直面的问题就是:是什么构成了一种理论?它是关于世界某些方面的一组因果关联的并使人们可以从中推导出可证伪

的假设的概念集吗？或者，一种理论就是"对社会现实的一种抽象的、象征性的描述和解释"（Adam 和 Sydie，2001，p. 3)吗？对一种理论的判断，究竟应该基于其预测事态发展的效度，还是基于其描述现实的效度？（奇达夫和蔡文斌，2006，p. 41)这种逼问正是研究中所必须回答和弄清楚的问题。

本研究中，理论研究的起点是通过文献梳理，在理清社会资本概念的演变及相关争论的基础上，给社会资本一个清晰的合规范的定义，并通过对大量实证研究文献的整理，归纳出本研究的题旨，也即清晰地揭示出农户社会资本影响其收入生产过程的机制：社会资本→收入，而这一过程的具体作用机制可具化为：社会资本→资源网络→信息能力→收入。

3.3.2 实证研究

（1）问卷调查

通过实地调查的访谈和文献整理，设计出符合本研究要求的问卷，确定研究变量，确保问卷质量。依据抽样调查的原理要求，在考虑调查的可操作性情况下，征集调研员并培训，完成问卷的发放和回收工作。

（2）无干扰的分析研究

在整理调研数据的基础上，对问卷数据作分析研究，在对数据标准化处理的基础上，作问卷的信度和效度检验，保证问卷的内容质量。主要是通过探索性研究，对理论研究中归纳的社会资本影响农户收入的作用机制进行分析。分析将综合运用项目分析、验证性因子分析、统计推断、多元线性回归、结构方程模型等方法，深入探讨社会资本影响农户收入的作用机制。

4 社会资本量表的开发

　　运用社会资本概念和相关理论进行具体问题的讨论研究虽然得到了极大拓展,但社会资本概念的泛滥也着实令很多学者头疼不已(Baron 和 Hannan,1994;Robison,Allan 和 Schmid 等,2002)。"问题在于解决问题(approaching)",Portes(1998,p. 2)断言,"社会资本被运用到很多事件和很多不同的环境中,以至于失去了任何明确的意义"。要更深入地认识和理解社会资本的性质,需要对社会资本的质和量都进行进一步准确界定,前面的研究设计我们已经给出了社会资本的定义,并勾画出了社会资本量化测度的途径和方法。本章将在既有社会资本测度的实证研究基础上,对社会资本的量化研究做更加细化的工作,开发出本研究需要的社会资本量表。量表的开发既是本研究得以继续和完成的基础,同时,也希望本研究开发出的量表有助于学术界进一步深化对社会资本领域的研究。

4.1　学术界对社会资本的测量研究

　　在社会资本不断引起学术界更大学术兴趣的同时,对社会资本在研究中出现的笼统模糊和不清晰不易界定的问题,批评质疑之声也不断出现(阿罗,2003;Woolcock,1998)。所以,作为社会资本概念的倡导和研究者,科尔曼、帕特南等从一开始就致力于社会资本的细化和艰苦的量化研究。

4.1.1　对社会资本测量的理论争论

　　从布迪厄开始,社会资本研究就一直是建基于实证研究之上的。"广义地来讲,测量系根据法则而分派数字于物体或事件之上"(Stevens,1951),作为一种建构性概念,如何测量社会资本,其"法则"由于理解和研究目的的不同,在宏富的研究文献中,有很多不同的方法路径。Durlauf(2002)认为这些大量的文献使得社会资本成为"功能性和因果关联的"混合物。社会资本概念的模糊、多种定义的并存、缺乏适当的数据对其在研究社会现象时在理论和实证上都是不小的障碍(Durlauf 和 Fafchamps,2005)。部分学者悲观地认为,在微观经济层次上,测量社会资本是不可能的,因为它并不在市场进行交易。宏观上,假定某个变量对不同国家和地区是同质的,也不可能(Kitson,2005)。

(1)关于社会资本测度的层次性问题

将社会资本视为一种可促进人类行动的社会结构性资源是学术界的共识,是在社会联系中得到有价值资源的潜力,其在个人和集体层面上都可以积累。概念化应该涵盖其特征:(1)社会联系的来源(Angelusz 和 Tardos,2001);(2)获得潜在资源(Portes,1998);(3)将其转化为无论是个人或集体拥有者的受益(Krishna 和 Uphoff,2002;Grootaert 和 van Bastelaer,2002)。测量社会资本,第一步应该是将微观和宏观层面的指数相加,类似于人类发展指数和身体素质指数,微观的有 Narayan 和 Pritchett(1996)采用的 Putnam 型交往活动;宏观的有 Knack 和 Keefer(1997)以及 Klitgaard 和 Fedderke(1995)的跨国分析以及 Rose(1995a,1995b,1995c)采用的宏观制度和信任度指标。

布迪厄(Bourdieu,1986)认为,社会资本生产是人们在社交活动中时间、精力和经济资本的投入过程。Tiepoh 和 Reimer(2004)则把社会资本分为四种基本的社会关系模式:市场关系,官僚关系,联盟关系,社区关系。Routledge 和 von Amsberg(2003)进一步把社会资本与交易目标联系起来,提出并建立了内生社会资本模型,在社会资本测量和量化研究上实现理论突破。但对社会资本在经验研究上操作定义的差异性分歧仍然很大(Krishna 和 Uphoff,1999;Onyx 和 Bullen,2000;Narayan 和 Cassidy,2001)。

布迪厄认为个体拥有的社会资本量取决于其自身的网络:他所能有效调动的网络关系的规模大小和网络成员所拥有的其他资本的数量(Bourdieu,1986,p.241-258)。科尔曼(1999)在微观层面上认为个人的社会资本量与其参加的社会团体数量、个人社会网规模和异质性程度、个人从社会网络摄取资源的能力成正比,应该从社会团体、社会网络和网络摄取三方面衡量个人的社会资本量。赵延东和罗家德(2005)指出,个体层次社会资本测量方法关注两个方面：对嵌入于个人社会网络中并可以为个人所调用的资源总体的测量以测度个人社会资本的拥有量；个人在工具性行动中所实际动用的社会资本。后者包括三个方面：对非正式网络途径的选择、社会网络中流动的资源以及关系人特征。而社会网络中流动的资源可分为"信息"和"影响"两类；而关系人指标，他们对格兰诺维特（Grannovette，1973）和林南社会资源理论的社会地位特征尤为在意。

基于网络追溯而展开的个体层面社会资本的研究测度，包括对网络成员资格的生成追溯和网络特征的测度。对网络成员生成（generate）一般采用提名生成法和位置生成法（Campbell，Marsden 和 Hurlbert，1986；Lin 和 Dumin，1986；Erickson，1996；Lin，Fu 和 Hsung，1998；Burt，1998；赵延东和罗家德，2005；周玲，2004）[①]。运用网络研究个体层面社会资本的代表是边燕杰（张文宏，2007）。他选取社会网络规模、网顶、网差和网络构成四个指标测量个体层面的社会资本（边燕杰，2004）。张文宏（2006）在研究城市居民社会网络资本的结构特征时，从社会网络的规模、密度、角色关系种类、异质性、趋同性等考察个人层面社会资本。但网络不能简单等同于社会资本（刘林杰，2006）。

贝克（2001）运用社会人际测量方法观察社会关系网络，以评估个体社会资本，其指标包括：网络结构、规模、成分和侧重点。Cross 和 Cummings（2003）从结构性网络特征和联系性网络特征验证了社会资本对个人绩效的影响。格兰诺维特通过测量网络成员间的互动频率、情感密度、熟识或相互

[①] 提名生成法是个人中心网比较传统的方法，具体做法是根据研究的要求，让每个被研究者自己提出其社会网络成员的姓名，然后具体询问每一位成员的个人特征，成员与被研究者（即网络"中心"）的关系以及这些成员之间的相互关系。具体方法有互动法、角色关系法、情感方法和交换方法等，提名内容可根据研究需要来定，目前研究较多的有"讨论网"（discussion network，即与被研究者讨论重要问题的人）和"支持网"（support network，即为被研究者提供支持的人）。提名生成法优点在于它可以对个人网络的具体情况进行详细的考察，缺陷在于它的边界不易确定，而且被调查组更可能提出与自己关系较密切的人，这样就容易漏掉网络中的"弱关系"。

位置生成法是一种比较新的专门用于考察社会资本的测量方法。其出发点不在于了解被调查者的网络成员的具体特征，而在于直接考察被调查者从网络中所可能获取的资源的情况。具体做法是列出一个或几个标志社会地位的量表，要求被调查者回答其社会网络成员中是否有人符合表中所描述的特征。优点在于它在实际操作中较之提名生成法更为简便，同时由于不涉及个人隐私，也更容易得到被调查者的配合。缺陷主要是只能测量社会资本，无法进一步了解被调查者社会网络的具体构成情况。

信任程度以及互惠交易四个指标观察彼此关系的强弱。波特（Burt，1992）在研究社会网络时则注意到网络的结构对社会资本影响，其结构洞理论强调个人在网络中的位置对其行动的重要性。林南大大扩展了社会资本的可选择指标，如社会网络规模、密度、同质性、异质性、凝聚性、封闭性等，认为社会资本应该可以超越社会关系和社会网络。但他反对在测量社会资本时简单地运用社会网络指标（Lin，1999；Lin，Fu *et al.*，2001）。

　　社会资本一般还是被视为群体而非个人的财产，大多数社会资本的测量都会测度公众参与，如志愿者组织、教堂或政党的成员（Schuller，2001）。Cote 和 Healy（2001）提议社会资本测量要尽可能涵盖其关键的维度（网络、价值观和规范），并在态度/主观性和行为上力求平衡。并且这样的测量应该是在一定文化背景下进行。Robinson（1997）也特别提到了社会资本的文化特质问题，这是他在研究毛里人时所深刻体会到的。这一点在国际社会资本的测量上尤其重要。科尔曼把社会资本视为一种社会"结构性资源"，而不仅仅是个人所拥有的资源，可以是一组织、一个社区乃至整个社会的资源和财富，从而就大大拓宽了对这一概念的理解。帕特南（1995）比较早就研究了集体层面社会资本，他从两方面测量了美国社会资本：一是美国人的政治参与，用投票率和对政府的信任程度表示；二是美国人参与公共事务的情况，用美国参加各种社会组织的人数表示。根据测量情况，他的结论是美国社会资本正在衰减。但其研究也遭到了严厉批评，批评者认为公民参与行为应该是社会资本的结果而非其构成（Paxton，1999，p. 101）。帕特南在测量意大利新组建的地方政府如何运作时，开发了包含一串不同因素的指数，有政府提供广泛服务的有效性（住房、日常护理、家庭健康诊所），对邮件和电话访问的回应，法律记录的质量。为测量人们对公共生活的参与，基于参与选举、报纸阅读以及志愿者协会数目、人们的文化和运动状况等，他开发了公民社区力量指数（Wilkinson，1996，p. 119），包括公民和政治活动的综合指数，包括了 14 项内容。这 14 个正式和非正式社区网络和社会信任指标可彼此相关而支持（Elliot，2001，p. 28）。诺利斯（Norris，2001）认为帕特南之后最通常的社会资本测量方法就是从结构的角度（通过正式组织成员资格）测量社会网络，而不是对非正式的和不可触摸的社会联系（social bonds）进行测量。

　　集体社会资本一般被视为是关于社区特征，社区社会资本存量可用多种方法测量（Fukuyama，2000；Mocinko 和 Starfield，2001；Putnam，2001；Snijders，1999）。但研究中也存在经常通过对有关个人的问题调查来进行加总的倾向,易混淆个体和集体社会资本之间的区别。Portes 和 Landolt (1996)指出集体社会资本不能简单看作是个体社会资本之和。Baron , Field 和 Schulller (2000,p. 28)认识到把社会资本看作不同层次的加总,其有效性有赖于具体环境,把某个组织的人加总而不知道人们作为组织的成员在干什么的信息没有任何意义。这就需要考虑到成分(个体)和环境(地方)的测量问题。Green, Grimsley, Suokas *et al*. (2000)质疑对个体的调查是否可以区别开一个地方的集体特质与个人特征。以信任为例,信任可否用个人特征测度(受年龄和性别影响),由于信任会随人的移动而动,或是否受某地物质社会环境的影响。

诺利斯(Norris,2001)提醒说,任何测量社会资本倾向的试图也存在许多需要特别加以注意的概念危险和方法论陷阱,指出,社会资本测量中有三个重要的问题需要认真对待:(1)排除非正式网络;(2)测量社会资本的社会结构维度却没有测量其文化维度;(3)考察个体层次(individual-level)的效果却没有考察集体层次(diffuse-level)的效果。这实际上仍然把社会资本视作是可分层次的,并形成了针对个人、社区和国家等不同层次社会资本的测度(Healy,2003;Leana 和 Van Buran,1999):可看作是个人的财产(Bourdieu,1986;Coleman,1988;Locher *et al*.,2005),也可在企业层面上看待(Burt, 2000;Carter 和 Maluccio, 2003;Drukker *et al*.,2003;Godoy, Reyes-Garcia, *et al*.,2005;Subramania 和 Youndt,2005;Tsai 和 Ghoshal,1998)。第三个层面就是社会水平上——作为国家或地区的特征(Portes,1998)。

对社会资本各层次储量水平的测度问题,卜长莉(2006)有过比较好的概括:

表 4.1　社会资本存量的测量

主体类别	测量社会资本存量的假设指标
个人的社会资本存量	受教育程度高低假设
	社会联系的广度和深度假设
	关系强或弱假设
	交往频度假设
	社会地位假设
	网络规模假设
	网络中的位置假设等

续　表

主体类别	测量社会资本存量的假设指标
组织的社会资本存量	组织内部联系程度假设
	组织外部联系程度假设
	信息化程度假设
一定地域共同体的社会资本存量	民众参与程度假设
	社会信任程度假设
	制度及社会文化规范与行动者
	目标的符合程度假设
	信息化程度假设
	人口密度假设

资料来源：卜长莉（2006）。

（2）关于社会资本的维度问题

社会学家爱德华和霍利（Edwards 和 Foley,1998）强调,社会资本实际上是根据具体环境的不同而不同的（contextually-specific）,社会资本存在于那些促进集体行动的群体内的社会关系和社会规范中,但这里的社会资本不一定能够扩展到其他环境中。因此,对社会资本的测量一般会考虑客观的关系维度——结构性,如社会网络等;也会考虑主观的——认知性,如信任、规范等等。Bain 和 Hicks(1998)把社会资本分解为"结构"和"认知"两个部分,前者代表社会联系的广度和深度,后者则反映了诸如支持、互惠、共享和信任等方面。Grootaert 等也提出社会资本测量包括两个层面和两种类型:微观、宏观和认知性、结构性（图 4.1）。

图 4.1　测量社会资本理想的各个层面

资料来源：C.格鲁特尔特等（2004）。

这就需要探讨人口和社会经济特征如何系统地影响个体社会资本的感知(Subramanian,Lochner 和 Kawachi,2003)。沿着信任、互惠及共享的认知性维度看社会资本,其测度是面临着一定挑战的。首先,社会资本可视为是集体层面上可观察和数量化的概念。但这种方法费时费力,代价不菲;而且还忽略了作为社区社会资本重要方面的可感知的社会动力问题。这一生态学观察并未得到实证检验(Kawachi 和 Berkman,2000),且难免具有文化特质从而难以比较。第二个方法则是调查居民对社会资本的感觉,如对邻居的信任程度、参加或从事集体活动、互惠。这在健康问题调查中运用很广(Hyppa 和 Maki,2001;Veenstra,2000)。当然,如果按照社会资本对社区进行价值评判也会带来问题,因为观察到的社区差异会因构成社区的居民特征而变得混沌。但由于这些信息起初收集的是个体反映,不管是在个体层面还是社区层面都扩大了社会资本理解上的分析范围。构建社会资本时,目标群是指向"人"还是"地方",是有争议的(Subramanian, Lochner 和 Kawachi,2000)。美国的实践就表明了这种社会过程的社区建设差异(Morenoff,Sampson 和 Raudenbush,2001;Sampson, Morenoff 和 Earls,1999)。但在"结构"与"环境"之间是彼此相关而非相互排斥的。Macintyre 和 Ellaway(2000)也明确指出了这一点。

因而,Paldam(2000)提出,可以有直接和间接两种方法测量社会资本。所谓直接法就是实验观察,比如对合作博弈的频次记录,或通过实时调查(Time-Use survey)观察个人行为测量。间接法一般有样本调查法、案例法等,这也是在社会资本研究中广泛使用的方法。而关系交往中表现出的社会网络自然也是研究者感兴趣的方向(李继宏,2003)。

前已述及,对社会资本的维度划分,布朗(2000)用系统主义的本体论把社会资本按系统的要素、结构和环境划分为微观、中观和宏观三个层次。而基于不同群体不同层次间的联系,社会资本可分为津梁型(Bridging)、内向紧密型(Bonding)和关联型(Linking)(Gittell 和 Vidal,1998;Narayan,1999;Putnam,2000,p.23;Woolcock 和 Narayan,2000;Leonard 和 Onyx,2003;Schuller,2007)。Hean,Cowley 和 Forbes 等(2003)在寻求构建社会资本的理论模型时,曾经总结这一概念在理论和实证研究上的混乱,指出,社会资本涉及的维度主要有:信任;治理社会行动的规则和规范,如互惠等;社会互动的类型(Snijders,1999;Collier,1998);网络资源(Kilpatrick,2000;Snijders,1999);其他的网络特征。Gabby(1997)将社会资本分为结构维(stuctural form approach)和关系维,格鲁特尔特和贝斯特纳尔(2004)

提出,社会资本在发展中的作用一般通过结构性社会资本和认知性社会资本的相互作用实现。结构性社会资本涵盖规则、程序和先例,而认知性社会资本则是指规范、价值观、信任、信仰等。Landry 等(2002)进一步把社会资本的结构维分为商业网络资产、信息网络资产、研究网络资产、参与资产和关系资产。Nahapiet 和 Ghoshal(1997)及 Tasi 和 Ghoshal(1998)在研究企业价值问题时,对社会资本细分为结构、关系和认知三个维度。既有社会资本的内容研究对本研究中社会资本量表的开发都有着很好的启发作用。

4.1.2　经验研究中社会资本测量指标的设计

信任是研究社会资本经常选用的一个指标,是很多研究测量社会资本水平的近似指标。台湾学者罗家德和张绅震认为,人际互动建立的人际关系承载着信任以形成社会资本,社会资本测量需从信任来源及传递的研究开始。社会信任来源于人际信任,人际信任基于个体的道德感,是个体心理的计算或对彼此了解所进行的行为预测、信任的结果,并通过个人或群体社会所凝聚的规范、制定的规则以及彼此的文化加以展现。而信任传递应考虑社会连带和网络结构。社会资本总量是综合考虑上述多种因素并测量的结果。

Whiteley(1999)在研究国家社会资本的起源时,认为只有善意的社会关系才能产生合作行动,信任是社会资本的唯一要素,只有两种类型的信任才能构成社会资本——对个人(包括家人和一般意义上的他人)的信任和对国家的信任。Knack 和 Keefer(1997)考察社会资本与经济绩效的关系选取了信任、合作准则和协会。Halpern(1999)认为需要一个简单,"快捷而干净"的测量方法,对社会信任的系统测量就可以做到。The World Values Survey 在 1981 年、1991 年和 1996 年都就信任进行了提问,以比较不同国家的信任水平。Brehm 和 Rahn(1997)的社会资本结构模型由三个互相联系的概念组成,即民间的约定、成员的相互信任、政府的信心。

在世界价值观调查(WVS)的设计中,信任测度比较简单直接:"一般而言,你认为人们是可信任的,或不必过于谨慎?"(Bjørnskov,2006;Inglehart,1997;Knack 和 Keefer,1997;Whiteley,2000;Zak 和 Knack,2001;Uslaner,2002)张爽、陆铭和章元(2007)在研究中国农村贫困问题时,也以信任代表社会资本,测度农户家庭对公共机构的公共信任:你分别对县和乡政府、司法立法机构和教育机构的工作人员的信任度如何? 用 1—3 分别代表:根本不信任、有所信任、完全信任。每个家庭对三个机构工作人员信任度的乘积度量家庭层面公共信任。

Glaeser，Laibson 和 Scheinkman 等（2000）发现在"一般社会调查（GSS）"中对"信任"的态度测量（如，是否同意"大多数人是可以信任的"）与信任行为并不具有显著相关性，在参与性行为测量中也不具有相关性（如，志愿者团体成员）。Anderson，Mellor 和 Milyo（2004）在公共品博弈实验中设计了三组问题以测量社会资本。第一组是 GSS 的态度性信任测度：是否同意"大多数人是可信任的"，"大多数人力争公平"，"大多数人希望是对人有帮助的"，"你不会再相信陌生人了"，"我是值得信任的"；第二组采纳了 Glaeser，Laibson 和 Scheinkman 等（2000）关于行为性信任测度：是否故意不锁门，借钱给朋友或陌生人，罪行受害者，对不同类型的人撒谎（父母、朋友、熟人等等），以二元选择进行回答；第三组测量志愿活动的参与情况，包括投入在志愿活动的时间，是否是志愿团体成员，参加宗教服务、政治志愿活动、选举以及所认同的朋友数量。

在研究中国农村医疗新农合改革中农民进入的意愿时，根据其在贵州的调查，Zhang，Wang 和 Wang 等（2006）测度的社会资本为信任和互惠，参照世界银行的社会资本建议（Grootaert，Narayan 和 Jones 等，2003），分别包含了 5 个问题，信任："总的说来，你觉得村里的大部分村民是可信任的吗？""如果有机会，你是否认为村民们会利用你以达到他们的目的？""你觉得村民们会把拾到的东西归还失主吗？""你觉得你的大部分邻居是可信任的吗？""你觉得村里领导是可信任的吗？"；互惠："你觉得村民们关心的问题不仅跟他们自己，也跟别人有关？""如果某人需要帮助，村民们会提供吗？""如果你的邻居要看病，你会借钱给他/她吗？""你是否认为你的村子是个大家庭，你是其中的一分子？""你是否会支持一个对你不是最有益处，但对他人益处更大的工程项目？"。根据村民们的回答，把村民个体村民社会资本分为低/中/高三组，并把个体村民的社会资本进行加总为村水平上的社会资本，假设村社会资本按信任和互惠分为低/高两组。

张建杰（2008）将农户社会资本界定为农村社会组织特征的集合，包括社会交往、互惠、规则、信任及规范等四个方面，设置了 15 个指标：组织参与圈、亲属关系圈、朋友关系圈、地里庄稼失窃状况、家庭财产失窃状况、家庭成员信任状况、亲戚信任程度、同姓村民信任程度、同小组村民信任程度、密切亲朋政治级别状况、密切亲朋财富状况、亲友间义务帮工状况、本村社会风气、在本村生活的安全感状况、邻村姑娘嫁到本村的意愿状况。提炼的因子为：交往及规则、关系资源及互惠、信任和社会风气四个。

Bullen 和 Onyx（1997）认为社会资本包括网络中的参与、互惠、信任、社会规则、公产、能动性等。因而测量和界定社会资本的要素包括：对社区的参与、社会背景中的能动性、信任和安全感、邻居间的联系、家庭与朋友的联系、差异化的承受力、生活价值、工作联系等。将社会资本等同于社会关系。

对集体社会资本，张其仔(2000)认为直接测量社会资本是困难的，通过测量企业中合作程度高低可以间接测量社会资本。而企业的社会资本投资，张其仔(2004)将其分为长期与短期投资，从网络的类型、密度和规模等3个维度进行测量。张方华(2004)从企业的纵向关系资本、横向关系资本和社会关系资本3个维度深入研究了企业社会资本与技术创新绩效的关系。格鲁特尔特和贝斯特纳尔(2004)运用地区网络或团体会员、信任规范指标及集体行动指标三个替代性指标代表社会资本。乔纳森·艾沙姆和萨托卡·科内(2004)研究印尼水系统时用8个指标测度社会资本：社会资本指数(村民层面关于地方集团数量和质量的复合指数)、成员密集度、出席集会、参与指数。社区定位、集体行动次数、社会性相互作用、邻里间信任等。Krishna 和 Uphoff(2004)把社会资本分为结构性和认知性社会资本两个维度，结构性社会资本指关系、网络和协会，认知性指规范和价值。他们的社会资本包括非正式网络、互助、信任、互惠、团结、对未来合作的期望、关心下一代等指标表示社会资本，构造了当地公共土地发展指数(流域发展项目中村庄层面执行情况)以及发展导向的集体行动指数验证社会资本的效果。

对集体社会资本测量比较典型的，Narayan(1999)研究坦桑尼亚农村贫困问题时，为考察社会资本的影响，他构建了一个基于87个村庄组织生活数量和质量的"社会资本指数"。帕克斯(1999)的集体社会资本由两部分组成：个人间的实际联接(association)以及包含了积极情感的人际间(inter-subjective)联系或关系。Krishna(2004)开发了一套集体社会资本指标研究印度北部69个村庄的社会资本对当地发展绩效的影响。Guiso,Sapienza 和 Zingales(2001)则包括了一系列指标，如行业协会的参与程度、选举参与者和其他市民参与等测度社会资本。科尔曼研究孩子受教育状况时，开发社会资本指标包括了个体、家庭和社区多个维度。个体和家庭资源包括：社会—经济地位，种族，兄弟姐妹数量，搬家次数，孩子读书前妈妈是否工作，母亲对孩子受教育水平的预期，对个人关心事物在孩子和父母间沟通的水平，父母是否会在家(Elliot,2001,p.26;科尔曼,2005)。

Krishna 和 Shrader(2000)利用世界银行的综合问卷资料，从社区、家庭和组织三个层次，构建了组织和网络、信任和团结、集体行动、信息和交流、社会凝聚力、选举和政治等指标测量社会资本。Bullen 和 Onyx(1997)认为社会资本要素包括：对社区的参与、社会背景中的能动性、信任和安全感、邻居间的联系、家庭与朋友的联系、差异化承受力、生活价值、工作联系等。伯曼（Berman，1997）和克里希娜（2005）把社会资本分为制度资本和关系资本。Grootaert（1997）认为社会资本是家庭的生产要素，从家庭、社区、地区三个层次分析了印尼社会资本和家庭福利及贫穷的联系，调查了社会资本的 6 个方面，分别是联系紧密程度、内部差异、参加集会频繁程度、成员对决策的有效参与，借贷和联系的社区导向。Hall（1999）特别关注正式和非正式社会网络，社会信任与这种网络的联系。尽管强调参与志愿者协会有必要，但其他社会性的趋势如参加慈善和与邻居及朋友的非正式关系也得考虑。他认为英国为什么不像美国那样出现社会资本的衰退，原因就在于英国战后社会结构转型，强调政府政策应该是提供社会服务，尤其是非营利组织和志愿劳动。Johnson 和 Jowell（1999）的研究也证明英国没出现美国式衰退。

隋广军和盖翊中（2002）在 Bullen 和 Onyx（1997）基础上提出构建的中国城市社区社会资本综合考察了 7 类因素：对社区的参与，信任和安全感，邻居间的关系，家庭的联系，社区规范，社会价值观，其他因素。从而个人社区社会资本模型为：

$$S_i = a_i + b_1 C_i + b_2 X_i + b_3 L_i + b_4 J_i + b_5 G_i + b_6 Z_i + b_7 Q_i + U_i \text{①} \qquad (4.1)$$

借用布朗的系统论视角，秦琴（2005）从帕森斯和巴克利的社会系统观入手，吸收吉登斯的"建构主义的结构主义"的方法论原则，建构了"社会资本"的动态系统嵌入模型。模型在"行动、结构和环境"三个层面上定位了社会资本，并突出了社会资本问题的三个特性："双重嵌入性"、"两维动态性"和"过程性"。

国际学术界运用很广也比较权威的测量社会资本是世界银行测量社会资本用的 SCAT（The Social Capital Assessment Tool，Krishna 和 Shrader，2000）。适应性社会资本工具（Adapted Social Capital Assessment Tool，A-SCAT）也是常用的一个测量工具。Harpham，Grant．*et al*．（2002）基于这一工具开发的简化版 Short Social Capital Assessment Tool（SASCAT）测度了结构性社会资本的三个方面（群体成员身份，参加公民的活动和来自社区的社会支持）和认知性社会资本（信任、社会和谐、公平感和归属感）。SASCAT 被广泛用于测度量化社会资本（Thomas，2003；Harpham，Grant，

---

① S_i＝个体的社会资本；C_i＝个体的社会参与度；X_i＝个体的信任和安全感；L_i＝邻居间的联系；J_i＝家庭的联系；G_i＝社区社会规范；Z_i＝社会价值；Q_i＝其他；U_i＝误差项。

et al.,2004;de Silver 和 Harpham,2007)。新西兰统计署(Statistics New Zealand)建议测度社会资本应该包括三个类型——人口数据,态度数据和参与数据。态度之所以需要,是因为一个事实是如果人们共享目标和规范,测量应该说明这是否是事实以及什么样的规范。这就要询问其身份感、归属感、信仰体系和意识形态。参与社会网络的数据则需要比较做什么以及是谁在做。Spellerberg(1997)认为还应该测量各种制度,包括正式的(法院)和非正式的(家庭)。

4.2 本研究社会资本量表开发的程序和方法

借鉴学术界在社会资本研究领域的已有研究成果,特别是实证研究中对社会资本的各种指标测量,在仔细梳理既有研究取得的成果和暴露缺陷的基础上,并考虑到社会资本概念本身的复杂性、模糊性,根据本研究的需要和研究对象的具体实际,开发了社会资本的测度量表。本研究首先通过探索性因子分析初步确定社会资本的维度,然后,通过验证性因子分析验证其结构并分析量表的信度(reliability)、内部一致性系数和构思效度(validity)。

4.3 农户社会资本量表的开发

前文的文献回顾已经阐明,社会资本是一个具有多方面意义指向的概念,这既为不同学科背景的学者、决策者和实际工作者提供了对话和合作的契机,但同时其在概念上的模糊也造成了理论和实证上的困难(Brown 和 Ashman,1996;Hawe 和 Shiell,2000)。Sabatini(2009)认为测度的困难源于概念本身往往是多维度的,且本质上是变动着的(dynamic nature)。事实上它把多种现象糅合在了一起,如文化、制度、社会规范和人际关系网络。"术语的流行似乎是鼓励人们在过于笼统地使用一个异质性的指数。"(Knack, 2002)

Gabby(1997)创造性地将社会资本划分为结构维(structural form approach)和关系维(tie approach)。格鲁特尔特和贝斯特纳尔(2004 年中文版)也提出社会资本通过结构型社会资本(structural social capital)和认知型社会资本(cognitive social capital)这两类不同类型社会资本的相互作用可促进发展。Nahapiet 和 Ghoshal(1997)则将社会资本分为结构维(structural dimension)、关系维(relational dimension)和认知维(cognitive dimension)三个维度。Tsai 和 Ghoshal(1998)、Nahapiet 和 Ghoshal(1998)在他们的研究

中也采纳了社会资本的结构、关系和认知的三维度划分作实证研究。Sabatini(2009)提出了社会资本的五个主要维度：强家庭纽带（即内向紧密型），弱非正式纽带（津梁型），志愿组织（联接型），积极的政治参与和市民意识（civic awareness）。用结构方程模型分析了社会资本与人类发展和劳动的不稳定之间的关系。Bjørnskov(2006)在研究国家层面的社会资本水平时，将其分为社会信任、规范（social norms）和协会活动（associational activity)等三个方面。研究者基于其不同的研究视角对社会资本的维度划分充分说明了社会资本测度上的复杂性和歧见纷纭的状况。同时，这些先驱性的研究也为本书设计测度社会资本提供了很好的理论启发和实证的经验借鉴。

4.3.1 问卷设计

社会资本作为一种关系性社会存在，对其研究既需要近距离地接触、观察和感受，在农民"生活的世界"作近乎白描地冷静旁观，又需要作远距离的冷静思考，对这一社会存在进行严谨的理论梳理，并寻求某种科学意义上的实证测度。本书社会资本问卷的设计也基本遵循这一学术理路。

具体说来，社会资本问卷的设计流程可简述为：在文献回顾梳理的同时，以访谈方式寻找农民世界中社会资本的基本元素；以文献和访谈为基础，列出问题清单，并形成初步的问卷；在征求专家意见的基础上进行问卷的整理精简；以精简的问卷作预调研和测试，根据问卷设计的信度和效度要求，作问卷的纯化和微调整理，直到形成合乎要求的问卷。

4.3.1.1 问题收集整理

谈到对社会资本的调查取值时，Subramanian, Lochner 和 Kawachi(2003)指出在一个地理单元（或社区）层面获取社会资本变量值一般有两种方法，一是把反映社会资本的维度概念化为可在集体层面进行观测和数量化，再就是调查居民对社会资本的感觉。农民社会资本的测度虽然是个体意义上的，但同时又依托其家庭所在地的村，有着集体意义。为此，我们问卷的设计也在个体和村社区层面展开。

围绕社会资本和村民收入状况，我们在浙江慈溪和江山两地对农户进行了抽样调查和访谈，接受访谈的村民有 45 人，访谈问题拟成一半开放性的提纲。

(1)村民主要的收入来源；政府对农民的转移支付、补贴及可能的收入途径；

（2）村基本的公共服务设施；

（3）村民的对外联系渠道以及与各级政府部门（如乡镇、县、市、省、中央）是否有可以直达意见的沟通渠道；

（4）对家人、亲戚朋友、邻居、其他村民的信任和互相帮助情况；

（5）平时获取信息的渠道；

（6）村中村民间的亲戚关系和姓氏分布状况；

（7）生活中与亲朋的人情交往以及平时与村民邻居的交往情况。

基于访谈和已有文献的内容，整理出初步的调查问卷（见表4.2和4.3）。

表 4.2　社会资本问卷的初步设计(1)

收入途径	务农、承包地转租、房租、亲戚朋友馈赠、政府补助、放贷利息、各种非农职业的收入（包括小买卖、开企业、行政、技术等）
村中姓氏分布	无外姓只有一个姓氏、单一大姓为主，外姓也比较多、有几个不同的大姓氏，不存在单姓独大情况、完全是杂姓，没有两家同一个姓氏
与党政机关联系	乡镇、县、市、省、中央
参加农村组织	列举具体组织名称，再个别加总个体数量
对某种身份的人的信任	医护人员、乡镇以上政府官员、教师、和尚/牧师、警察、陌生人
贵村最有威望的人	村主任/书记、老人、有钱人、关系门路广的人、有见识的人、带领大家致富的人、主持正义的人、企业主、有技术的人
是否参加村选举	参与候选人提名、参与候选人竞争、参与投票、游说村民
急需用钱向谁借	地下钱庄、银行、村集体或村合作组织、村里人、邻居、亲戚或朋友、分家了的兄弟姐妹/子女/父母

针对问卷设计可能会出现的问题，巴比（2000,pp.190-204）强调在问卷中要把问题和陈述区分开，可同时使用问题和陈述以增加设计的弹性，提高答题人的兴趣。此外，他特别提出了几个基本原则：（1）问题务求明确，避免模棱两可；（2）要考虑受访者的答题能力和意愿；（3）问题应该与受访者相关，题项也尽量简短且避开否定性和有偏误的选项；（4）注意问卷的格式和问题的排列格式；（5）应该区分自填式问卷与访谈式问卷的不同，自填式问卷要对如何作答有说明；（6）注意安排问题顺序的技巧，让受访者保持对问题的兴趣，通常把最吸引人的问题放在前面，人口学资料压后；（7）封闭式问卷注意互斥性和完备性；（8）要作预调研。

表 4.3　社会资本问卷的初步设计(2)

认同	您是否感觉您所在的村子就是一个大家庭？（根本没感觉——就是）	
	与周围的村相比,本村的社会风气如何？	
	请问外村姑娘是否意愿嫁到你们村来？（根本不愿意——非常愿意）	
	您是否认为村里的"村规民约"有用？	
	对您来说,大家都遵守"村规民约"和法律法规重要吗？	
	你们村是否经常有村民家里的东西被盗？	
互惠	如果村里有人急需用钱而您正好有现金,您会借吗？	小额资金需求 严重经济困难
	如果您急需用钱,村里有人会慷慨解囊吗？	小额资金需求 严重经济困难
	您和亲戚之间平时有帮工之类的互助吗？	
	您是否经常帮助所在村的其他人？	免费义务 付　酬
信任	您是否认为村(乡/镇)干部对您的家庭收入有重要作用？ 您是否认为农业经济合作组织对您的家庭收入有重要作用？ 您认为您的家人彼此之间的信任度怎样？	
	您对您家的亲戚信任度是怎样？	近　亲 远　亲
	您相信你所在村小组的村民们吗？ 您平时与人交往是否小心谨慎？ 您能否想象贵村的村干部置自己和家庭的幸福安宁于不顾而全身心投入到村集体的公共福利事业中（如修路、抢险）？ 您是否认为贵村小杂货铺的东西质量可靠？ 您如果有急事,您的孩子可委托邻居暂时照顾么？ 您的邻居如果有急事,他的孩子可委托您暂时照顾么？ 只要有机会,村里人就会利用您以实现自己的目的？ 村里人捡拾到别人的东西会归还主人吗？ 您是否感觉您所在的村子就是一个大家庭？	
信任行为	您是否经常家门大开？ 您是否曾经贷款给陌生人？ 您是否经常借钱给朋友？ 是否从不对父母朋友爱人说谎？ 您是否曾经是犯罪活动的受害者	

续　表

社交圈观察	您的社交圈子形成多久了?（刚刚开始——从小就已经有了） 您的社交圈子的人是不是都是关系很亲密的人? 您的社交圈子给你的帮助大不大? 您的社交圈里大家对社会政治问题的看法是不是一致的? 跟您家来往的人住得离你们家远不远? 您的社交圈会不会长期维持下去? 如果没有意外,您会在现在的村子长期生活下去吗?
您家以下活动发生频率	村内的各种婚丧嫁娶活动您家是否都参加? 您家是否经常参加本村以外人家的婚丧嫁娶等的活动? 您是否经常到邻居家串门? 是否经常有朋友来家拜访? 是否经常走亲戚或请他们来家里玩? 是否经常与同事在工作之外一起喝酒聊天什么的 是否经常与朋友一起购物? 是否经常与他人一起玩牌或打麻将或跳舞? 过去30天里,你们家人跟邻居谈话超过10分钟的次数多不多?
交往网络	您社交圈的人是否彼此也是朋友? 您家平时来往的人中是不是都是同一个年龄层的人? 作为户主,与您来往的人是否都是同性(别的人)? 您社交圈的人是否都是同一个组织(如企业或社团)的人?

4.3.1.2　专家评析与问卷的纯化

初步设计的问卷经过整理后,笔者又请10来位相关领域的专家对问卷进行审核分析,同时还请笔者所在学术团队的十几位博士和硕士研究生提出他们的意见和修改建议。

把意见归纳起来,主要就是:(1)问卷的问题应该聚焦,焦点对准农民的生活,对过远的问题应该尽量不涉及,如"与党政机关的联系"等等;(2)从已有文献和研究的目的指向上,对问题的划分应该更加清晰,特别是需要在问卷上清楚地把问题与维度进行仔细归类,既方便作数据采集,也便于调研中受访者更好地理解和回答问题;(3)问题题项应注意表达的准确和字数的节约,等等。

由于问卷的设计是一个琐碎而又周期比较长的过程,在这里反映的只是经过反复修改后的一个版本,很多更为具体的修改意见就不一一列举了。在经过反复的文献借鉴和多次的讨论修改后,形成了一个预调研的问卷(表4.4)。

表 4.4 社会资本预调研问卷

网络资源	困难时帮助您	Z1	村委会或村集
		Z2	体经济合作组织
		Z3	分家了的兄弟姐妹/子女/父母
		Z4	亲戚或朋友
		Z5	上级政府民政部门
		Z6	邻居
		Z7	同事 普通村里人
		Z8	陌生人
	您无偿帮助过	X1	村干部
		X2	分家了的兄弟姐妹/子女/父母
		X3	亲戚或朋友
		X4	各种组织(如老人协会、庙会等)
		X5	邻居
		X6	同事
		X7	普通村里人
		X8	陌生人
预期功能		W1	如果您急需用钱,村里人多大程度上会慷慨解囊?
		W2	您觉得您帮助过的邻居多大程度上将来也帮助您?
		W3	您觉得您的邻居多大程度上会无条件帮助您?
		W4	您觉得您的朋友多大程度上会无条件帮助您?
关系持续		Y1	您的社交圈会长期维持下去的可能性多大?
		Y2	如果没有意外,多大程度上您会在现在的村子长期生活下去?
		Y3	在您的交际圈中,您多大程度上会与大家维持现在的友好关系?
认同		B1	多大程度上,您会因为自己是本村的村民而感到自豪?
		B2	您多大程度上对涉及村民共同利益的问题会积极参与?
		B3	在您看来,外村姑娘多大程度上愿意嫁到你们村来?
		B4	您认为村民之间相处多大程度上是和谐的?
		B5	您认为村里人多大程度上是公正和正义的?
冲突		C1	我们家平时与村里乡邻们在相处过程中经常发生各种情感冲突(R)
		C2	我们家平时很少与村里乡邻们在交往时发生摩擦
		C3	如果偶尔有矛盾,我们会与乡邻们坐下来寻求解决问题的办法
		C4	我们家与乡邻们对于诸如孩子调皮或其他生活琐事等可能引起矛盾的事情会采取措施防止

续 表

价值观	D1	"远亲不如近邻",您多大程度上看重和谐友好的邻里关系?
	D2	您认为村里的"村规民约"在多大程度上是有用的?
	D3	多大程度上您认同"只要我们家发财了,才不管别人困难不困难呢(R)"?
	D4	您在多大程度上认可"家和万事兴"的古训?
	D5	您多大程度上认可邻居之间应该是相互帮助照应的?
	D6	公共建设工程中,您参加集资或捐资的意愿程度如何?
互惠	E1	您和亲戚间平时帮工之类的互助频率怎么样?(没有——非常频繁)
	E2	多大程度上您和乡邻们彼此之间会经常借用一些日常生产生活用品?
	E3	您认为村民们关心的问题多大程度上不仅与他们自身有关系也与他人有关?
	E4	您的交往圈子在多大程度上对您的婚姻、上学等问题有帮助?
	E5	村里如果有人急需帮助,大家会在多大程度上尽力资助?
信任	F1	一般来说,您和您的家人彼此之间很信任?
	F2	您和您家的亲戚之间很信任?
	F3	您如果有急事,您的孩子可委托邻居暂时照顾?
	F4	如果有机会,村里会有人为了自身利益而损害我家的利益(R)?
	F5	您在村民的交往中,彼此都不会提有损对方利益的要求?
	F6	您和村里其他农户之间不会利用对方的弱点为自己谋利?
	F7	一般说来,您家经常会家门大开?
关系满意度	G1	晚上您可以安心出门而不用担心安全问题?
	G2	您对现在的邻里关系很满意?
	G3	邻里关系太糟糕了,您一定要搬离现在的村子(R)?
	G4	您家在村子里与大家相处得非常融洽?
	G5	因鸡毛蒜皮的小事,您家经常与邻居争吵摩擦?
网络密度	H1	您家经常参加本村内外人家的婚丧嫁娶等活动?
	H2	您经常会和村里的其他村民一起解决生活中的小问题?
	H3	您经常与乡邻们在一起玩乐(如打牌、打麻将或跳舞等)?
	H4	您家和亲戚朋友之间会经常彼此走动?
	H5	您家和村里人的来往根本就很少(R)?
网络同一性	I1	您家平时来往的人中跟您都是同一个年龄层的人?
	I2	与您家来往的人职业基本相同?
	I3	作为户主,与您来往的人都是同性(别的人)?
	I4	作为户主,与您家来往的人跟您文化程度基本相当?
网络邻近性	J1	您的社交圈子多大程度上可以给您帮助?
	J2	您的社交圈里,大家对社会政治问题的看法多大程度上是一致的?
	J3	在婆媳关系、孩子教育等问题上您与乡亲们的看法多大程度上一致?
	J4	您和村里人之间多大程度上重视交换彼此意见并达成一致?

续　表

村级社会资本	L1	我们村的村民之间非常团结
	L2	我们村的村委会深得村民们的信任
	L3	我们村里各种企业比较多，就业条件较好
	L4	我们村里与县乡政府部门有比较密切的联系
	L5	我们村里在交通等方面的公共条件好

4.3.1.3　因变量设定

本研究主要考察社会资本对农民收入的影响，因此，农民收入自然是分析的因变量。但对农民收入的测度却并不容易，我们的研究因为不能准确得到农民的收入数据，故在问卷中作了多方面的处理。其一，根据生活经验和公开发布的各种农民收入数据，设计了连续的数据区间，供受测者根据自身状况作选择，这样，一定程度上回避了农民受测者的抵触情绪，同时也能比较好地把握住他们的收入水平。其二，我们对农民的收入途径进行了调查。学术界对社会资本与就业、移民的研究已经充分说明了社会资本在人们就业机会的获取、信息的交流上所具有的作用。了解他们的收入途径并结合生活经验，对农民收入水平可以作出比较近似的估计。其三，由于社会资本测度的是一种感受，是连续的心理变量，因变量的设计也必须是一种连续变量，而具体的收入区间虽然在设计中做了连续性的处理，但不能因此就视为是连续变量，而只能视为是离散变量，因此，是不能进入连续性数据处理的模型的。为此，我们设计了一套主观心理变量以测度农民的收入，经过试测试和预测试，证明了因变量的测试题项是稳健的，可以作为代理变量进入模型。

4.3.1.4　关于中介变量的设计

根据研究假设，社会资本对农户收入的影响，是由农民社会交往中的认知和结构等因素决定的。而农民与外界的信息联接以及沟通的效率则会受到农民自身信息能力的限制。这种信息能力既体现为交往中所接受信息的数量和质量，也表现为农民对所接触信息的理解、消化和应用的能力。也就是说，一定社会关系下的日常交往其实蕴涵着对交往主体间信息流的评估。社会资本的影响其实在这里表现为各种关系来往中信息交换的意愿、信息量的大小及其可靠度、信息中包含的价值空间等。这种行动的"意向"性选择在韦伯那里被划分为目的理性的、价值理性的、感情的和传统的行动。所谓社会关系就是根据行动的意向内容，若干人之间相互调整并因此相互指向的行为。这种"关系的讯息"传递出人际传播的三大矛盾：(1)亲密—距离；(2)确定—被确定；(3)开放—封闭(陈力丹，2005)。

信息从一个信源到信宿之间的传播过程,其作用机制如拉斯韦尔所说,是"谁以什么样的方式对谁说了些什么并且有何效果"(Lasswell,1947)。而现代社会中,广播、电视、报纸、网络、电话/手机等多种交往工具的不断涌现使得对这些工具使用的能力和效率对人们的交往产生了深刻的影响。

正是基于对人际传播效用和现代大众传媒影响的认识,"流动"在人们社会交往中的社会资本,其作用必然会受到行为者的能力约束。对信息能力的测度应该能比较准确地对农民自身在交往中的信息辨别能力和接受并识别大众传播的信息质量的能力有个比较好的度量。中介变量"信息能力"的测度项目就是这一思想的反映。为"信息能力"设计的 6 个题项测度了农民生活中信息辨别的不同能力。从问卷回收后的质量测试来看,只有 1 个题项稍有出入,其余 5 项证明有统计的稳健性。具体测试的说明将会在第六章给出。

4.3.1.5 确定量表的评分级度

本研究中,需要对社会资本进行概念化数量化测度,并调查农村居民对社会资本的感觉(Subramanian,Lochner 和 Kawachi,2003)。因此,量表设计必须遵循标准化的心理测量程序(Anderson 和 Gerbing,1988;Churchill,1979;严浩仁,2004)。题项的测度需要在考虑受测人认知水平的前提下采纳合适的测评级度。在前期的试测中,笔者采用 Likert7 级刻度测量农民的社会资本感受,但从回收的情况看,可以看出受测人无法很好地体会不同级度间的微妙差异,表现为大量集中在选择 3 或 4,其他基本不选。经过分析,结合农民的实际,本研究的量表采纳 Likert5 分级度进行测评。而对其他的人口和社会经济特征统计中不宜采用量表形式的,则采用非量表的方式进行数量化的数据采集。

4.3.2 问卷质量分析

4.3.2.1 因子分析

2009 年 12 月底,在初步设计问卷整理完成后,笔者在浙江永康、江山再次进行了一次问卷测试调查。本次共发放问卷 130 份,回收 112 份,有效问卷 97 份,有效回收率 74.6%。具体描述性统计分析见表 4.5,报告的百分比都是不计缺省的有效百分比。

表 4.5　小样本预测试描述性统计

类　别		人数	有效百分比	系统缺省	类　别		人数	有效百分比	系统缺省
性别	男	59	59	3	文化程度	小学以下	15	15.5	0
	女	35	35			小学	32	33.0	
	合　计	94	94			初中	36	37.1	
						高中/中专	10	10.3	
						大专及以上	4	4.1	
年龄	25～31	10	10	0	全年收入				0
	32～38	11	11			2 万元以下	33	34.0	
	39～45	20	20			2～3 万元	36	37.1	
	46～52	19	19			3～4 万元	14	14.4	
	53～60	18	18			4～5 万元	11	11.3	
	61～67	14	14			5～6 万元	2	2.1	
	68 岁及以上	5	5			6～7 万元	1	1.0	
						7 万元及以上	1	1.0	
	合　计	97	100.0				97	100.0	
打工	是	65	69.9	4	打工地	村内私营企业	1	1.4	27
	否	28	30.1			村外本乡(镇)内	2	2.9	
	合　计					乡外本县内	1	1.4	
获取信息渠道	1 个	6	6.4	3		本市非本县	6	8.6	
	2 个	15	16.0			本省其他市但非省城	6	8.6	
	3 个	40	42.6			省城	10	14.3	
	4 个	13	13.8			外省	44	62.9	
	5 个	10	10.6						
	6 个	5	5.3						
	7 个及以上	5	5.3						
	合　计	94	100.0		合　计		70	100.0	

续 表

类 别		人数	有效百分比	系统缺省	类 别		人数	有效百分比	系统缺省
婚姻状况	单身	6	6.9	10	是否干部	不是	78	83.0	3
	已婚	66	75.9			是	16	17.0	
	离婚	5	5.7						
	丧偶	10	11.5				94	100.0	
合 计		87	100.0						
人口数	1 人	1	1.1	2	家里劳动力	1 人	6	6.3	2
	2 人	3	3.2			2 人	38	40.0	
	3 人	5	5.3			3 人	35	36.8	
	4 人	28	29.4			4 人	16	16.9	
	5 人	26	27.4			5 人			
	6 人	19	20.0			6 人			
	7 人及以上	13	13.7			7 及以上			
合 计		95	100.0		合 计		95	100.0	
农地承包	不到 1 亩	11	12.1	6	在本地居住时间	少于 5 年	3	3.3	7
	1～3 亩	21	23.1			6～10 年	4	4.4	
	3～5 亩	30	33.0			11～15 年	7	7.8	
	5～7 亩	14	15.4			16～20 年	8	8.9	
	7～9 亩	6	6.6			21～25 年	4	4.4	
	9～11 亩	5	5.5			26～30 年	4	4.4	
	11 亩以上	4	4.4			30 年以上	60	66.7	
合 计		91	100.0				90	100.0	

资料来源:根据调查问卷整理。

为了简化数据结构,对问卷的质量进行分析,本研究中,利用 SPSS16.0 采用因子分析法对问卷进行提纯,并进行效度和信度检验。

·信度与效度检验

信度是指衡量效果的一致性和稳定性,一般利用 Cronbach's alpha 值来衡量。

效度是指测量工具能正确测量出想要衡量的性质的程度,即测量的正确性。效度主要可分为内容效度(content validity)和构思效度(construct validity）。内容效度旨在检测衡量内容的适切性。

　　一般情况下，在效度检验中，KMO 值应该在 0.70 以上，相应题项的载荷系数必须大于 0.50，方适合做因素分析（Steenkamp 和 Van，1991；马庆国，2002，p.320）。结果（表 4.6）显示，KMO 为 0.830，比较适合做因素分析，在初始特征根值大于 1 时，共抽取 12 个因素，累积解释方差 57.064%（表 4.7）。

表 4.6　KMO 测度和巴特利特球体检验

KMO 样本测度		0.830
Bartlett's 球度检验	近似卡方值	9.671E3
	自由度 df	1431
	显著性概率 Sig.	0.000

表 4.7　总解释变异

因子	初始特征根			旋转后的因子负载		
	解释方差百分比（%）	累积解释方差百分比（%）	解释方差百分比（%）	累积解释方差百分比（%）	解释方差百分比（%）	累积解释方差百分比（%）
资源网络	7.216	13.119	13.119	3.471	6.310	6.310
信任	4.072	7.404	20.524	3.470	6.308	12.619
认同感	3.280	5.964	26.488	3.422	6.222	18.841
互惠	2.713	4.932	31.420	2.868	5.215	24.056
关系满意度	2.502	4.549	35.968	2.803	5.097	29.153
网络同一性	2.434	4.425	40.393	2.340	4.254	33.407
村社会资本	2.098	3.814	44.207	2.317	4.212	37.619
网络密度	1.994	3.625	47.832	2.315	4.210	41.829
冲突处理	1.605	2.917	50.750	2.250	4.090	45.919
预期功能性	1.349	2.453	53.203	2.130	3.873	49.792
网络邻近性	1.175	2.137	55.340	2.091	3.801	53.593
关系延续性	1.118	2.032	57.372	1.909	3.471	57.064

提取方法：主成分分析。

　　为满足因子提取的效度要求，在 SPSS16.0 中，对各题项作方差最大法（Varimax）正交旋转。此法所得旋转因子矩阵直观地显示了聚合在各因子下的题项，这一过程一方面会造成设计时的维度归类被打乱，一些不同维度下的题项重新归并为一个因子下；同时，对逻辑上不能归并为同一因子下的题项出现在同一因子项的情况必须予以删除。本研究中，因素分析对构思就进行了比较大的变更。前期设计时,对经验功能性社会资本我们设计了两类不同的题项,但分析发现,这两类功能性社会资本的题项会归并在一起,从逻辑自洽考虑,我们删除了全部经验功能性的一种情境问答。而在保留的经验功能性题项中,即"在您经济困难时,以下人或组织对您的资助情况",关系亲近的两个"分家了的兄弟姐妹/子女/父母"和"亲戚或朋友"又聚合在一起,说明了在农民的生活经验中,关系的亲密性对其帮助是很大的,但为逻辑和分析的方便,我们将这两个题项也予以删除。而在"价值观调查"项下的各子题项,只有 D2"您认为村里的村规民约在多大程度上是有用的?"一题项负荷值在 0.50 以上,并且被纳入"对贵村的认同"项下,D3 题项"多大程度上您认同'只要我们家发财了,才不管别人困难不困难呢(R)'?"则归并经验功能性维度下,而其他 4 个子题项则都未通过检验。因此,我们删除了"价值观"这一分类维度,并按照逻辑的接近性,将 D2 项归入"认同"维度下。D3 和其他 4 个子题项予以删除。"信任"项下的 F4、F7 两个子题项虽在 0.50 以上,但却各自成一因素,按照独立题项不构成因素的原则,也予以了删除。因载荷值未达到.50 而删除的还有 H5。这样,因素分析共得到 12 个因子。表 4.8 列举了试测中各题项的归类维度和旋转后负荷值。

表 4.8　旋转后因子解释矩阵

	因子											
	1	2	3	4	5	6	7	8	9	10	11	12
Z7	0.821	-0.003	0.028	0.052	0.027	0.007	0.025	-0.059	0.011	-0.033	0.043	.072
Z6	0.779	-0.014	0.114	0.039	-0.015	-0.035	0.006	-0.035	-0.049	0.100	0.125	0.081
Z5	0.756	0.039	0.144	0.005	0.001	0.015	0.048	-0.037	-0.089	0.025	0.120	0.168
Z8	0.722	-0.022	-0.041	0.095	0.150	0.050	0.012	-0.123	-0.004	0.077	-0.079	-0.126
Z4	0.673	-0.003	-0.061	-0.057	0.042	0.077	-0.006	0.119	0.011	0.245	-0.051	-0.238
Z1	0.602	-0.009	0.043	-0.048	0.108	0.011	-0.045	0.159	0.085	0.250	-0.138	-0.283
F1	0.024	0.846	0.025	0.037	-0.020	-0.010	-0.018	0.035	-0.034	-0.007	0.102	0.098
F3	-0.066	0.820	0.067	0.033	0.033	-0.009	0.042	-0.016	0.052	-0.039	0.051	0.023
F6	0.008	0.814	0.029	0.012	0.069	-0.020	-0.023	0.098	0.004	0.004	-0.040	0.032
F2	0.022	0.800	-0.029	0.046	0.026	-0.036	-0.044	0.104	0.001	0.069	0.007	0.055
F5	0.001	0.782	0.098	0.023	0.001	0.066	0.085	0.026	0.026	0.022	-0.054	-0.075
B3	0.006	0.012	0.703	0.104	0.016	0.015	0.035	0.169	0.118	0.040	0.068	0.175
B4	-0.007	0.053	0.682	0.074	-0.058	0.081	0.066	0.125	0.096	0.144	0.053	0.072
B1	0.010	0.062	0.649	0.109	0.115	-0.033	-0.042	0.066	0.019	0.271	-0.037	0.169
B5	0.186	-0.022	0.573	0.212	0.022	0.066	0.053	0.076	0.055	0.053	0.117	-0.007

续 表

| | \multicolumn{12}{c}{因 子} |
	1	2	3	4	5	6	7	8	9	10	11	12
B2	0.071	0.063	0.557	0.050	-0.074	0.041	0.016	-0.019	0.143	0.252	0.081	0.146
D2	0.008	0.048	0.546	0.112	0.195	0.000	0.049	0.127	-0.005	0.014	-0.019	0.104
M2	-0.019	0.028	0.059	0.732	0.007	0.068	-0.029	0.101	0.000	0.034	0.027	0.000
M1	-0.011	0.093	0.084	0.693	-0.127	0.030	0.025	0.060	0.002	0.094	-0.012	0.002
M5	0.028	-0.017	0.133	0.692	0.014	-0.059	-0.048	0.063	0.004	0.062	0.067	0.057
M4	0.078	-0.018	0.083	0.688	0.079	0.064	0.041	0.055	0.094	-0.049	0.085	-0.008
M3	0.026	0.058	0.161	0.686	-0.003	0.070	-0.011	0.062	0.028	0.058	0.016	0.058
G1	0.010	-0.067	0.085	0.020	0.736	-0.037	-0.034	0.055	-0.028	0.098	0.007	-0.016
G3	0.092	0.044	0.018	-0.045	0.718	0.034	0.038	0.013	-0.011	0.130	0.014	-0.017
G5	0.144	0.050	-0.070	0.025	0.707	0.041	0.030	-0.069	0.065	0.018	0.003	0.016
G4	-0.047	0.053	0.165	0.025	0.692	-0.009	0.000	0.042	-0.088	-0.091	0.053	-0.015
G2	0.021	0.023	-0.026	-0.045	0.689	0.049	0.008	0.073	-0.057	-0.046	0.030	0.043
I4	0.058	-0.028	0.036	0.071	0.055	0.786	0.045	0.012	0.008	-0.039	0.033	0.026
I2	0.041	-0.042	0.030	0.040	0.039	0.773	0.005	-0.029	0.072	0.013	0.091	0.020
I1	-0.079	0.015	0.087	-0.004	-0.063	0.737	-0.009	0.210	-0.062	0.043	0.061	0.002

续表

	因子											
	1	2	3	4	5	6	7	8	9	10	11	12
13	0.056	0.045	−0.003	0.059	0.041	0.737	0.064	0.021	−0.025	0.060	0.012	0.064
L2	−0.011	0.104	−0.031	−0.037	0.041	0.000	0.736	0.011	0.028	0.033	0.078	−0.031
L4	0.023	−0.032	0.005	−0.009	−0.065	0.017	0.727	0.060	−0.013	−0.057	−0.036	−0.019
L1	−0.027	−0.007	0.119	−0.007	0.019	0.050	0.702	−0.082	0.019	−0.026	0.061	0.084
L3	0.036	−0.073	−0.009	−0.053	0.015	0.062	0.645	0.008	0.055	0.082	0.033	0.082
L5	0.034	−0.033	0.101	0.124	0.045	−0.034	0.564	0.234	0.006	0.119	−0.125	−0.025
H4	0.018	0.105	0.103	0.048	−0.036	0.059	0.097	0.698	0.161	−0.059	0.190	0.147
H1	−0.215	0.148	0.191	0.134	0.107	−0.003	0.021	0.683	0.035	0.119	0.033	0.198
H2	0.115	0.048	0.124	0.177	0.128	0.134	0.055	0.603	0.114	0.060	0.210	0.008
H3	0.002	0.023	0.363	0.142	−0.006	0.071	0.042	0.575	0.105	−0.065	0.082	0.176
C2	−0.074	0.057	0.163	0.015	−0.055	0.038	0.084	0.080	0.782	0.050	0.077	0.027
C4	0.041	0.019	0.012	0.034	−0.064	0.005	0.016	0.151	0.768	0.017	0.023	0.083
C3	−0.011	−0.014	0.065	0.022	−0.063	−0.011	0.047	−0.007	0.682	−0.059	0.170	0.078
C1	−0.018	−0.010	0.103	0.052	0.054	−0.029	−0.038	−0.071	0.650	0.070	−0.148	0.003

续 表

| | 因子 | | | | | | | | | | | |
---	1	2	3	4	5	6	7	8	9	10	11	12
W3	0.258	−0.032	0.108	0.072	0.073	0.081	0.046	−0.039	0.039	0.673	0.111	0.081
W1	0.082	−0.017	0.248	0.045	0.077	−0.080	0.044	0.071	−0.053	0.672	0.231	0.014
W2	0.042	0.088	0.330	0.045	−0.016	0.014	0.030	0.109	0.017	0.629	0.149	0.148
W4	0.216	0.025	0.114	0.107	−0.005	0.083	0.061	−0.043	0.087	0.586	0.201	0.197
J3	0.036	0.050	0.052	−0.031	0.030	0.064	0.026	0.036	0.032	0.140	0.709	0.041
J4	0.132	−0.018	0.109	0.133	0.050	0.021	−0.039	0.095	0.035	0.056	0.692	−0.089
J2	−0.027	−0.009	0.014	0.036	0.031	0.080	0.038	0.128	0.033	0.182	0.680	0.012
J1	−0.141	0.054	0.065	0.114	−0.005	0.056	0.024	0.404	0.014	0.208	0.532	0.032
Y2	0.036	0.053	0.330	0.000	0.025	0.074	0.071	0.069	0.052	0.060	−0.040	0.750
Y3	−0.065	0.056	0.174	0.048	0.002	0.056	0.022	0.215	0.119	0.184	0.017	0.732
Y1	−0.108	0.044	0.282	0.084	0.005	0.029	0.039	0.245	0.099	0.211	−0.016	0.662

萃取方法：主成分分析。

4.3.2.2 信度分析

在提取因子后,对所提因子还需要作进一步的信度分析,以检验因子的有效性。信度分析时,须考察 Cronbach's Alpha 系数和项目一总体修正系数。一般地,Cronbach's Alpha 系数应该大于 0.70,而项目一总体修正系数(CITC)中,每个受测题项的载荷的判定标准尚无统一接受的标准,一般要求在 0.50 左右,本研究中接受 0.40 以上的题项,不足 0.40 的题项须予以删除,并重新计算,直至每个题项都达到要求方可,并结合因子的 KMO 值,只有在两个指标都满足要求时,才能接受其作为分析的因子存在。预测试中各提取因素的 Cronbach's Alpha 系数均在表 4.9 列出。

表 4.9 样本测试的信度

变量	题项 项目个数	项目代码	项目删除后的均值	项目删除后的方差	CITC	项目删除后的 Cronbach's Alpha 系数	Cronbach's Alpha 系数
项目个数	6	Z1	9.1183	11.462	0.560	0.777	0.806
		Z4	9.0828	11.088	0.535	0.782	
		Z5	8.6982	11.652	0.463	0.797	
		Z6	8.8284	9.929	0.686	0.745	
		Z7	8.9645	10.106	0.635	0.759	
		Z8	9.4793	11.858	0.513	0.787	
预期功能性	4	W1	8.0737	5.191	0.539	0.691	0.748
		W2	7.5221	4.994	0.545	0.688	
		W3	8.0649	4.944	0.558	0.680	
		W4	7.6357	5.035	0.525	0.699	
关系延续	3	Y1	6.6834	3.594	0.643	0.697	0.786
		Y2	6.6657	3.034	0.614	0.736	
		Y3	6.5832	3.515	0.636	0.702	
认同感	6	B1	14.8741	10.469	0.573	0.717	0.768
		B2	14.6726	11.327	0.489	0.740	
		B3	14.5200	10.416	0.593	0.711	
		B4	14.5556	11.357	0.562	0.723	

续　表

变量	题　项		项目删除后的均值	项目删除后的方差	CITC	项目删除后的 Cronbach's Alpha 系数	Cronbach's Alpha 系数
	项目个数	项目代码					
		B5	14.8415	11.840	0.436	0.752	
		D2	14.7585	11.869	0.421	0.756	
冲突处理	4	C1	8.9882	6.141	0.427	0.719	.730
		C2	8.6951	4.773	0.603	0.617	
		C3	8.7968	5.755	0.475	0.694	
		C4	8.7732	4.901	0.584	0.630	
互惠	5	M1	11.0000	6.038	0.526	0.724	0.764
		M2	11.0339	5.980	0.544	0.717	
		M3	11.0648	6.131	0.548	0.716	
		M4	11.0309	6.180	0.511	0.728	
		M5	10.9750	6.101	0.533	0.721	
信任	5	F1	12.7673	10.828	0.754	0.840	0.876
		F2	12.9514	12.318	0.699	0.852	
		F3	12.8395	11.996	0.718	0.847	
		F5	13.1267	12.733	0.658	0.861	
		F6	13.1105	12.160	0.712	0.849	
关系满意度	5	G1	10.2121	5.268	0.532	0.678	0.737
		G2	9.9617	5.589	0.500	0.691	
		G3	10.1487	5.206	0.493	0.694	
		G4	9.9720	5.390	0.506	0.688	
		G5	10.2327	5.500	0.465	0.704	
网络密度	4	H1	8.9072	4.904	0.580	0.651	0.739
		H2	9.1973	5.946	0.487	0.705	
		H3	8.9485	5.320	0.516	0.689	
		H4	8.9602	5.345	0.549	0.670	

变量	题项		项目删除后的均值	项目删除后的方差	CITC	项目删除后的 Cronbach's Alpha 系数	Cronbach's Alpha 系数
	项目个数	项目代码					
网络同一性	4	I1	8.9499	4.396	0.502	0.660	0.719
		I2	8.9971	4.153	0.530	0.643	
		I3	9.0457	4.374	0.480	0.673	
		I4	9.0029	4.198	0.515	0.652	
网络邻近性	4	J1	10.0250	6.198	0.653	0.675	0.773
		J2	10.2415	7.617	0.570	0.723	
		J3	10.1708	7.295	0.572	0.720	
		J4	10.1885	7.310	0.517	0.749	
村社会资本	5	L1	11.8733	7.683	0.496	0.654	0.713
		L2	12.2666	7.777	0.513	0.648	
		L3	11.9293	7.830	0.448	0.674	
		L4	12.0692	7.598	0.509	0.649	
		L5	11.9028	8.321	0.387	0.697	

资料来源：根据调查样本整理。

4.3.3.3　验证性因素分析

在对预测试小样本因子分析的基础上，对不符合要求的部分题项进行了删除，结合文献，最终得到了农户社会资本测度的各题项。为检验所得题项的合理性，需对其做进一步的验证性因素分析。探索性因素分析对研究对象的构思定型有很好的导引作用，对假设模型的检验则必须在验证性因素分析中通过拟合指标的考察才能正式认定（Church 和 Burke，1994）。验证性因素分析是研究者基于理论并寻求理论和测量彼此融合所经常采用的方法路径（Hughes，Price 和 Marrs，1982；McDonald 和 Marsh，1990）。验证性因素分析在对理论与实测变量的匹配作验证时，对变量内容效度的检验须用相互关联的因素和不相关的误差来检验（Hackett *et al.*，1995；Meyer *et al.*，1993；Rahim *et al.*，1995）。

一个模型是否可以被接受，在验证性因素分析中应正确选择考察判断的拟合指标。拟合指数就是在检视模型与数据是否拟合时，对再生协方差矩阵 E 和样本协方差矩阵 S 的差异(E−S)进行比较。一个理想的拟合指数,应当有三个特征:(1)与样本容量 N 无关,即拟合指数不受样本容量的系统影响(Marsh,Balla & Hau,1996);(2)惩罚复杂的模型,即拟合指数要根据模型参数多寡而作调整,惩罚参数多的模型;(3)对误设模型敏感,即如果所拟合的模型不真(参数过多或过少),拟合指数能反映拟合不好(侯杰泰、温忠麟和成子娟,2004,p. 154,p. 155)。

在验证性因素分析中,通常采用的拟合指标有:x^2(卡方)和 x^2/df 检验;RMSEA:根均方误差;GFI:拟合优度;AGFI:校正拟合优度;NFI:标准拟合指数;TLI:非标准性拟合指数;CFI:比较拟合指数。x^2 是很多拟合指数的基础(即 x^2 的函数),所以,一般应报告 x^2 值,其显著性在 p⩾0.05 时模型是可以接受的,但毕竟 x^2 不能直接报告模型的拟合性,而且,x^2 受样本大小的影响,大样本往往有很大的统计力,如果只是考虑 x^2,结果会造成合理的模型被拒绝(Raykov,Tomer 和 Nesselroade,1991),必须结合自由度(df)或其他指数。x^2/df 是直接检验样本协方差矩阵和估计的协方差矩阵间的相似程度的统计量,在真模型研究中,对误设模型会调节其复杂程度,可以比较恰当地选择一个参数不太过多的模型。x^2/df 的理论期望值为 1,越接近 1,说明样本协方差矩阵和估计的协方差矩阵的相似程度越大,模型的拟合度越好(时志宏和崔丽娟,2007)。x^2/df 的值在 2.0 到 5.0 之间时可以接受模型,报告 x^2/df 在多模型比较时尤其受欢迎。当卡方值较小时,x^2/df 检验的意义较少,必须考虑其他指数指标(Medsker *et al.*,1994)。由于易受样本量的影响,GFI 和 AGFI 对总体的渐近值的估计是有偏的,在不同情况会有不同的误差出现(Hu 和 Bentler,1995)。RMSEA 受 N 的影响较小,是比较理想的绝对拟合指数,可解释模型的质量,RMSEA 要求越小越好,当 RMSEA 小于 0.05 时表示完全拟合;当 RMSEA 小于 0.08 时表示拟合得较好;当 RMSEA 大于 0.1 则表明模型拟合得很差。

赋范拟合指数(NFI)的本意是要对非范拟合指数(NNFI)进行限制而提出的。NNFI(即 TLI)会因样本的波动而超出 0—1 范围,让人有一种把握不住高低的感觉;NFI 的取值范围是 0—1,在 NFI=1 时拟合最好,NFI=0 时拟合最差。但 NFI 同样受到了样本容量的系统影响,在样本量小的时候极容易低估模型的拟合效果,不再被推荐(Hu 和 Bentler,1998,1999)。Bentler(1989)的比较拟合指数(CFI),对于基于真模型的小样本(N=50),CFI 的 S. D(标准差)比 NFI、NNFI 和 IFI 都小,受到 Bentler 的推崇(侯杰泰等,2004),GFI 和 NNFI 的值要求在 0.90 以上 。经过比较,这儿我们从流

行的指标中报告了 x^2、df、RMSEA、NFI、TLI、CFI 和 IFI 等几个指标（表
4.10）[①]。

表 4.10　验证性因素分析部分拟合指标值

χ^2	df	χ^2 / df	NFI	TLI	CFI	IFI	RMSEA
2998.171	1169	2.565	0.895	0.907	0.918	0.919	0.032

图 4.2 是验证性因素分析的模型结构图，由于各变量（因素）下的题项
都比较多，出于图形的直观和简洁，除"关系延续性"因素的 3 个题项完整展
示外，其他因素的题项都只是选择性地展示了两个代表性的题项。图中报
告了各个因素间的相关性系数。各因素的标准化因子负荷一般在 0.4 以
上，并且具有统计上的显著性（P＜0.001）。从表 4.9 中报告的各拟合指数
看，RMSEA 为 0.032，远小于 0.05，其他指标中，除 NFI＝0.895＜0.9 以外，
其他指标都在 0.9 以上。NFI 作为一个波动性比较大的指标，在其他指数
符合要求时，这一统计值应该是可以接受的。综合考虑，验证性因素分析的
结果基本验证了研究构思，说明本研究中的社会资本各维度（因素）构思是
有效的，可作进一步的分析。

---

① 这里的验证性因素分析所使用的数据与后面两章的数据是同一个数据，有关数据
的描述性统计分析将在下一章说明。

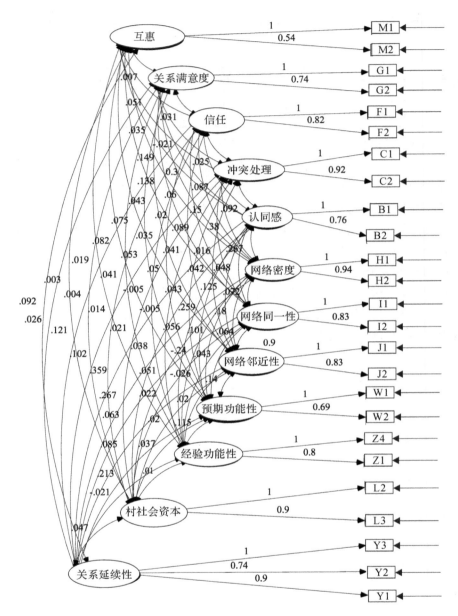

图 4.2 农户社会资本模型拟合验证性因素分析

资料来源:研究调查资料整理。

从分析结果看,各因素间并不完全是彼此相关的,为方便后面的研究,有必要对因素间关系做深入分析。表 4.11 举了各因素间的协方差分析结果。从表可知,在 p＝0.05 的显著性水平上,部分因素间不相关。表 4.12 不相关因素进行了重新整理。

表 4.11　因素间协方差分析

			估计值	标准误	C.R.	P	标签
互惠	←→	认同感	0.149	0.022	6.901	＊＊＊	
信任	←→	认同感	0.087	0.032	2.721	0.007	
关系满意度	←→	认同感	0.058	0.019	3.029	0.002	
网络邻近性	←→	认同感	0.125	0.022	5.635	＊＊＊	
网络同一性	←→	认同感	0.049	0.019	2.603	0.009	
认同感	←→	关系延续性	0.359	0.035	10.398	＊＊＊	
互惠	←→	信任	0.051	0.025	2.059	0.039	
互惠	←→	关系满意度	0.007	0.014	0.518	0.605	
互惠	←→	网络邻近性	0.075	0.017	4.523	＊＊＊	
互惠	←→	网络同一性	0.043	0.015	2.921	0.003	
互惠	←→	关系延续性	0.092	0.021	4.396	＊＊＊	
信任	←→	关系满意度	0.031	0.025	1.215	0.224	
网络邻近性	←→	信任	0.041	0.027	1.518	0.129	
网络同一性	←→	信任	−0.003	0.025	−0.129	0.897	
信任	←→	关系延续性	0.121	0.035	3.448	＊＊＊	
网络邻近性	←→	关系满意度	0.035	0.016	2.203	0.028	
网络同一性	←→	关系满意度	0.020	0.015	1.389	0.165	
关系满意度	←→	关系延续性	0.026	0.021	1.246	0.213	
网络邻近性	←→	网络同一性	0.064	0.016	3.916	＊＊＊	
网络邻近性	←→	关系延续性	0.085	0.023	3.782	＊＊＊	
网络同一性	←→	关系延续性	0.063	0.020	3.067	0.002	
关系延续性	←→	网络密度	0.267	0.031	8.684	＊＊＊	
关系延续性	←→	村社会资本	0.047	0.018	2.636	0.008	

续　表

			估计值	标准误	C. R.	P	标签
关系延续性	←→	预期功能性	0.213	0.027	7.999	＊＊＊	
冲突处理	←→	关系延续性	0.102	0.019	5.456	＊＊＊	
村社会资本	←→	网络密度	0.051	0.016	3.093	0.002	
预期功能性	←→	网络密度	0.131	0.023	5.818	＊＊＊	
冲突处理	←→	网络密度	0.092	0.017	5.364	＊＊＊	
预期功能性	←→	村社会资本	0.037	0.015	2.525	0.012	
冲突处理	←→	村社会资本	0.021	0.010	2.049	0.040	
冲突处理	←→	预期功能性	0.043	0.014	3.082	0.002	
冲突处理	←→	认同感	0.093	0.017	5.342	＊＊＊	
互惠	←→	冲突处理	0.035	0.012	2.866	0.004	
信任	←→	冲突处理	0.025	0.020	1.220	0.223	
关系满意度	←→	冲突处理	−0.021	0.012	−1.738	0.082	
网络邻近性	←→	冲突处理	0.042	0.013	3.169	0.002	
网络同一性	←→	冲突处理	0.016	0.012	1.371	0.171	
互惠	←→	预期功能性	0.082	0.017	4.723	＊＊＊	
认同感	←→	预期功能性	0.259	0.028	9.190	＊＊＊	
信任	←→	预期功能性	0.050	0.028	1.794	0.073	
关系满意度	←→	预期功能性	0.053	0.017	3.120	0.002	
网络邻近性	←→	预期功能性	0.159	0.022	7.397	＊＊＊	
网络同一性	←→	预期功能性	0.043	0.017	2.572	0.010	
认同感	←→	村社会资本	0.038	0.016	2.337	0.019	
互惠	←→	村社会资本	0.003	0.012	0.209	0.834	
信任	←→	村社会资本	0.014	0.021	0.669	0.503	
关系满意度	←→	村社会资本	0.004	0.013	0.328	0.743	
网络邻近性	←→	村社会资本	0.020	0.014	1.496	0.135	
网络同一性	←→	村社会资本	0.022	0.013	1.733	0.083	
认同感	←→	网络密度	0.267	0.030	8.789	＊＊＊	

续　表

			估计值	标准误	C. R.	P	标签
互惠	←→	网络密度	0.138	0.021	6.597	＊＊＊	
信任	←→	网络密度	0.150	0.032	4.642	＊＊＊	
关系满意度	←→	网络密度	0.060	0.019	3.169	0.002	
网络邻近性	←→	网络密度	0.180	0.024	7.487	＊＊＊	
网络同一性	←→	网络密度	0.072	0.019	3.822	＊＊＊	
认同感	←→	资源网络	0.056	0.018	3.164	0.002	
互惠	←→	资源网络	0.029	0.013	2.456	0.005	
信任	←→	资源网络	−0.005	0.023	−0.210	0.833	
关系满意度	←→	资源网络	0.041	0.014	2.886	0.004	
网络邻近性	←→	资源网络	0.070	0.015	3.350	0.007	
网络同一性	←→	资源网络	0.026	0.014	1.917	0.045	
资源网络	←→	关系延续性	0.041	0.019	2.109	＊＊＊	
资源网络	←→	网络密度	0.064	0.017	3.410	0.009	
资源网络	←→	村社会资本	0.010	0.012	0.878	0.380	
资源网络	←→	预期功能性	0.115	0.018	6.376	＊＊＊	
冲突处理	←→	资源网络	−0.005	0.011	−0.458	0.647	

资料来源:本研究整理。＊＊＊表示 $p<0.001$。

表 4.12　彼此不相关因素列表

			估计值	标准误	C. R.	P	标签
互惠	←→	关系满意度	0.007	0.014	0.518	0.605	
信任	←→	关系满意度	0.031	0.025	1.215	0.224	
网络邻近性	←→	信任	0.041	0.027	1.518	0.129	
网络同一性	←→	信任	−0.003	0.025	−0.129	0.897	
网络同一性	←→	关系满意度	0.020	0.015	1.389	0.165	
关系满意度	←→	关系延续性	0.026	0.021	1.246	0.213	
信任	←→	冲突处理	0.025	0.020	1.220	0.223	
关系满意度	←→	冲突处理	−0.021	0.012	−1.738	0.082	

续　表

			估计值	标准误	C.R.	P	标签
网络同一性	↔	冲突处理	0.016	0.012	1.371	0.171	
信任	↔	预期功能性	0.050	0.028	1.794	0.073	
互惠	↔	村社会资本	0.003	0.012	0.209	0.834	
信任	↔	村社会资本	0.014	0.021	0.669	0.503	
关系满意度	↔	村社会资本	0.004	0.013	0.328	0.743	
网络邻近性	↔	村社会资本	0.020	0.014	1.496	0.135	
网络同一性	↔	村社会资本	0.022	0.013	1.733	0.083	
信任	↔	资源网络	−0.005	0.023	−0.210	0.833	
资源网络	↔	村社会资本	0.010	0.012	0.878	0.380	
冲突处理	↔	资源网络	−0.005	0.011	−0.458	0.647	

资料来源:本研究整理。

4.4　研究结论与讨论

4.4.1　研究结论

在对文献进行深入研读的基础上,结合对农户的访谈和生活经验,设计了社会资本的问卷量表。经过琐碎而仔细地讨论修改,笔者对问卷进行了比较大面积的实地调研。通过对问卷的因素分析和效度及信度检验,并采用验证性因素分析,检验了对社会资本量表的构思,结果表明,研究设计的社会资本问卷是可行的,量表具有统计上的支持,内容构思是有效的。

文献回顾已经充分说明,社会资本是多维度的,同时又是内涵不清晰的,甚至是混杂的。因此,设计社会资本测度量表时必须既注意到社会资本在既有实证研究中的复杂性以及必然存在的彼此矛盾,又要寻求研究中的内在一致性。本研究中设计开发的社会资本量表,主要是基于农民"生活世界"经验展开的,考虑到农民生活对村社区的自然和社会依托,我们也增加了村层面的社会资本量度,研究表明这一构思是合理的。

虽然国际和国内学术界运用社会资本进行实证研究已经取得了很多成果,但开发出有中国文化特色的量表并进而研究其在农民社会中的作用还是非常有意义的。对一个快速变革、处于急遽现代化过程的社会而言,一般认为社会资本会在这个发展过程中衰减,其作用也是被怀疑的。本研究开发的量表以及进一步对其在现实中作用的研究将有助于我们更为深入地理解社会资本在社会生活中的作用。

4.4.2   研究不足

对社会资本的内容维度,一般都承认其多维度,但能否有更为简明的内容构思可更好地反映社会资本的本质属性也一直是学术界所努力探索的方向。在访谈和理论设计中,笔者曾尝试以一种相对简单的方式对社会资本进行内容聚合,但遗憾的是,这种努力并不成功。所以,目前由探索性因素分析得来并经过验证性因素分析检验的构思量表,虽然有统计意义的支撑,但过多的维度毕竟对构思和实证检验构成了干扰。笔者在研究过程中曾深感其苦,目前的多维度仍然必须保留。希望后续研究能开发出更为简洁而内涵丰富的量表,这一点,有待与各学科方家进一步的交流。

5 农户资源摄取中社会资本的作用

　　要维持稳定持续甚至是不断递增的收入流,农民家庭就必须有很好的资源摄取路径,在社会交往中获致和运用资源是农户取得收入以及实现收入多元化的重要方式。所以,交往网络和交往认知等社会资本对其资源摄取是有重要意义的。

5.1 社会资本对农户资源摄取的意义

　　迄今,国际学术界虽然并未能对社会资本的定义达成一致认同的共识(Robison,Schmid & Siles,2002;Portes,1998),但从我们在文献综述中对各种定义的介绍讨论看,社会资本既是对人们在社会生活中形成的各种关系网络化结构的概括抽象,同时也有更为广阔的文化和制度意蕴(Hsu,2005)。社会资本是一个复杂的多层次的存在,并且,这种社会资本在不同层次社会关系中的存在说明社会结构和组织对个人目标和利益的实现是有帮助的(Portes,2000;Pretty 和 Smith,2004)。人类行为是有着强烈目的导向的,绝大多数人也在这种行为的目的性达成中获得自己人生的价值和意义。通过行动获得一定的经济利益无疑是各种行为中最为人所关注的目的。然而对人类行为的经济目的的关注反过来又导致行为中的人成为某类"过于社会化"或"社会化不足"的怪物。把人还原为社会化的人,人的经济活动不仅仅是只有在一定社会环境中才可能存在,而且,人的经济活动也只有在一定的具体的社会环境中才有意义。Granovetter(1985)正是从这一意义上提醒人们,克服狭隘的经济主义决不能忽视人们行动中对其生活其中的社会无意识嵌入问题。

　　社会资本概念正是在人们对其所嵌入于其中的社会的结构－功能分析中显示出强大的理论力量，"都由社会结构的某些方面构成，有助于行为人在结构中的行动"（Coleman，1988，p. S98），并引起对经济生活的社会－结构解释的更为有效的探讨，试图鉴明所涉及的社会关系的类型与组合、形成它们的制度环境，以及它们历史上的出现与持续情况。有关社会资本定义的讨论中，我们可以看到资源观、功能观和结构观都是不能忽视，也绕不开的，只是关注和讨论的重点不同而已，焦点则在于对社会关系可资本化的认知。把社会关系转化为其他形式可资利用的资本（如经济或文化），有助于提高或维持关系主体的社会地位（Bourdieu，1977；Portes，1998）。一定意义上，社会资本就是对结构性资源的一种功能目的性开发。因为，正如世界银行已经注意到的，社会资本塑造的是"一个社会中互动的质量和数量的制度、关系以及广泛性联系"，这种联系支撑的不仅仅是一个社会的制度的总和，也是凝聚社会的黏合剂。van Emmerik（2006）硬社会资本和软社会资本的区分很好地勾勒出社会资本在关系的资本化中表现出的二元性。硬社会资本的任务导向是资源功能性运用，而软社会资本的情感支持则体现了社会资本在凝聚社会时的结构性影响，是资源影响力的柔和施展。同时，由其所处结构的相对性位置，其行动也会呈现出表达型和工具性的分野。

　　社会关系的典型特征就是一个人高度暴露在其他人行为的外在影响中，这种外部性与一个人的身份建构过程关系密切（Akerlof 和 Kranton，2000）。也会"联合生产"某种关系性的服务（Cornes 和 Sandler，1984）。因此，社会资本其实创造了一个共同的平台以使个体可以利用其成员身份和网络获得利益，信任、相互的理解、共享的价值观和行为把网络成员捆绑在一起并进行可能的合作（Cohen 和 Prusak，2001）。穷人和边缘化的人也可以运用社会关系来管理不确定性事件、处理意外冲击乃至于积极提高其福利水平（Carter 和 Maluccio，2003；Grootaert，1999；Heller，1996；Kozel 和 Parker，2000）。

　　嵌入在某一网络中的个体，其成员（组织）身份可便利其信息的交流，从而获得机会性利得。而长期的互动在培养彼此信任感的同时，也可相应产生彼此间互惠的预期。同时，与超越于社区/组织的更广泛的外部网络和政府部门的联系也可因为关系而增加其获得增进其福利的资源的机会。社会资本的存在对其拥有者而言，在资源摄取时是一种方便的渠道。"社会资本是现实或潜在的资源的集合体，这些资源与拥有或多或少制度化的共同熟识和认可的关系网络有关，换言之，与一个群体中的成员身份有关。它从集体拥有的角度为每个成员提供支持，在这个词汇的多种意义上，它是为其成员提供获得信用的'信任状'。"(Bourdieu,1986,p.248)波茨认为,社会资本不仅是一种基于互惠预期的理性嵌入,而且可发展成更广泛意义上的结构性嵌入并推行基于信任的强制性约束,即"可强制推行的信任"(Portes,1995,pp.12-13)。个人对社会资本的投资是其有意识地获得利益的努力的一部分(Bourdieu,1986;Portes,1998)。但行动者并不能平等地获得所有类型的资本。一个人的社会地位会构成其获得资本的条件,其"阶级出身"是其可获得资本形式的最重要的决定因素,但拥有资本数量或不同资本类型的相对比例可能会改变其社会地位及其可获得资本的种类(Bourdieu,1984,p.111)。而且资本发生作用的环境也是因时而变的,某些情况下有用的资本在另一个环境下可能不仅没有用,甚至成为阻碍。一个人运用资源的能力决定于:(1)在特定社会情境中可获得资本的种类;(2)他可获得多少这些类型的资本;(3)在既定环境中这些既有资本种类间的关系(Wetterberg,2007)。

秦琴(2005)在对乡村社会的社会资本研究中,以布朗在定义社会资本时的系统论观作为基本框架,并借用帕森斯的"社会系统观"和"模式变量"理论、巴克利的过程系统和吉登斯"建构主义的结构主义"学说,对转型期"似断裂非断裂"的中国乡村社会中社会资本的发生与运作进行了比较深入地分析。在对社会资本发展逻辑的梳理中,她认为社会资本有两个重要特征:价值增值特征和结构性特征。在一个"关系面向"的社会中,浸淫其中的中国人耳濡目染中都"天然地"有着"关系理性"的文化自觉。而在转型期,人们很自然地把这种"关系理性"由情感色彩浓厚的价值型向关系型转变,以争取"关系的资本化",体现了市场经济建设中行动者的"经济人"理性。通过田野调查,秦琴以案例研究的方式生动说明了在"关系理性"的工具性运用中,社会资本的发生、运作和维持/消亡的过程。

在社会资本的发生过程中,秦琴区分了行动者、权力者以及将两者联系起来的关系手段:情感性关系、工具性关系和义务性关系。

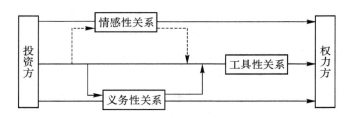

图 5.1　基于工具型关系理性的社会资本投资

资料来源:秦琴(2005,p.124)。

"关系的资本化"过程实际上是：社会吸引——审视交换关系——投资或动员关系——社会资本产生的过程。条件则是：(1)有可用于投资的"情感性关系"或"义务性关系"存在；或者(2)具有回报能力。而社会资本的发生则可产生一种"行动的结构性后果"——资源重构和规范产生。

Foley 和 Edwards(1999)指出："测量进入可视为是社会资本的间接指标，某种意义上，如果不进入，就不能拥有社会资本，某些方式的进入增加了其使用够得着的社会资本的可能性。"数量更多的社会联系当然提高了行为人运用资源的潜力。秦琴的研究以实际案例证明了"进入"对社会资本发生的重要性：只有进入才能获取被认可的成员身份进而具有资源调用的能力。这一过程同时还揭示出社会资本"黑暗"的一面：运用社会资本也会带来潜在的"成本"(World Bank，2001)，团结和信任关系会导致令人不快的义务和责任(Portes 和 Sensenbrenner，1993)，互惠也会成为一种社会义务(Gambetta，1988)。而由于社区的规范对个人自由和开发圈子外网络构成了抑制，一定程度上也阻碍了经济流动(Fernandez-Kelly，1995；Portes 和 Landolt，1996；Adger，2003)。交往圈子的固定化过程也造成了对圈子外人的排斥，使他们处于相对不利的地位(Geertz，1963；Portes，1998；Putzel，1997)。

5.2 研究模型与假设

5.2.1 研究模型

由前面的分析，在农民的"生活世界"，人们的"关系理性"随着社会转型发展的深入，在各种利益动机的驱动下，开始了从(情感)价值型向工具型的理性转变，这种"关系的资本化"本质上是通过某种可借用的工具性关系实现资源摄取。"某人占有的社会资本数量……是依赖于其可有效动用的联系网络的大小以及他所联系的这些人所占有的资本量。"(Bourdieu，1986，p.249)本研究正是基于这一思想，具体研究中国乡村的社会行动者——农民社会资本的占有在资源摄取动用中的影响。

基于已抽取的社会资本的 12 个维度，资源网络社会资本维度正是农民可借以调用资源的社会途径，可作为农民资源进入的代理变量。根据第四章的分析，社会资本的各维度并不全部相关。这里根据本章研究的需要，将表 4.11 中不相关的社会资本维度重新整理，列举了各维度与资源网络不相关的维度(见表 5.1)。

表 5.1 社会资本各维度中与资源网络维度不相关的维度

			估计值	标准误	C.R.	P	标签
信任	↔	资源网络	−0.005	0.023	−0.210	0.833	
资源网络	↔	村社会资本	0.010	0.012	0.878	0.380	
冲突处理	↔	资源网络	−0.005	0.011	−0.458	0.647	

资料来源:由表 4.11 整理。

在删除信任、村社会资本和冲突处理三个维度后,本章研究模型如图 5.2 所示:

图 5.2 农户资源摄取中社会资本的作用模型

作为备择模型,构思中也会考虑预期性社会资本作为中介变量在资源摄取中对社会资本的作用可能发生的影响(Cheung 和 Chan,2008)。这里预期性社会资本包括预期功能性社会资本和关系延续性社会资本两个维度。

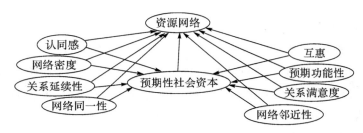

图 5.3 考虑中介变量情形下社会资本在资源摄取中的作用模型

5.2.2 研究假设

本研究把农民的交往网络视为其可资本化运用的资源结构,其资源摄取路径即是在交往网络中利用既有网络以获取所需要的资源(Wetterberg,2007),社会网络可促进社会支持和帮助(Bloom, Fobair, Cox et al.,1991)。社会资本其余维度对农民的资源摄取都会产生一定的积极作用,农民所拥有社会资本的丰度正向影响其对社会资本的摄取。

出于本研究的需要,表5.2对彼此不存在相关性的因素进行了重新整理。

表 5.2　彼此不存在相关性的因素

			估计值	标准误	C. R.	P	标签
互惠	⟷	关系满意度	0.007	0.014	0.518	0.605	
网络同一性	⟷	关系满意度	0.020	0.015	1.389	0.165	
关系满意度	⟷	关系延续性	0.026	0.021	1.246	0.213	

故提出农民在资源摄取中的社会资本的影响作用假设:

假设1:农户社会资本会对农民摄取资源产生影响。

具体地,本研究将进一步细分各维度社会资本在农民资源摄取中的作用:

假设1a:农民社会资本中网络同一性维度的社会资本会对农民摄取资源产生影响;

假设1b:农民社会资本中互惠维度的社会资本会对农民摄取资源产生影响;

假设1c:农民社会资本中认同感维度的社会资本会对农民摄取资源产生影响;

假设1d:农民社会资本中预期功能性维度的社会资本会对农民摄取资源产生影响;

假设1e:农民社会资本中网络密度维度的社会资本会对农民摄取资源产生影响;

假设1f:农民社会资本中网络邻近性维度的社会资本会对农民摄取资源产生影响;

假设1g:农民社会资本中关系满意度维度的社会资本会对农民摄取资源产生影响;

假设1h:农民社会资本中关系延续性维度的社会资本会对农民摄取资源产生影响;

对于备择模型,我们也提出研究假设,认为预期性社会资本在社会资本各维度对农民资源摄取的影响中具有中介作用,这里,把"预期功能性社会资本"和"关系延续性社会资本"维度视为预期性社会资本(Cheung 和 Chan,2008)。由表5.2可知关系满意度与关系延续性社会资本维度不相关。

故提出假设:

假设2：预期性社会资本在社会资本各维度对农民资源摄取的影响中具有中介作用。

具体地，本研究将进一步细分各维度社会资本会经过预期性社会资本（含预期功能性和关系延续性）的中介而对农民资源摄取发生作用：

假设2a：农民社会资本会对其资源摄取产生作用，互惠维度的社会资本经过预期性社会资本的中介而对资源摄取产生作用；

假设2b：农民社会资本会对其资源摄取产生作用，认同感维度的社会资本经过预期性社会资本的中介而对资源摄取产生作用；

假设2c：农民社会资本会对其资源摄取产生作用，网络同一性维度的社会资本经过预期性社会资本的中介而对资源摄取产生作用；

假设2d：农民社会资本会对其资源摄取产生作用，网络邻近性维度的社会资本经过预期性社会资本的中介而对资源摄取产生作用；

假设2e：农民社会资本会对其资源摄取产生作用，网络密度维度的社会资本经过预期性社会资本的中介而对资源摄取产生作用；

假设2f：农民社会资本会对其资源摄取产生作用，关系满意度维度的社会资本经过预期性社会资本的中介而对资源摄取产生作用（仅通过预期功能性）。

5.3　研究的数据来源和分析

基于文献和实际访谈，并通过多次地反复修改，笔者最终完成了问卷的修订稿。2010年3—6月，经过权衡，笔者在湖北的孝感、天门、荆门、宜昌和山西省的榆次、运城农村发放并回收了问卷，完成数据的初步采集工作。本次调查在湖北由笔者对征集的学生进行培训指导后下农村调查，山西省的调查则委托山西大学的学生回家乡调查。湖北共发放问卷824份，回收576份，废卷68份，山西省共发放问卷300份，回收215份，废卷44份。有效回收问卷679份，全部问卷的有效回收率为60.4%。

5.3.1　样本的描述性统计分析

以下将对本次调查所收集数据作基本的描述性统计（表5.3）。

表 5.3 大样本数据描述性统计

类 别		人数	有效百分比	系统缺省	类 别		人数	有效百分比	系统缺省
性别	男	344	51.7	13	是否干部	不是	515	79.8	34
	女	322	48.3			是	130	20.2	
	合 计	666	100.0			合 计	645	100.0	
婚姻状况	单身	73	11.4	39	文化程度	小学以下	69	10.3	10
	已婚	487	76.1			小学	129	19.3	
	离婚	34	5.3			初中	259	38.7	
	丧偶	46	7.2			高中/中专	152	22.7	
						大专及以上	60	9.0	
	合 计	640	100.0			合 计	669	100.0	
年龄	25～31	107	16.1	5	全年收入	2 万元以下	162	24.3	11
	32～38	83	12.5			2～3 万元	213	31.9	
	39～45	189	28.5			3～4 万元	119	17.8	
	46～52	174	26.2			4～5 万元	78	11.7	
	53～60	65	9.8			5～6 万元	46	6.9	
	61～67	30	4.5			6～7 万元	23	3.4	
	68 岁及以上	16	2.4			7 万元及以上	27	4.0	
	合 计	664	100.0			合 计	668	100.0	
人口数	1 人	3	0.4	6	家里劳动力	1 人	69	10.4	15
	2 人	16	2.4			2 人	312	47.0	
	3 人	86	12.8			3 人	204	30.7	
	4 人	194	28.8			4 人	71	10.7	
	5 人	173	25.7			5 人	8	1.2	
	6 人	122	18.1			6 人			
	7 人及以上	79	11.7			7 及以上			
	合 计	673	100.0			合 计	664	100.0	
农地承包	不到 1 亩	120	18.5	19	在本地居住时间	少于 5 年	36	5.5	26
	1～3 亩	184	28.3			6～10 年	54	8.3	
	3～5 亩	163	25.1			11～15 年	78	11.9	
	5～7 亩	67	10.3			16～20 年	94	14.4	
	7～9 亩	34	5.2			21～25 年	81	12.4	
	9～11 亩	36	5.5			26～30 年	54	8.3	
	11 亩以上	46	7.1			30 年以上	256	39.2	
	合 计	650	100.0			合 计	653	100.0	

续 表

类　别		人数	有效百分比	系统缺省	类　别		人数	有效百分比	系统缺省
打工	是	335	59.5	116	打工地	村内私营企业	26	7.5	331
	否	228	40.5			村外本乡(镇)内	15	4.3	
合　计		563	100.0			乡外本县内	18	5.2	
获取信息渠道	1 个	74	13.2	118		本市非本县	39	11.2	
	2 个	103	18.4			本省其他市但非省城	32	9.2	
	3 个	187	33.3			省城	51	14.7	
	4 个	114	20.3			外省	167	48.0	
	5 个	53	9.4		合　计		348	100.0	
	6 个	15	2.7		打工机会	自己找的	194	56.1	333
	7 个及以上	15	2.7			亲戚介绍的	88	25.4	
						老师、同学等介绍	48	13.9	
						网络求职	14	4.0	
合　计		561	100.0			乡/村劳务输出劳务市场等中介	1	0.3	
						其他	1	0.3	
					合　计		346	100.0	

资料来源:根据调查问卷整理。

从表中统计的情况看,在接受调查的受试者中,男性 344 人,女性 322 人,男女性别基本相当。其中家人中有干部的为 130 人,是受访者的 2 成。受试者的文化程度一般都在初中以上,将近 70%,没有完成小学教育的占 10%。从年龄发布看,基本符合我们一般的生活经验。受访者的婚姻状况,487 人是已婚的,占 76.1%,其他因为种种原因单身的为 24% 左右,将近 1/4。从我们最关心的收入状况看,将近 1/4 的人年收入不足 2 万元(162 人,24.3%),这是很令人担忧的。其余的大多数人的年收入为 2 万—5 万元之间,占所有回答者的 61.4%。受访者中绝大多数人的家庭结构在 3 万—6 人之间,占 85%,家庭劳动力一般是 2 万—4 人,达 88%。85% 以上在现居住地生活了超过 10 年,将近 40% 的受访者居住超过 30 年,长期稳定的生活环境有利于在互动中的信任等社会资本的培养(Muller-Benedict,2002;

Maru，McAllister 和 Smith，2007)。超过 80％的人承包农地不到 7 亩，所以，打工成为农民增加其收入的必然选择。受访者中将近一半(48％)的人在外省打工，在省城打工的也有 15％左右，而在当地打工的则非常少，反映出中部地区农村非农就业机会仍然很匮乏。在回答如何获得打工机会时，受访者中 56％的人表示是自己找到的，而通过亲戚、老师、同学和朋友等关系的介绍得到打工机会的将近 40％，说明了关系在寻找工作机会时扮演着重要作用。

5.3.2　方差分析

统计分析中，单因素方差分析(ANOVA)是用以测试某一个控制变量的不同水平是否给观察变量造成了显著的差异和变动。本部分将运用单因素方差分析(ANOVA)探讨农户的人口统计学特征和其他一些外在变量对农户社会资本的影响问题。

(1)性别

表 5.4　性别对社会资本各维度的影响比较分析

ANOVA

		变差平方和	自由度 df	方　差	F	Sig.
资源网络	组　　间	3.038	6	3.038	3.060	0.081
	组　　内	637.491	636	0.993		
	总　　和	640.529	642			
预期功能性	组　　间	4.563	6	2.525	4.542	0.033
	组　　内	665.981	657	0.985		
	总　　和	670.544	663			
关系延续性	组　　间	1.199	6	1.199	1.210	0.272
	组　　内	657.883	653	0.991		
	总　　和	659.082	659			
认同感	组　　间	1.268	6	1.268	1.276	0.259
	组　　内	656.701	657	0.993		
	总　　和	657.969	663			
冲突处理	组　　间	1.121	6	1.121	1.119	0.291
	组　　内	665.560	657	1.002		
	总　　和	666.682	663			

续　表
ANOVA

		变差平方和	自由度 df	方　差	F	Sig.
互惠	组　间	0.782	6	2.019	0.784	0.376
	组　内	662.556	657	1.002		
	总　和	663.337	663			
信任	组　间	0.872	6	2.184	0.873	0.351
	组　内	663.747	657	1.004		
	总　和	664.619	663			
关系满意度	组　间	1.287	6	1.287	1.268	0.261
	组　内	674.254	648	1.015		
	总　和	675.541	654			
网络密度	组　间	19.257	6	3.209	2.259	0.094
	组　内	646.929	657	0.985		
	总　和	666.186	663			
网络同一性	组　间	2.354	6	2.354	2.350	0.126
	组　内	665.270	657	0.981		
	总　和	667.625	663			
网络邻近性	组　间	0.821	6	0.304	0.305	0.876
	组　内	654.517	657	0.996		
	总　和	655.338	663			
村社会资本	组　间	0.150	6	2.525	1.565	0.927
	组　内	646.855	657	0.991		
	总　和	647.005	663			

　　由表 4.4 可知,预期功能性维度是存在着性别差异的,而其他维度则不存在差异。

　　(2)年龄

表 5.5　年龄对社会资本各维度的影响比较分析

ANOVA

		变差平方和	自由度 df	方差	F	Sig.
资源网络	组　间	26.698	6	4.450	4.698	0.000
	组　内	602.428	636	0.947		
	总　和	629.126	642			
预期功能性	组　间	6.852	6	1.142	1.137	0.339
	组　内	658.756	656	1.004		
	总　和	665.608	662			
关系延续性	组　间	15.150	6	2.525	2.565	0.018
	组　内	646.855	657	0.985		
	总　和	662.005	663			
认同感	组　间	8.683	6	1.447	1.458	0.190
	组　内	648.244	653	0.993		
	总　和	656.926	659			
冲突处理	组　间	6.483	6	1.081	1.079	0.373
	组　内	657.733	657	1.001		
	总　和	664.217	663			
互惠	组　间	4.145	6	0.691	0.681	0.665
	组　内	666.905	657	1.015		
	总　和	671.050	663			
信任	组　间	12.111	6	2.019	2.015	0.062
	组　内	658.309	657	1.002		
	总　和	670.420	663			
关系满意度	组　间	13.102	6	2.184	2.175	0.044
	组　内	659.611	657	1.004		
	总　和	672.713	663			
网络密度	组　间	6.286	6	1.048	1.035	0.401
	组　内	655.870	648	1.012		
	总　和	662.156	654			

续　表

ANOVA

		变差平方和	自由度 df	方差	F	Sig.
网络同一性	组　间	19.257	6	3.209	3.259	0.004
	组　内	646.929	657	0.985		
	总　和	666.186	663			
网络邻近性	组　间	12.693	6	2.115	2.157	0.045
	组　内	644.220	657	0.981		
	总　和	656.913	663			
村社会资本	组　间	1.821	6	0.304	0.305	0.935
	组　内	654.517	657	0.996		
	总　和	656.339	663			

由表 5.5 可知,社会资本的资源网络、关系延续性、关系满意度、网络同一性和网络邻近性等维度在年龄上存在显著性差异。

表 5.6 的分析表明(此处为节约篇幅,仅仅列举了有显著性差异的项目),资源网络、关系满意度和网络邻近性三个维度是存在年龄的差异的,而其他两个维度则没有测试出差异性。

表 5.6　不同年龄段在社会资本上的多维度多重比较

Tamhane

因变量	(I)age	(J)age	均值方差(I-J)	Sig.
资源网络	①25～31 岁	②32～38 岁	−0.25407003	0.928
		③39～45 岁	−0.02509367	1.000
		④46～52 岁	0.21958463	0.847
		⑤53～60 岁	0.45866439 *	0.023
		⑥61～67 岁	0.33915081	0.424
		⑦68 岁及以上	0.24348620	0.998
	②32～38 岁	④46～52 岁	0.47365466 *	0.024
		⑤53～60 岁	0.71273442 *	0.000
		⑥61～67 岁	0.59322084 *	0.009
	③39～45 岁	⑤53～60 岁	0.48375806 *	0.001
	④46～52 岁	②32～38 岁	−0.47365466 *	0.024

续　表

Tamhane

因变量	(I)age	(J)age	均值方差(I－J)	Sig.
	⑤53～60 岁	①25～31 岁	－0.45866439 *	0.023
		②32～38 岁	－0.71273442 *	0.000
		③39～45 岁	－0.48375806 *	0.001
	⑥61～67 岁	②32～38 岁	－0.59322084 *	0.009
关系满意度	⑤53～60 岁	⑦68 岁及以上	0.84179668 *	0.030
	⑦68 岁及以上	⑤53～60 岁	－0.84179668 *	0.030
网络同一性	①25～31 岁	④46～52 岁	－0.35284805 *	0.031
	④46～52 岁	①25～31 岁	0.35284805 *	0.031

＊.均方差的显著性水平为 0.05。

(3)受教育程度

表 5.7 说明,获取收入的渠道对资源网络、冲突处理、网络密度、网络同一性和村社会资本的影响是有差异的。

以下为节约篇幅,都只报告有差异性的维度。

表 5.7　受教育程度对各维度的影响比较分析

ANOVA

		变差平方和	自由度 df	方差	F	Sig.
资源网络	组　间	12.570	5	2.514	2.662	0.022
	组　内	604.281	640	0.944		
	总　和	616.851	645			
冲突处理	组　间	23.991	5	4.798	4.903 ·	0.000
	组　内	647.891	662	0.979		
	总　和	671.882	667			
网络密度	组　间	13.434	5	2.687	2.708	0.020
	组　内	647.830	653	0.992		
	总　和	661.265	658			

续　表
ANOVA

		变差平方和	自由度 df	方差	F	Sig.
网络同一性	组　间	12.173	5	2.435	2.474	0.031
	组　内	651.354	662	0.984		
	总　和	663.527	667			
村社会资本	组　间	13.939	5	2.788	2.829	0.015
	组　内	652.486	662	0.986		
	总　和	666.426	667			

（4）获取收入的渠道

表 5.7 说明，获取收入的渠道对资源网络、预期功能性、关系延续性、认同感和关系满意度的影响是有差异的。

表 5.8　获取收入的渠道对各维度的影响比较分析
ANOVA

		变差平方和	自由度 df	方差	F	Sig.
资源网络	组　间	18.067	6	3.011	3.097	0.005
	组　内	620.293	638	0.972		
	总　和	638.361	644			
预期功能性	组　间	21.028	6	3.505	3.565	0.002
	组　内	646.807	658	0.983		
	总　和	667.835	664			
关系延续性	组　间	17.876	6	2.979	3.068	0.006
	组　内	640.014	659	0.971		
	总　和	657.890	665			
认同感	组　间	23.170	6	3.862	3.971	0.001
	组　内	636.922	655	0.972		
	总　和	660.093	661			
关系满意度	组　间	16.922	6	2.820	2.884	0.009
	组　内	644.505	659	0.978		
	总　和	661.427	665			

(5)婚姻状况

表 5.9 说明,婚姻状况对资源网络、关系延续性、冲突处理、信任、关系满意度、网络密度和网络同一性等社会资本维度的影响是不同的,存在差异性。

表 5.9　婚姻状况对各维度的影响比较分析

ANOVA

		变差平方和	自由度 df	方差	F	Sig.
资源网络	组　间	18.012	4	4.503	4.645	0.001
	组　内	598.140	617	0.969		
	总　和	616.152	621			
关系延续性	组　间	15.722	4	3.930	3.956	0.004
	组　内	630.939	635	0.994		
	总　和	646.661	639			
信任	组　间	10.748	4	2.687	2.700	0.030
	组　内	631.884	635	0.995		
	总　和	642.631	639			
关系满意度	组　间	10.751	4	2.688	2.654	0.032
	组　内	643.139	635	1.013		
	总　和	653.889	639			
网络密度	组　间	15.826	4	3.957	3.990	0.003
	组　内	621.664	627	0.991		
	总　和	637.490	631			
网络同一性	组　间	10.010	4	2.502	2.489	0.042
	组　内	638.365	635	1.005		
	总　和	648.374	639			
冲突处理	组　间	13.970	4	3.493	3.482	0.008
	组　内	637.018	635	1.003		
	总　和	650.988	639			

（6）是否干部

表 5.10　家人是否是干部对各维度的影响比较分析

ANOVA

		变差平方和	自由度 df	方差	F	Sig.
资源网络	组　间	15.553	5	3.111	3.163	0.008
	组　内	608.656	619	0.983		
	总　和	624.209	624			
关系满意度	组　间	14.795	5	2.959	2.903	0.013
	组　内	651.291	639	1.019		
	总　和	666.086	644			
网络密度	组　间	11.567	5	2.313	2.336	0.041
	组　内	623.838	630	0.990		
	总　和	635.406	635			

上表说明,在家人是否为干部上,对社会资本的资源网络、关系满意度和网络密度影响有差异性。

（7）家庭人口数

在家庭人数对社会资本的影响中,资源网络、预期功能性、关系延续性、认同感、网络密度和网络邻近性等受其影响,有差异性。

表 5.11　家庭人口数对各维度的影响比较分析

ANOVA

		变差平方和	自由度 df	方差	F	Sig.
资源网络	组　间	23.864	9	2.652	2.736	0.004
	组　内	620.203	640	0.969		
	总　和	644.067	649			
预期功能性	组　间	28.609	9	3.179	3.267	0.001
	组　内	643.120	661	0.973		
	总　和	671.729	670			
关系延续性	组　间	23.878	9	2.653	2.735	0.004
	组　内	642.231	662	0.970		
	总　和	666.109	671			

续　表

ANOVA

		变差平方和	自由度 df	方差	F	Sig.
认同感	组　间	27.313	9	3.035	3.130	0.001
	组　内	638.053	658	0.970		
	总　和	665.366	667			
网络密度	组　间	21.827	9	2.425	2.481	0.009
	组　内	639.280	654	0.977		
	总　和	661.107	663			
网络邻近性	组　间	21.958	9	2.440	2.492	0.008
	组　内	648.129	662	0.979		
	总　和	670.086	671			

（8）劳动力

在劳动力对社会资本的影响中,认同感维度存在差异性。

表 5.12　劳动力数对各维度的影响比较分析

ANOVA

		变差平方和	自由度 df	方差	F	Sig.
认同感	组　间	15.065	7	2.152	2.177	0.035
	组　内	639.707	647	0.989		
	总　和	654.772	654			

（9）承办土地

在承办土地对社会资本的影响中,预期功能性和互惠维度存在差异性。

表 5.13　承包土地数对各维度的影响比较分析

ANOVA

		变差平方和	自由度 df	方差	F	Sig.
预期功能性	组　间	15.689	6	2.615	2.658	0.015
	组　内	631.570	642	0.984		
	总　和	647.258	648			

续 表

ANOVA

		变差平方和	自由度 df	方差	F	Sig.
互惠	组 间	14.112	6	2.352	2.454	0.024
	组 内	616.337	643	0.959		
	总 和	630.449	649			

(10)在本地居住时间

在本地居住时间的影响,资源网络、关系延续性、信任、网络密度和网络同一性存在差异性。

表 5.14 在本地居住时间对各维度的影响比较分析

ANOVA

		变差平方和	自由度 df	方差	F	Sig.
资源网络	组 间	51.038	6	8.506	9.054	0.000
	组 内	587.202	625	0.940		
	总 和	638.240	631			
关系延续性	组 间	42.704	6	7.117	7.454	0.000
	组 内	616.827	646	0.955		
	总 和	659.531	652			
信任	组 间	15.946	6	2.658	2.748	0.012
	组 内	624.667	646	0.967		
	总 和	640.612	652			
网络密度	组 间	22.483	6	3.747	3.845	0.001
	组 内	621.756	638	0.975		
	总 和	644.239	644			
网络同一性	组 间	17.953	6	2.992	3.005	0.007
	组 内	643.221	646	0.996		
	总 和	661.173	652			

(11)是否打工

对是否打工的影响,关系延续性、认同感、信任、网络密度、网络邻近性和网络同一性存在差异性。

表 5.15　是否打工对各维度的影响比较分析

ANOVA

		变差平方和	自由度 df	方差	F	Sig.
关系延续性	组　间	18.375	3	6.125	6.287	0.000
	组　内	544.596	559	0.974		
	总　和	562.971	562			
认同感	组　间	8.020	3	2.673	2.681	0.046
	组　内	553.522	555	0.997		
	总　和	561.543	558			
信任	组　间	26.408	3	8.803	9.088	0.000
	组　内	541.439	559	0.969		
	总　和	567.847	562			
网络密度	组　间	21.752	3	7.251	7.950	0.000
	组　内	503.415	552	0.912		
	总　和	525.166	555			
网络同一性	组　间	16.160	3	5.387	5.444	0.001
	组　内	553.072	559	0.989		
	总　和	569.232	562			
网络邻近性	组　间	7.778	3	2.593	2.636	0.049
	组　内	549.811	559	0.984		
	总　和	557.589	562			

（12）打工机会

打工机会的影响中,网络同一性存在差异性。

表 5.16　打工机会对各维度的影响比较分析

ANOVA

		变差平方和	自由度 df	方差	F	Sig.
网络同一性	组　间	16.449	5	3.290	3.303	0.006
	组　内	346.660	348	0.996		
	总　和	363.109	353			

（13）打工的地方

由表 5.17 可知,打工地方的影响中,资源网络、关系延续性、冲突处理和关系满意度存在差异性。

表 5.17　打工地方对各维度的影响比较分析

ANOVA

		变差平方和	自由度 df	方差	F	Sig.
资源网络	组　间	51.466	6	8.578	8.957	0.000
	组　内	316.038	330	0.958		
	总　和	367.505	336			
关系延续性	组　间	14.253	6	2.376	2.470	0.024
	组　内	327.946	341	0.962		
	总　和	342.200	347			
冲突处理	组　间	14.443	6	2.407	2.298	0.034
	组　内	357.166	341	1.047		
	总　和	371.609	347			
关系满意度	组　间	18.033	6	3.005	2.525	0.021
	组　内	405.813	341	1.190		
	总　和	423.846	347			

（14）获得信息的途径

由表 5.18 可知,获得信息的途径影响中,预期功能性和网络邻近性存在差异性。

表 5.18　获得信息途径对各维度的影响比较分析

ANOVA

		变差平方和	自由度 df	方差	F	Sig.
预期功能性	组　间	14.613	7	2.088	2.096	0.042
	组　内	549.850	552	0.996		
	总　和	564.463	559			
网络邻近性	组　间	46.935	7	6.705	7.365	0.000
	组　内	503.428	553	0.910		
	总　和	550.363	560			

（15）公共服务设施数量

由表 5.19 可知,公共服务设施的数量影响很大,除关系满意度维度外,其他维度都是存在差异性的。

表 5.19　公共服务设施的数量对各维度的影响比较分析

ANOVA

		变差平方和	自由度 df	方差	F	Sig.
资源网络	组　间	17.287	6	2.881	3.009	0.007
	组　内	504.653	527	0.958		
	总　和	521.940	533			
预期功能性	组　间	34.042	6	5.674	6.051	0.000
	组　内	508.233	542	0.938		
	总　和	542.275	548			
关系延续性	组　间	59.378	6	9.896	10.855	0.000
	组　内	495.063	543	0.912		
	总　和	554.441	549			
认同感	组　间	78.653	6	13.109	14.668	0.000
	组　内	481.699	539	0.894		
	总　和	560.353	545			
冲突处理	组　间	21.053	6	3.509	3.538	0.002
	组　内	538.536	543	0.992		
	总　和	559.588	549			
互惠	组　间	21.107	6	3.518	3.849	0.001
	组　内	496.318	543	0.914		
	总　和	517.425	549			
信任	组　间	14.839	6	2.473	2.477	0.023
	组　内	542.066	543	0.998		
	总　和	556.905	549			

续　表
ANOVA

		变差平方和	自由度 df	方差	F	Sig.
网络密度	组　间	59.321	6	9.887	10.717	0.000
	组　内	495.404	537	0.923		
	总　和	554.724	543			
网络同一性	组　间	16.219	6	2.703	2.750	0.012
	组　内	533.776	543	0.983		
	总　和	549.995	549			
网络邻近性	组　间	24.882	6	4.147	4.342	0.000
	组　内	518.566	543	0.955		
	总　和	543.448	549			
村社会资本	组　间	12.665	6	2.111	2.129	0.049
	组　内	538.462	543	0.992		
	总　和	551.128	549			

5.4　社会资本对农户资源摄取的作用机制

下面将用结构方程模型对农户资源摄取中的社会资本作用机制问题进行分析,本研究运用软件 Amos17.0 进行结构方程模型的建模。结构方程模型有多方面的优点(Bollen 和 Long,1993；侯杰泰等,2004,p.15-17)：同时处理多个因变量；容许自变量和因变量含测量误差；同时估计因子结构和因子关系；容许更大弹性的测量模型；估计整个模型的拟合程度。本研究中,将运用结构方程模型对研究构想进行检验,经过调整提炼最终实现模型的定型。

5.4.1　农户资源摄取中社会资本作用机制实证分析：对假设 1 的检验

运用结构方程模型,我们分析了社会资本各维度在资源摄取中的作用,结果见表 5.20,由表可知,社会资本的关系满意度、互惠、认同感、网络密度等四个维度在 $p=0.05$ 水平上不显著。从表 5.21 看,χ^2/df、IFI 和 RMSEA 等指标值均符合要求,而 NFI、TLI 和 CFI 也接近 0.90,整体判断需要进一步的精炼。为此,删除了不显著的四个维度后,重新进行了检验,结果见表

5.22。表 5.23 同时给出了拟合指标值,从两个表的结果看,在模型精炼后,模型基本合适,是可接受的。图 5.4 即为社会资本各维度在农户资源摄取中的影响机制模型。

表 5.20 社会资本各维度对农户资源摄取的作用

		估计值	标准误	C.R.	P	标签
资源网络	←网络同一性	0.098	0.047	2.087	0.037	
资源网络	←关系满意度	0.083	0.046	1.812	0.070	
资源网络	←互惠	0.024	0.055	0.445	0.656	
资源网络	←认同感	0.102	0.076	1.332	0.183	
资源网络	←预期功能性	0.435	0.082	5.336	***	
资源网络	←网络密度	−0.108	0.068	−1.582	0.114	
资源网络	←网络邻近性	−0.116	0.071	−2.646	0.014	
资源网络	←关系延续性	−0.209	0.056	−3.744	***	

＊＊＊ p<0.001

表 5.21 模型拟合指标(一)

χ^2	df	χ^2/df	NFI	TLI	CFI	IFI	RMSEA
3467.717	961	3.608	0.895	0.882	0.898	0.900	0.061

表 5.22 精炼后社会资本各维度对农户资源摄取的作用

		估计值	标准误	C.R.	P	标签
资源网络	←网络同一性	0.097	0.047	2.057	0.050	
资源网络	←预期功能性	0.534	0.072	7.400	***	
资源网络	←网络邻近性	−0.180	0.058	−3.079	0.010	
资源网络	←关系延续性	−0.216	0.041	−5.298	***	

＊＊＊ p<0.001。

表 5.23 模型拟合指标(二)

χ^2	df	χ^2/df	NFI	TLI	CFI	IFI	RMSEA
661.989	179	3.698	0.925	0.920	0.908	0.913	0.062

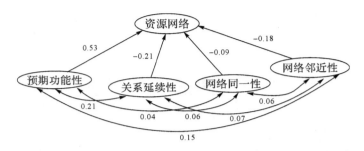

图 5.4　精炼后社会资本各维度对农户资源摄取的作用模型

　　由研究结果再次证实社会资本是一个多维度概念,但实证研究并不能完全支持其内容(Ishida,1993;Narayan 和 Cassidy,2001;Wang,2006)。在农户资源摄取中,社会资本的预期功能性对资源摄取有正面的作用,而网络同一性、网络邻近性和关系延续性则对资源摄取有负向的作用。

5.4.2　考虑中介作用情况下社会资本各维度在农户资源摄取中的作用机制

　　实证分析表明,社会资本有四个维度对农户的资源摄取会发生作用。本研究将继续对假设 2 作进一步的研究分析,由于仅有四个维度是有回归显著性的,所以,只能讨论这四个维度对资源网络维度可能存在的更为深入的影响关系,主要考察是否存在中介效应的问题。这里,假设预期性社会资本的两个维度预期功能性社会资本和关系延续性社会资本具有中介作用(cheung,2008)。

　　对中介变量的中介效应问题,Baron 和 Kenny(1986)以及 Judd 和 Kenny(1981)提出中介作用判定检验的三个步骤和相关标准为:(1)因变量对自变量的回归,回归系数达到显著性水平,即自变量显著影响因变量;(2)中介变量对自变量的回归分析,回归系数也要达到显著性水平,中介变量也显著影响自变量;(3)因变量同时对自变量和中介变量的回归分析,中介变量的回归系数要达到显著性水平,自变量的回归系数减小。当自变量的回归系数减小到不显著水平时,说明中介变量起到完全中介作用,自变量完全通过中介变量影响因变量;当自变量的回归系数减小,但仍然达到显著性水平时,中介变量只起到部分中介作用,即自变量一方面通过中介变量影响因变量,同时也直接对因变量起作用。这里,采纳温忠麟、张雷、侯杰泰等(2004)提出的中介效应检验步骤。表 5.24 即为这四个维度之间存在的中介效应分析。

表 5.24　预期性社会资本作为中介变量的中介效应检验

		估计值	标准误	C. R.	P	标签
关系延续性	←网络邻近性	0.242	0.076	3.168	0.002	
关系延续性	←网络同一性	0.165	0.071	2.323	0.020	
预期功能性	←网络邻近性	0.448	0.064	6.958	＊＊＊	
预期功能性	←关系延续性	0.303	0.040	7.511	＊＊＊	
资源网络	←预期功能性	0.513	0.073	7.039	＊＊＊	
资源网络	←关系延续性	−0.211	0.042	−5.075	＊＊＊	
资源网络	←网络同一性	0.091	0.046	1.965	0.049	
资源网络	←网络邻近性	−0.160	0.062	−2.586	0.010	

＊＊＊p＜0.001。

按照 Baron 和 Kenny(1986)以及 Judd 和 Kenny(1981)提出的中介变量中介效应的判定标准,比较表 5.21 与表 5.24 中对农民在资源网络中的资源摄取行为会产生直接影响的四个维度,网络邻近性维度在经由预期功能性维度和关系延续性维度的中介后,直接效应值减少(由 −0.180 变为 −0.160),中介变量的中介效应明显,但只是部分中介;网络同一性维度只通过关系延续性维度的中介对资源网络发生作用,其直接效应减少(由 0.97 变为 0.91),是部分中介;关系延续性维度也通过预期功能性维度的中介而对资源网络发生作用,其直接效应也减少(由 0.216 变为 0.211),是部分中介;而且,网络邻近性维度还通过关系延续性和预期功能性两个中介变量而发生中介作用。

表 5.25　预期性社会资本作为中介变量的模型拟合指标检验

χ^2	df	$\chi^2/$ df	NFI	TLI	CFI	IFI	RMSEA
662.042	180	3.678	0.926	0.922	0.908	0.915	0.062

表 5.25 给出了模型拟合的几个指标,可以看出,模型的拟合情况良好,特别是 RMSEA 指标只有 0.062,而 NFI、TLI、CFI、IFI 均在 0.9 以上,模型可接受。

基于上述分析,在考虑中介变量情况下,社会资本的各维度对农户在资源网络中的资源摄取发生影响的作用过程就比较清晰了。图 5.5 直观地揭示了这一作用机制。

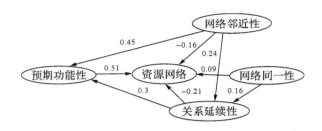

图 5.5　社会资本对农户资源摄取影响机制

5.5　研究结论与讨论

5.5.1　一些基本研究结论

根据前面的研究分析,对本章研究作基本的总结。在我国农村社会经济发展中,新中国成立以来已经经历了两次重大的转型,一是以人民公社体制为重要特征的集体集中制生产模式,再就是改革开放以来向社会主义市场经济体制的转型。每次转型都对农村社会的生产生活发生了重大影响。作为生活在这样重大转型期的行为者,广大农村的农民出于生活本能和行为理性,会自觉地对自身的生产活动和社会交往进行有意识地调整。

在这两次转型过程中,国家权力的进入和退出,人际交往的抉择都在重新分化重组,从而导致在农民的"生活世界"社会关系的演变,出现了对关系的"资本化"工具性利用,其目的就在于运用或创造各种关系以获取必要的资源。在农民资源摄取中社会资本究竟会有怎样的作用呢?通过对农户社会资本各维度的分类,并运用结构方程方法,我们发现,在农民的社会资本各维度中,预期功能性、关系延续性、网络同一性和网络邻近性四个维度都对其资源摄取有影响。预期功能性和网络同一性具有正向的影响,而关系延续性和网络邻近性则具有负向的影响。进一步运用中介变量发现,这四个维度之间还存在着复杂的中介关系,这种中介关系和中介效应已经用图表的形式比较清楚地揭示了出来。

下面,对本章中提出的研究假设作一总结(表 5.26)。

表 5.26 假设验证报告

假　　设	中介变量	假设验证	影响方式
假设 1	—	部分证实	
假　　设	中介变量	假设验证	影响方式
假设 1a	—	证实	正向作用
假设 1b	—	未证实	—
假设 1c	—	未证实	—
假设 1d	—	证实	正向作用
假设 1e	—	未证实	—
假设 1f	—	证实	负向作用
假设 1g	—	未证实	—
假设 1h	—	证实	负向作用
假设 2		部分证实	
假设 2a		未证实	
假设 2b		未证实	
假设 2c(1)	预期功能性	未证实	—
假设 2c(2)	关系延续性	证实	部分中介
假设 2d(1)	预期功能性	证实	部分中介
假设 2d(2)	关系延续性	证实	部分中介
假设 2e	—	未证实	—
假设 2f		未证实	

5.5.2 讨论

林南(1999,p.30)直接将社会资本定义为"投资和应用嵌入在社会关系中的资源以获得预期回报"。黄光国(1988)提出中国人对其社会交往作关系判断时,会将自己与对方之间的关系大致上分为三类,并依不同的社会交易法则与对方交往。这三种关系分别是情感性的关系(遵循需求法则)、混合性的关系(人情法则)及工具性的关系(公平法则)。秦琴(2005)则明确指出这是一种转型社会"关系的资本化"问题。如何在资源摄取中既达到目的而又"不失面子"? 作为嵌入在社会环境中的社会资本无疑是很好的媒介。

本章讨论了社会资本在农户资源摄取过程中的作用及其复杂的作用机

制问题,一定意义上揭示出社会资本对农户资源摄取的意义。而且,这种摄取的影响作用不仅仅是正面的促进作用,也有负面的效果,从而证实了对社会资本"黑暗面"的逻辑追问。但在对农户资源摄取过程的研究中,由于问卷调查的对象指向以目前的"在地"定居农民为主,虽然也曾经设计了农民流动性的问题项目,但调查的结果并不理想,在一个社会流动人口规模异常庞大而农民工又是流动主体的社会,本研究所关注的农民资源摄取行为以及其中运用社会资本摄取资源的作用机制在这方面无疑是薄弱的。所幸,学术界很早就在关注和研究农民工流动问题了,而且,从社会资本角度研究农民工流动也是成果斐然(李培林,1996;彭庆恩,1996;陈阿江,1997;王汉生、刘世定和孙立平等,1997;王汉生和陈智霞,1998;邱海雄等,1998;李强,1999;许欣欣和李培林,1999;边燕杰和张文宏,2001;翟学伟,2003),但毕竟,这些研究中定性描述多于定量分析,本研究以定量研究为主要研究意旨,在这方面的不足仍然是令人遗憾的。

6 农户社会资本、信息能力与农民家庭收入的关系研究

　　前面我们已经探讨了社会资本在农户资源摄取中的作用机制,研究发现,农户社会资本中,网络同一性、网络邻近性、预期功能性和关系延续性维度对农户的资源摄取行为会发生影响,这种影响关系还表现出复杂的过程机制。本章将进一步研究农户社会资本对农户收入的影响问题。

6.1　文献回顾

　　社会资本对行为人有很多看得见或看不见的经济和社会的利益,文献综述已经对此做过尽可能详尽的系统的总结。社会资本对个人增加收入、取得好的工作绩效、获得职业成功及其他的成就(Aldridge 和 Halpern,2002;Krishna 和 Upoff,2002),进而整体上对个人的成功都意义非凡(Furstenberg 和 Hughes,1995)。在其他社会层次的水平上如企业(张方华,2006),其作用都非常明显。

　　巴里·韦尔曼和斯科特·沃特莱在研究东约克的城市社会网络时发现了五种社会支持类型:其一,情感支持。61%的网络成员可以以某种形式提供情感支持,形式包括较少的情感支持(minor emotional aid),关于家庭问题的忠告(advice),主要的情感支持(major emotional aid)和主要服务(major services);其二,服务(services)。61%的网络成员可以提供这种服务包括小微型服务(minor services),借款或给家庭用品(household items),小的家庭援助(minor household aid),主要的家庭援助(major household aid),组织援助(organizational aid);其三,伙伴关系(companionship)。58%的网络成员

可以提供此种关系,包括讨论思想、一起干事、作为伙伴(fellow)加入一个组织;其四,财政支持。16％的网络成员可以提供这种支持,包括小额贷款或送礼,大额贷款和送礼,提供住房(housing)贷款或赠礼(gift);其五,工作或住房信息。10％的网络成员可以提供此种支持,包括工作信息,工作合约(job contact)和找住房等。

Narayan 和 Pritchett(1997:3)把"资本"定义为通过积累可以获得更高的收入或更好的结果的"什么东西"。这个"什么东西"被描述为是水平的联系。他们描述了通过促进更好地合作而使得结果变为更好的五个过程。

Narayan 和 Pritchett 认为,首先,增加社会资本可改进政府(improve government);第二,增加社会资本会增加社区合作行动并解决本地"共同财产"问题。Heller(1996)提供了一个具体的例子,说明水平的团结怎么有利于印度 Kerala 州的经济发展。第三,增加社会资本加强了个人的沟通,从而促进了创新扩散;第四,增加社会资本提高了信息流通的数量和质量,降低了交易成本;最后,增加社会资本可共担风险,有利于居民从事更加具有风险性和高回报的工作。

大量经典的杰出研究都说明了社会资本的作用是多方面的,但因这一概念本身的不够明晰甚至彼此的矛盾,造成其内容混杂,实证支撑非常困难(Hawe 和 Shiell,2000)。作为一个多维度的概念,实证研究不能支撑其所有的内容(Ishida,1993;Narayan 和 Cassidy,2001;Wang,2006)。

第五章已经实证说明,社会资本的一些维度对农户的资源摄取是有作用的。这种资源摄取必然会经过一定生产过程而影响到农民的收入。本章的研究将进一步深入回答两个问题:社会资本是如何影响农民的收入水平的,又是在多大程度上影响农民的收入的。也就是要具体探讨社会资本对农户收入的影响机制和影响大小问题。

6.2 研究假设

6.2.1 研究假设

本章主要探讨社会资本对农户收入的影响,因此,有假设:

假设 1. 农户社会资本对农户收入有显著影响。

根据第四章探索性因素分析和验证性因素分析,我们的调查中,农户社会资本可细分为 12 个维度,从而,具体地:

假设 1a:农民社会资本中网络同一性维度的社会资本会对农民收入产

生影响；

假设 1b：农民社会资本中互惠维度的社会资本会对农民收入产生影响；

假设 1c：农民社会资本中认同感维度的社会资本会对农民收入产生影响；

假设 1d：农民社会资本中预期功能性维度的社会资本会对农民收入产生影响；

假设 1e：农民社会资本中网络密度维度的社会资本会对农民收入产生影响；

假设 1f：农民社会资本中网络邻近性维度的社会资本会对农民收入产生影响；

假设 1g：农民社会资本中关系满意度维度的社会资本会对农民收入产生影响；

假设 1h：农民社会资本中关系延续性维度的社会资本会对农民收入产生影响；

假设 1i：农民社会资本中信任维度的社会资本会对农民收入产生影响；

假设 1j：农民社会资本中，村社会资本维度的社会资本会对农民收入产生影响；

假设 1k：农民社会资本中资源网络维度的社会资本会对农民收入产生影响；

假设 1l：农民社会资本中冲突处理维度的社会资本会对农民收入产生影响。

农户社会资本对农户收入影响的假设模型：

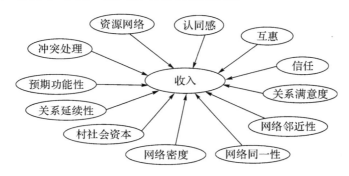

图 6.1　农户社会资本影响农户收入模型

本章研究采用的数据与上章相同，是在湖北和山西两省农村调查的数据。

6.2.2 变量检验

6.2.2.1 因子分析

出于研究的需要,本章将引进两个变量:农户收入和农户信息能力。本研究将这两个变量都作潜变量处理,必须作因子分析。方法前面的研究已经说明,即采用主成分分析法对问卷项目做因子分析,用方差正交最大旋转方式(Varimax),将特征根值大于1作为提取因子的标准。用KMO样本测度来检验数据是否适合做因子分析,并用Crobach Alpha系数进行信度检测以判断因子内部结构的一致性。

(1)农户收入测度的信度和效度分析

文献中测量收入的变量多用年收入,本研究在测度农户年实际收入的同时,还设计了一个主观性的测量。用四个题项来测度农民的收入感受。这四个题项分别是:您对过去三年来您家的人均收入状况的认识?测度采用5级量表计分法(1=很低,2=比较低,3=一般,4=比较高,5=很高)。由表6.3可知,收入因子累积解释方差可达到62.823%。

表 6.1 对收入的主观指标测度

A1	您觉得您家的人均收入状况怎么样?(主观感受)	1	2	3	4	5
A2	您家目前的收入让您在多大程度上有一种安全感	1	2	3	4	5
A3	您觉得在村里人眼里您家的人均收入怎么样?	1	2	3	4	5
A4	您家目前的收入让您在多大程度上有一种富足感	1	2	3	4	5

表 6.2 样本收入指标的 KMO 和 Bartlett's 球体检验

Kaiser-Meyer-Olkin 样本充分性测量		0.749
Bartlett's 球体检验	近似卡方值	847.901
	自由度	6
	显著性概念(Sig.)	0.000

表 6.3 总体解释变异(收入)

因子	初始特征根值			旋转后的因子负荷		
	解释方差百分比(%)	累积解释方差百分比(%)	解释方差百分比(%)	累积解释方差百分比(%)	解释方差百分比(%)	累积解释方差百分比(%)
1	2.513	62.823	62.823	2.513	62.823	62.823

续　表

2	0.661	16.529	79.352			
3	0.462	11.550	90.903			
4	0.364	9.097	100.000			

萃取方法:主成分分析。

表 6.4　因素收入的题项负荷

	题　项	负　荷
A1	您觉得您家的人均收入状况怎么样?（主观感受）	0.667
A2	您家目前的收入让您在多大程度上有一种安全感	0.645
A3	您觉得在村里人眼里您家的人均收入怎么样?	0.582
A4	您家目前的收入让您在多大程度上有一种富足感	0.619

萃取方法:主成分分析。

由于只能萃取一个因子,不产生旋转因子矩阵。

表 6.5　样本测试信度分析(收入)

变量	题项项目个数	题项项目代码	项目删除后的均值	项目删除后的方差	CITC	项目删除后的 Cronbach's Alpha 系数	Cronbach's Alpha 系数
收入	4	A1	7.8129	5.595	0.649	0.736	0.801
		A2	7.6826	5.434	0.635	0.741	
		A3	7.4656	5.784	0.572	0.771	
		A4	7.7665	5.232	0.608	0.756	

由上面的信度和效度检验,可知,收入因素包含的四个题项可作为其测度指标,收入因子可通过效度和信度检验。

(2)农户信息能力因子的效度和信度分析

农户信息能力的测度:信息能力调查,本项测试共有 6 个题项,测度采用 5 级量表计分法(1＝根本不认可,2＝很少认可,3＝部分认可,4＝大部分认可,5＝完全认可)。

表 6.6　农户信息能力测度

K1	我经常通过电视报纸等传媒寻找致富信息	1	2	3	4	5
K2	我可以毫无困难地正确理解电视报纸传播的各种信息	1	2	3	4	5
K3	我很少接触各种传媒(如报纸、电视、广播)信息	1	2	3	4	5
K4	我家对外联系广,各种消息来源比较多	1	2	3	4	5
K5	我可以正确分辨出别人话中的真假	1	2	3	4	5
K6	我经常出门,对外部情况了解比较多	1	2	3	4	5

表 6.7　样本信息能力指标的 KMO 和 Bartlett's 球体检验(一)

Kaiser-Meyer-Olkin 样本充分性测量		0.775
Bartlett's 球体检验	近似卡方值	893.257
	自由度	15
	显著性概念(Sig.)	0.000

表 6.8　总体解释变异(信息能力)

因子	初始特征根值			旋转后的因子负荷		
	解释方差百分比(%)	累积解释方差百分比(%)	解释方差百分比(%)	累积解释方差百分比(%)	解释方差百分比(%)	累积解释方差百分比(%)
1	2.682	44.706	44.706	2.681	44.684	44.684
2	1.013	16.884	61.590	1.014	16.906	61.590
3	0.766	12.765	74.356			
4	0.684	11.406	85.762			
5	0.443	7.390	93.152			
6	0.411	6.848	100.000			

萃取方法:主成分分析。

表 6.9　旋转因子矩阵(信息能力)

题项代码		K2	K4	K6	K5	K1	K3
因子	1	0.797	0.766	0.740	0.686	0.665	−0.006
	2	−0.137	0.014	0.050	0.099	−0.072	0.989

Extraction Method: Principal Component Analysis.

Rotation Method: Varimax with Kaiser Normalization.

由表 6.8 和表 6.9 可知,信息能力的题项萃取出两个因子,但 K3 题项是单独提取,原则上,不支持单一题项的因子,故舍弃。在舍弃该题项后,重新萃取,结果如下:

表 6.10 总体解释变异(信息能力)(二)

因子	初始特征根值			旋转后的因子负荷		
	解释方差百分比(%)	累积解释方差百分比(%)	解释方差百分比(%)	累积解释方差百分比(%)	解释方差百分比(%)	累积解释方差百分比(%)
1	2.926	58.516	58.516	2.926	58.516	58.516
2	0.741	14.822	73.338			
3	0.484	9.690	83.028			
4	0.439	8.774	91.802			
5	0.410	8.198	100.000			

萃取方法:主成分分析。

表 6.11 样本信息能力指标的 KMO 和 Bartlett's 球体检验(二)

Kaiser-Meyer-Olkin 样本充分性测量		0.820
Bartlett's 球体检验	近似卡方值	1.122E3
	自由度	10
	显著性概念(Sig.)	0.000

萃取法:主成分分析。

表 6.12 因素信息能力的题项负荷

题 项		负 荷
K5	我可以正确分辨出别人话中的真假	0.792
K2	我可以毫无困难地正确理解电视报纸传播的各种信息	0.782
K4	我家对外联系广,各种消息来源比较多	0.776
K6	我经常出门,对外部情况了解比较多	0.755
K1	我经常通过电视报纸等传媒寻找致富信息	0.718

萃取法:主成分分析。

表 6.13 样本测试信度分析(信息能力)

变量	题 项		项目删除后的均值	项目删除后的方差	CITC	项目删除后的 Cronbach's Alpha 系数	Cronbach's Alpha 系数
	项目个数	项目代码					
信息能力	5	K1	12.3648	9.750	0.558	0.798	0.807
		K2	12.1758	9.432	0.642	0.771	
		K4	12.3752	9.850	0.624	0.777	
		K5	11.2260	10.646	0.649	0.776	
		K6	12.3486	9.787	0.594	0.786	

由信度和效度检验,可知,在删除一个题项后,信息能力因素包含的五个题项可作为其测度指标,信息能力因子通过效度信度检验。

6.2.2.2 方差分析

(1)性别

在性别对农户收入和信息能力的影响中,信息能力存在着差异性。

表 6.14 性别对农户收入和农民信息能力的影响分析

ANOVA

		变差平方和	自由度 df	方差	F	Sig.
收入	组 间	2.227	1	2.227	2.210	0.138
	组 内	658.849	654	1.007		
	总 和	661.076	655			1.00
信息能力	组 间	6.490	1	6.490	6.507	0.011
	组 内	660.322	662	0.997		
	总 和	666.812	663			

表 6.15 性别对农户信息能力影响的比较分析

	N	均 值	标准差	标准误
男	342	0.0959348	1.00679391	0.05444118
女	322	-1.0188506E-1	0.99009602	0.05517589
合 计	664	4.0793768E-6	1.00287103	0.03891894

(2)年龄

由表 6.16 可知,年龄对农户的收入和信息能力影响中,收入是存在差异性的,而信息能力则不存在显著的差异性。

表 6.16 年龄对农户收入和农民信息能力的影响分析

ANOVA

		变差平方和	自由度 df	方差	F	Sig.
收入	组 间	14.423	6	2.404	2.405	0.026
	组 内	645.629	646	0.999		
	总 和	660.053	652			
信息能力	组 间	7.758	6	1.293	1.292	0.259
	组 内	655.565	655	1.001		
	总 和	663.323	661			

(3)受教育程度

表 6.17 说明,在农民受教育程度对农户的收入和信息能力的影响中,都存在差异性。表 6.18 方差检验说明,收入和信息能力都不存在方差齐次性。由于方差是非齐次性的,表 6.19 和表 6.20 采用 Tamhane 统计结果。为节约篇幅,仅列举差异大的结果,从结果看,小学以下的受教育水平和高中/中专之间的收入和信息能力差异都是最大的。

表 6.17 受教育程度对农户收入和农民信息能力的影响分析

ANOVA

		变差平方和	自由度 df	方差	F	Sig.
收入	组 间	24.002	4	6.001	6.171	0.000
	组 内	634.996	653	0.972		
	总 和	658.998	657			
信息能力	组 间	34.715	4	8.679	9.070	0.000
	组 内	633.459	662	0.957		
	总 和	668.175	666			

表 6.18 方差齐次性检验

	列文统计	df1	df2	Sig.
收入	4.865	4	653	0.001
信息能力	4.878	4	662	0.001

表 6.19　不同受教育程度的农户的收入多重对比检验

因变量	(I)edu	(J)edu	均值差(I−J)	Sig.
收入 Tamhane	①小学以下	②小学	−0.25586903	0.773
		③初中	−0.52384269 *	0.013
		④高中/中专	−0.58656505 *	0.007
		⑤大专及以上	−0.59467791	0.065
	②小学	④高中/中专	−0.33069602 *	0.048
	③初中	①小学以下	0.52384269 *	0.013
	④高中/中专	①小学以下	0.58656505 *	0.007
		②小学	0.33069602 *	0.048

* 均值差的显著性水平是 0.05。

表 6.20　不同受教育程度的农户的信息能力多重对比检验

因变量	(I)edu	(J)edu	均值差(I−J)	Sig.
信息 Tamhane	①小学以下	②小学	−0.36974934	0.242
		③初中	−0.53097973 *	0.010
		④高中/中专	−0.80262389 *	0.000
		⑤大专及以上	−0.64770208 *	0.017
	②小学	④	−0.43287454 *	0.001
	③初中	①小学以下	0.58656505 *	0.007
		②小学	0.33069602 *	0.048
	④高中/中专	①小学以下	0.80262389 *	0.000
		②小学	0.43287454 *	0.001
		③初中	0.27164416 *	0.037
	⑤大专及以上	①小学以下	0.64770208 *	0.017

* 均值差的显著性水平是 0.05。

（4）获取收入的渠道

从获取收入渠道对农户收入和农民信息能力影响看,收入之间不存在显著性差异,而信息能力则是差异有显著性。

表 6.21　获取收入渠道对农户收入和农民信息能力的影响分析

ANOVA

		变差平方和	自由度 df	方差	F	Sig.
收入	组　间	11.573	6	1.929	1.960	0.069
	组　内	639.548	650	0.984		
	总　和	651.121	656			
信息能力	组　间	19.853	6	3.309	3.383	0.003
	组　内	642.574	657	0.978		
	总　和	662.427	663			

（5）婚姻状况

由表 6.22，婚姻状况对农户收入的影响是有差异性的，而对信息能力的影响则没有差异。表 6.23 也表明，收入不具有方差齐次性。表 6.24 说明，单身和离异之间的多重比较差异最大。

表 6.22　婚姻状况对农户收入和农民信息能力的影响分析

ANOVA

		变差平方和	自由度 df	方差	F	Sig.
收入	组　间	16.991	3	5.664	5.740	0.001
	组　内	616.692	625	0.987		
	总　和	633.683	628			
信息能力	组　间	6.341	3	2.114	2.123	0.096
	组　内	631.121	634	0.995		
	总　和	637.463	637			

表 6.23　方差齐次性检验

	列文统计	df1	df2	Sig.
收入	3.492	3	625	0.015
信息能力	0.697	3	634	0.554

表 6.24　不同婚姻状况的农户的收入多重对比检验

因变量	(I)婚姻状况	(J)婚姻状况	均值差(I−J)
收入 Tamhane	①单身	②已婚	−0.35947901
		③离婚	−0.82843380 *
		④丧偶	−0.22365547
	②已婚	①单身	0.35947901
		③离婚	−0.46895479
		④丧偶	0.13582355
	③离婚	①单身	0.82843380 *
		②已婚	0.46895479
		④丧偶	0.60477834
	④丧偶	①单身	0.22365547
		②已婚	−0.13582355
		③离婚	−0.60477834

* 均值差的显著性水平是 0.05

（6）是否干部

是否干部的影响虽然也有显著性差异，但方差检验是有齐次性的。

表 6.25　是否干部对农户收入和农民信息能力的影响分析

ANOVA

		变差平方和	自由度 df	方差	F	Sig.
收入	组　间	9.701	1	9.701	9.855	0.002
	组　内	622.122	632	0.984		
	总　和	631.823	633			
信息能力	组　间	21.111	1	21.111	21.960	0.000
	组　内	616.225	641	0.961		
	总　和	637.336	642			

表 6.26 方差齐次性检验

	列文统计	df1	df2	Sig.
收入	0.014	1	632	0.906
信息能力	0.033	1	641	0.856

（7）家庭人口数

家庭人口数的影响说明,在收入和信息能力上都没有差异。

表 6.27 家庭人口数对农户收入和农民信息能力的影响分析

ANOVA

		变差平方和	自由度 df	方差	F	Sig.
收入	组 间	4.415	6	0.736	0.743	0.615
	组 内	648.557	655	0.990		
	总 和	652.971	661			
信息能力	组 间	4.165	6	0.694	0.694	0.655
	组 内	664.473	664	1.001		
	总 和	668.638	670			

（8）家庭劳动力数

在家庭劳动力数对收入的影响上是有差异性的,而对信息能力影响则没有差异性。

表 6.28 家庭劳动力数对农户收入和农民信息能力的影响分析

ANOVA

		变差平方和	自由度 df	方差	F	Sig.
收入	组 间	10.298	4	2.575	2.620	0.034
	组 内	636.804	648	0.983		
	总 和	647.103	652			
信息能力	组 间	3.880	4	0.970	0.966	0.425
	组 内	659.572	657	1.004		
	总 和	663.452	661			

（9）承包土地数

承包土地数的影响上,收入是有差异性的,而信息能力则不存在差异性。

表 6.29　承包土地数对农户收入和农民信息能力的影响分析

ANOVA

		变差平方和	自由度 df	方差	F	Sig.
收入	组　间	14.182	6	2.364	2.453	0.024
	组　内	608.886	632	0.963		
	总　和	623.068	638			
信息能力	组　间	8.837	6	1.473	1.473	0.185
	组　内	640.719	641	1.000		
	总　和	649.556	647			

（10）居住时间

居住时间的影响上，收入是有差异性的，而信息能力则不存在差异性。

表 6.30　居住时间对农户收入和农民信息能力的影响分析

ANOVA

		变差平方和	自由度 df	方差	F	Sig.
收入	组　间	17.120	6	2.853	2.941	0.008
	组　内	617.010	636	0.970		
	总　和	634.131	642			
信息能力	组　间	5.084	6	0.847	0.835	0.543
	组　内	653.236	644	1.014		
	总　和	658.321	650			

（11）是否打工

是否打工的影响上，收入没有差异性的，而信息能力则存在差异性。

表 6.31　是否打工对农户收入和农民信息能力的影响分析

ANOVA

		变差平方和	自由度 df	方差	F	Sig.
收入	组　间	1.007	1	1.007	0.978	0.323
	组　内	566.359	550	1.030		
	总　和	567.367	551			

ANOVA

		变差平方和	自由度 df	方差	F	Sig.
信息能力	组　间	4.368	1	4.368	4.257	0.040
	组　内	573.624	559	1.026		
	总　和	577.992	560			

（12）打工机会的获得

获得打工机会的影响上，收入和信息能力都不存在差异性。

表 6.32　获得打工机会的渠道对农户收入和农民信息能力的影响分析

ANOVA

		变差平方和	自由度 df	方差	F	Sig.
收入	组　间	5.616	5	1.123	1.088	0.367
	组　内	346.739	336	1.032		
	总　和	352.355	341			
信息能力	组　间	8.021	5	1.604	1.644	0.148
	组　内	331.743	340	0.976		
	总　和	339.764	345			

（13）打工地方

打工地方的影响上，收入和信息能力都不存在差异性。

表 6.33　打工地方对农户收入和农民信息能力的影响分析

ANOVA

		变差平方和	自由度 df	方差	F	Sig.
收入	组　间	4.886	6	0.814	0.755	0.606
	组　内	363.607	337	1.079		
	总　和	368.492	343			
信息能力	组　间	9.784	6	1.631	1.620	0.141
	组　内	343.338	341	1.007		
	总　和	353.122	347			

（14）获得信息的渠道

获得信息的渠道影响上，收入和信息能力都存在差异性。

表 6.34　获得信息的渠道对农户收入和农民信息能力的影响分析

ANOVA

		变差平方和	自由度 df	方差	F	Sig.
收入	组　间	15.248	6	2.541	2.536	0.020
	组　内	546.152	545	1.002		
	总　和	561.401	551			
信息能力	组　间	37.057	6	6.176	6.353	0.000
	组　内	536.667	552	0.972		
	总　和	573.723	558			

（15）公共服务设施的数量

公共服务设施的数目影响上，收入和信息能力都存在差异性。

表 6.35　公共服务设施的数目对农户收入和农民信息能力的影响分析

ANOVA

		变差平方和	自由度 df	方差	F	Sig.
收入	组　间	21.374	6	3.562	3.581	0.002
	组　内	531.282	534	0.995		
	总　和	552.656	540			
信息能力	组　间	27.319	6	4.553	4.655	0.000
	组　内	529.107	541	0.978		
	总　和	556.426	547			

6.3　农户社会资本对农民家庭收入的影响作用分析

文献表明，社会资本对其拥有者是有经济的或社会文化等方面的利益的。人们对其所嵌入其中的交往网络或社会关系这种"资本"功效一般都有着理性的认识，并会通过某种投资策略来维持和加强，也可能因负面影响而有意识地疏淡致使社会资本衰退。格莱泽及其同事（Glaeser，Laibson 和 Scheinkman，2000；Glaeser，Laibson 和 Sacerdote，2002)将社会资本的积累视为是一件个人的事（Brehm 和 Rahn，1997）。如同物质资本或人力资本一样,人们投资其中是假定会在市场获得某种有形的个人回报,也可能是非市场的回报(如健康、社会地位,等等)。Godoy,Reyes-García,Huanca 等(2007)考察了玻利维亚亚马孙区一个叫 Tsimane 地区的 37 个村庄,发现村里的收入不平等和市场开放度与社会资本的私人投资负相关。本研究将具体考察在中国中部地区的农村社会中,社会资本对农户收入的影响机制及其作用大小。

6.3.1　农户社会资本对农民家庭收入的影响机制实证分析:对假设 1 的检验

6.3.1.1　农户社会资本对农民家庭收入的影响机制实证分析:对假设 1 的单维度检验

根据假设 1,把社会资本的 12 个维度全部进入模型,用结构方程模型进行检验,结果见表 6.36。

表 6.36　社会资本与农户收入关系的全维度检验

		估计值	标准误	C. R.	P	标签
收入	←资源网络	0.268	0.069	3.867	＊＊＊	
收入	←认同感	0.172	0.094	1.829	0.067	
收入	←互惠	0.180	0.068	2.655	0.008	
收入	←信任	0.006	0.028	0.211	0.833	
收入	←冲突处理	−0.143	0.075	−1.914	0.056	
收入	←关系满意度	0.099	0.056	1.754	0.079	
收入	←关系延续性	0.232	0.070	3.301	＊＊＊	
收入	←网络密度	−0.195	0.086	−2.274	0.023	
收入	←预期功能性	−0.097	0.099	−0.983	0.325	
收入	←网络邻近性	0.183	0.087	2.098	0.036	
收入	←村社会资本	0.034	0.066	0.512	0.609	
收入	←网络同一性	−0.089	0.058	−1.555	0.120	

＊＊＊ $p < 0.001$。

由表 6.36 可知,在社会资本各维度中,信任、预期功能性、村社会资本和网络同一性四个维度在 $p = 0.10$ 水平上未能通过显著性检验,尚余 8 个维度。对其余 8 个维度的重新检验结果见表 6.37:

表 6.37　删除不显著维度后社会资本与收入关系的再检验

		估计值	标准误	C. R.	P	标签
收入	←资源网络	0.229	0.059	3.866	＊＊＊	
收入	←认同感	0.146	0.083	1.753	0.080	
收入	←互惠	0.171	0.067	2.553	0.011	
收入	←冲突处理	−0.134	0.075	−1.788	0.074	
收入	←关系满意度	0.094	0.056	1.660	0.097	
收入	←网络邻近性	0.133	0.067	1.970	0.049	
收入	←关系延续性	0.208	0.066	3.155	0.002	
收入	←网络密度	−0.184	0.078	−2.341	0.019	

＊＊＊ $p < 0.001$。

表 6.38　社会资本 8 维度影响收入的模型拟合

χ^2	df	χ^2 / df	NFI	TLI	CFI	IFI	RMSEA
1516.518	751	2.019	0.877	0.889	0.903	0.904	0.038

　　由表 6.37,社会资本的八个维度对农户收入的影响关系在 $p < 0.10$ 水平上都具有统计的显著性。而从模型拟合的情况看,χ^2 / df 为 2.019,RMSEA 为 0.038,都是很理想的,IFI 和 CLI 指标值在 0.90 以上,符合要求,只是 TLI 和 NFI 未能达到 0.90 以上,但基本接近,因此拟合的模型基本可以接受。假设 1 以及假设 1 的部分子假设得证。社会资本对农民收入影响的修正模型见图 6.2:

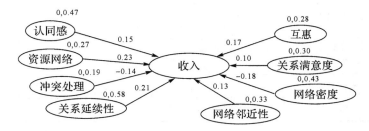

图 6.2　社会资本对农民收入影响的修正模型

6.3.1.2　农户社会资本对农民家庭收入的影响机制实证分析:考虑中介效应对假设1的检验

(1)资源网络维度的中介效应分析

第五章对社会资本各维度在农户资源摄取中的作用机制进行了分析,结果显示,社会资本的各个维度中有四个对农户的资源摄取行为有明显的影响,而且这种影响机制有着非常复杂的作用过程。文献研究充分说明,行为人在环境中的资源摄取行为可为其带来一定的利得。因此,有假设:

假设1.1 社会资本的各个维度中,资源网络维度作为农户交往网络的资源分布结构,对社会资本影响农户收入的作用过程具有中介作用。

表6.39　资源网络维度与社会资本其余七个维度的协方差分析

		估计值	标准误	C. R.	P	标签
认同感	←→资源网络	0.055	0.017	3.133	0.002	
关系满意度	←→资源网络	0.041	0.014	2.917	0.004	
冲突处理	←→资源网络	−0.003	0.011	−0.240	0.811	
互惠	←→资源网络	0.019	0.013	1.453	0.146	
资源网络	←→网络密度	−0.023	0.017	−1.421	0.155	
资源网络	←→关系延续性	−0.023	0.019	−1.230	0.219	
网络邻近性	←→资源网络	0.020	0.015	1.340	0.180	

资源网络维度与社会资本其余7个维度的相关性的协方差分析见表6.39。由表可知,只有认同感和关系满意度两个维度与资源网络维度之间的相关性可接受统计的显著性检验,其他维度与资源网络维度不相关,不能由资源网络进行中介。所以,具体地,对资源网络的中介作用有假设:

假设1.1a 社会资本的各个维度中,资源网络维度作为农户交往网络的资源分布结构,对社会资本的认同感维度影响农户收入的作用过程具有中介作用。

假设1.1b 社会资本的各个维度中,资源网络维度作为农户交往网络的资源分布结构,对社会资本的关系满意度维度影响农户收入的作用过程具有中介作用。

由假设1.1及其子假设命题,资源网络维度在社会资本影响农户收入的作用过程中其中介作用的过程机制模型,如图6.3所示。

结构方程模型的路径分析结果报告如下(表6.40):

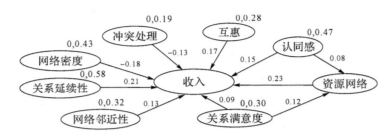

图 6.3 资源网络维度在农户社会资本影响农户收入中的中介作用

表 6.40 社会资本影响农户收入的作用过程中资源网络因子的中介机制

		估计值	标准误	C. R.	P	标签
资源网络	←认同感	0.075	0.035	2.122	0.034	
资源网络	←关系满意度	0.119	0.046	2.590	0.010	
收入	←资源网络	0.233	0.056	4.127	***	
收入	←认同感	0.146	0.078	1.871	0.061	
收入	←互惠	0.170	0.067	2.523	0.012	
收入	←冲突处理	−0.134	0.075	−1.779	0.075	
收入	←网络密度	−0.182	0.077	−2.373	0.018	
收入	←关系延续性	0.207	0.065	3.201	0.001	
收入	←网络邻近性	0.132	0.068	1.956	0.050	
收入	←关系满意度	0.092	0.056	1.624	0.104	

＊＊＊ $p < 0.001$。

表 6.41 社会资本资源网络对其他维度影响收入的中介作用拟合

χ^2	df	χ^2 / df	NFI	TLI	CFI	IFI	RMSEA
2448.442	921	2.658	0.897	0.914	0.923	0.935	0.048

表 6.41 报告了模型拟合情况,根据拟合指标值,基本可以接受模型。对照表 6.37 和表 6.40,可知,关系满意度在资源网络的中介作用下,其对收入的作用在 $p=0.10$ 水平上已经失去显著性,因此,资源网络对关系满意度有完全的中介作用。而认同感的 p 值大大降低,显著性增强,因此,资源网络对其有部分中介作用。假设 1.1 得以部分证明,假设 1.1a 部分得证和 1.1b 得证。

(2)关系延续性维度的中介效应分析

在第五章分析农户从环境中进行资源摄取行为时,社会资本对其行为的作用机制是非常复杂的,其中,预期性社会资本对资源摄取有中介作用。本研究中,研究设计的预期性社会资本的两个维度中,只有关系延续性维度对收入有影响。这里,将继续考察其是否对农户的收入有中介效应。

假设 1.2 社会资本的各个维度中,关系延续性维度对社会资本影响农户收入的作用过程具有中介作用。

表 6.42 关系延续性维度与社会资本其余六个维度的协方差分析

		估计值	标准误	C.R.	P	标签
认同感	←关系延续性	0.361	0.034	10.468	＊＊＊	
互惠	←关系延续性	0.091	0.021	4.384	＊＊＊	
网络邻近性	←关系延续性	0.090	0.023	3.871	＊＊＊	
关系延续性	←网络密度	0.267	0.031	8.685	＊＊＊	
冲突处理	←关系延续性	0.105	0.019	5.541	＊＊＊	
关系满意度	←关系延续性	0.035	0.020	1.789	0.074	

＊＊＊p<0.001。

上一节我们已经说明,资源网络维度与关系延续性维度不相关,关系延续性维度与社会资本其余 6 个维度相关性的协方差分析见表 6.42。由表可知,六个维度与关系延续性维度之间的相关性全部可接受统计的显著性检验。所以,具体地,对关系延续性维度的中介作用有假设:

假设 1.2a 社会资本的各个维度中,关系延续性维度对社会资本认同感维度在影响农户收入的作用过程具有中介作用。

假设 1.2b 社会资本的各个维度中,关系延续性维度对社会资本互惠维度在影响农户收入的作用过程具有中介作用。

假设 1.2c 社会资本的各个维度中,关系延续性维度对社会资本网络邻近性维度在影响农户收入的作用过程具有中介作用。

假设 1.2d 社会资本的各个维度中,关系延续性维度对社会资本网络密度维度在影响农户收入的作用过程具有中介作用。

假设 1.2e 社会资本的各个维度中,关系延续性维度对社会资本冲突处理维度在影响农户收入的作用过程具有中介作用。

假设 1.2f 社会资本的各个维度中,关系延续性维度对社会资本关系满意度维度在影响农户收入的作用过程具有中介作用。

由假设 1.2 关系延续性维度在社会资本影响农户收入的作用过程中其中介作用的过程机制模型,如图 6.4 所示。

图 6.4 关系延续性因子在社会资本影响农户收入过程中的中介作用

结构方程模型的路径分析结果报告如下(表 6.43):

表 6.43 社会资本影响农户收入的作用过程中关系延续性因子的中介机制

		估计值	标准误	C.R.	P	标签
关系延续性	←网络密度	0.317	0.082	3.862	***	
关系延续性	←冲突处理	0.125	0.080	1.564	0.118	
关系延续性	←网络邻近性	−0.132	0.072	−1.829	0.067	
关系延续性	←关系满意度	−0.082	0.060	−1.385	0.166	
关系延续性	←互惠	−0.139	0.071	−1.965	0.049	
关系延续性	←认同感	0.634	0.074	8.527	***	
收入	←资源网络	0.223	0.058	3.872	***	
收入	←认同感	0.149	0.079	1.898	0.058	
收入	←互惠	0.172	0.067	2.563	0.010	
收入	←冲突处理	−0.136	0.074	−1.831	0.067	
收入	←关系满意度	0.092	0.056	1.627	0.104	
收入	←网络邻近性	0.132	0.068	1.954	0.051	
收入	←关系延续性	0.207	0.064	3.223	0.001	
收入	←网络密度	−0.187	0.080	−2.348	0.019	

＊＊＊ p<0.001。

由表 6.43,关系延续性因子对冲突处理和关系满意度两个维度的中介效应不明显,不能接受显著性检验。逐步排除,首先令关系延续性不对关系满意度与收入的回归作中介,重新检验的结果见表 6.44。

表 6.44　社会资本影响农户收入的作用过程中关系延续性因子的中介机制再检验

		估计值	标准误	C. R.	P	标签
关系延续性	←网络密度	0.278	0.079	3.524	＊＊＊	
关系延续性	←冲突处理	0.145	0.079	1.835	0.067	
关系延续性	←网络邻近性	−0.128	0.071	−1.797	0.072	
关系延续性	←互惠	−0.132	0.070	−1.872	0.061	
关系延续性	←认同感	0.645	0.074	8.676	＊＊＊	·
收入	←资源网络	0.239	0.056	4.295	＊＊＊	
收入	←认同感	0.152	0.078	1.950	0.051	
收入	←互惠	0.169	0.067	2.522	0.012	
收入	←冲突处理	−0.135	0.075	−1.791	0.073	
收入	←关系满意度	0.089	0.055	1.624	0.104	
收入	←网络邻近性	0.132	0.068	1.957	0.050	
收入	←关系延续性	0.203	0.064	3.178	0.001	
收入	←网络密度	−0.181	0.076	−2.365	0.018	

　　＊＊＊ p＜0.001。

　　观察表 6.44,关系满意度维度在不经过关系延续性因子中介的情况下,在这里不能接受统计的显著性检验,是模型的异常因子,舍弃。而冲突处理维度对收入的影响中,关系延续性因子的中介在排除关系满意度的干扰后,p＝0.067＜0.10,具有统计显著性,可接受。重新检验,结果如下(表 6.45):

表 6.45　删除关系满意度维度后对关系延续性因子的中介作用再检验

		估计值	标准误	C. R.	P	标签
关系延续性	←网络密度	0.301	0.080	3.749	＊＊＊	
关系延续性	←网络邻近性	−0.134	0.072	−1.870	0.062	
关系延续性	←互惠	−0.130	0.070	−1.857	0.063	
关系延续性	←冲突处理	0.141	0.079	1.795	0.073	
关系延续性	←认同感	0.627	0.074	8.469	＊＊＊	
收入	←资源网络	0.236	0.058	4.107	＊＊＊	
收入	←认同感	0.159	0.078	2.030	0.042	

续　表

		估计值	标准误	C. R.	P	标签
收入	←互惠	0.165	0.067	2.474	0.013	
收入	←冲突处理	−0.152	0.074	−2.065	0.039	
收入	←关系延续性	0.202	0.064	3.162	0.002	
收入	←网络密度	−0.168	0.078	−2.163	0.031	
收入	←网络邻近性	0.134	0.068	1.972	0.049	

＊＊＊p＜0.001。

表 6.45 表明,关系延续性因子对网络密度、网络邻近性、互惠、冲突处理和认同感五个维度在社会资本影响农户收入过程中的中介作用具有统计的显著性。表 6.46 报告了关系延续性因子在社会资本影响农户收入过程中的中介作用模型的拟合情况。对模型的拟合各指标进行判断,可基本接受模型。

表 6.46　社会资本关系延续性因子对其他维度影响农户收入而中介作用拟合检验

χ^2	df	$\chi^2/$df	NFI	TLI	CFI	IFI	RMSEA
1301.590	571	2.279	0.902	0.906	0.917	0.928	0.043

由表 6.45 可知,余下的五个维度在社会资本对农户收入的影响作用中,关系延续性因子对它们具有中介作用。比较表 6.37 和表 6.45 可知,进入模型作为中介变量的五个因子其与关系延续性因子的路径系数都明显变大,中介作用显著。关系延续性因子在社会资本对农户收入影响过程中的作用机制见图 6.5。

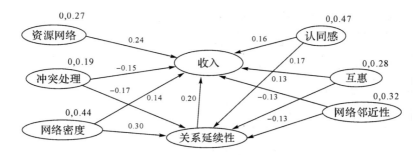

图 6.5　关系延续性因子在社会资本影响农户收入过程中的中介作用修正模型

由分析可知,假设 1.2 中,关系延续性因子对社会资本的五个维度有中介效应,假设部分得证。假设 1.2 的子假设中,假设 1.2f 检验不通过,假设

1.2a、假设 1.2b、假设 1.2c、假设 1.2d 和假设 1.2e 都通过了统计检验,假设得证明。

(3)综合考虑关系延续性和资源网络的中介作用问题

综合(1)和(2)的分析,关系延续性和资源网络两个因子在社会资本对农户收入的影响中都具有中介作用,而且,这种作用过程并不交叉。因此,假设这两个因子对社会资本的中介作用过程是彼此独立的,即:

假设 1.3　在社会资本对农户收入影响过程中,资源网络因子和关系延续性因子分别对社会资本不同维度具有中介作用,且同时起作用。

具体如下:

假设 1.3a:在社会资本对农户收入影响过程中,资源网络因子和关系延续性因子分别对社会资本不同维度同时具有中介作用,资源网络因子对关系满意度和收入的关系具有中介作用;

假设 1.3b:在社会资本对农户收入影响过程中,资源网络因子和关系延续性因子分别对社会资本不同维度同时具有中介作用,资源网络因子对认同感和收入的关系具有中介作用;

假设 1.3c:在社会资本对农户收入影响过程中,资源网络因子和关系延续性因子分别对社会资本不同维度同时具有中介作用,关系延续性因子对认同感和收入的关系具有中介作用;

假设 1.3d:在社会资本对农户收入影响过程中,资源网络因子和关系延续性因子分别对社会资本不同维度同时具有中介作用,关系延续性因子对互惠和收入的关系具有中介作用;

假设 1.3e:在社会资本对农户收入影响过程中,资源网络因子和关系延续性因子分别对社会资本不同维度同时具有中介作用,关系延续性因子对网络邻近性和收入的关系具有中介作用;

假设 1.3f:在社会资本对农户收入影响过程中,资源网络因子和关系延续性因子分别对社会资本不同维度同时具有中介作用,关系延续性因子对网络密度和收入的关系具有中介作用;

假设 1.3g:在社会资本对农户收入影响过程中,资源网络因子和关系延续性因子分别对社会资本不同维度同时具有中介作用,关系延续性因子对冲突处理和收入的关系具有中介作用。

综合考虑关系延续性因子和资源网络因子对社会资本影响农户收入的中介作用,其作用机制如图 6.6 所示。

由表 6.47,资源网络对关系满意度维度有完全的中介作用,而两个中介

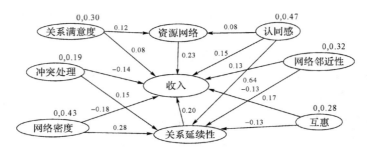

图 6.6　综合考虑关系延续性和资源网络因子对社会资本影响农户收入的中介作用拟合检验

因子对认同感维度则同时有部分中介的作用。关系延续性因子对网络密度、网络邻近性、冲突处理和互惠维度也有部分中介作用。表 6.48 报告了模型的拟合情况，根据各指标值，模型基本可接受。

表 6.47　综合考虑关系延续性和资源网络因子对社会资本影响农户收入的中介作用

		估计值	标准误	C.R.	P	标签
资源网络	←认同感	0.075	0.036	2.121	0.034	
资源网络	←关系满意度	0.117	0.046	2.538	0.011	
关系延续性	←网络密度	0.284	0.079	3.618	＊＊＊	
关系延续性	←网络邻近性	−0.130	0.071	−1.820	0.069	
关系延续性	←互惠	−0.132	0.071	−1.869	0.062	
关系延续性	←认同感	0.638	0.074	8.642	＊＊＊	
关系延续性	←冲突处理	0.147	0.079	1.854	0.064	
收入	←资源网络	0.233	0.056	4.130	＊＊＊	
收入	←认同感	0.149	0.077	1.926	0.054	
收入	←互惠	0.169	0.067	2.520	0.012	
收入	←冲突处理	−0.135	0.075	−1.793	0.073	
收入	←网络密度	−0.179	0.076	−2.362	0.018	
收入	←关系延续性	0.204	0.064	3.199	0.001	
收入	←网络邻近性	0.132	0.068	1.954	0.051	
收入	←关系满意度	0.085	0.055	1.528	0.126	

＊＊＊p＜0.001。

表 6.48　综合考虑资源网络和关系延续性因子对社会资本影响农户收入的中介作用拟合检验

χ^2	df	χ^2/df	NFI	TLI	CFI	IFI	RMSEA
2449.548	921	2.660	0.896	0.901	0.923	0.925	0.048

基于以上分析可知,假设1.3得证。假设1.3的各子假设命题也分别得证。其中,假设1.3a中,资源网络因子对关系满意度与收入关系有完全的中介作用,得证。其余各子命题,中介变量都只是部分中介作用,所以是部分证明。

6.3.2　农户社会资本、信息能力对农民家庭收入的影响机制实证分析

在考察了农户社会资本对农民收入影响的过程机制后,我们将引入一个新的变量——信息能力,分析社会资本和信息能力对农民收入的影响机制。根据访谈和文献,有:

假设2　农户社会资本和信息能力对农民收入有显著影响作用。

具体地:

假设2a:农户社会资本的资源网络维度和信息能力对农民收入有显著影响作用;

假设2b:农户社会资本的互惠维度和信息能力对农民收入有显著影响作用;

假设2c:农户社会资本的关系满意度维度和信息能力对农民收入有显著影响作用;

假设2d:农户社会资本的网络密度维度和信息能力对农民收入有显著影响作用;

假设2e:农户社会资本的预期功能性维度和信息能力对农民收入有显著影响作用;

假设2f:农户社会资本的关系延续性维度和信息能力对农民收入有显著影响作用;

假设2g:农户社会资本的冲突处理维度和信息能力对农民收入有显著影响作用;

假设2h:农户社会资本的认同感维度和信息能力对农民收入有显著影响作用;

假设2i:农户社会资本的信任维度和信息能力对农民收入有显著影响作用;

假设 2j:农户社会资本的网络邻近性维度和信息能力对农民收入有显著影响作用;

假设 2k:农户社会资本的网络同一性维度和信息能力对农民收入有显著影响作用;

假设 2l:农户社会资本的村社会资本维度和信息能力对农民收入有显著影响作用。

对假设 2,可用图 6.7 的模型直观地表达其作用机制。

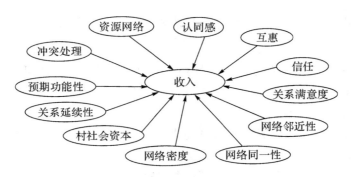

图 6.7　社会资本和信息能力对农民收入影响示意

6.3.2.1　农户社会资本和信息能力对农民家庭收入的全维度影响机制实证分析

将 13 个因素全部进入模型,用结构方程模型进行检验,结果如表 6.49 所示。

表 6.49　社会资本和信息能力与农户收入关系的全维度检验

		估计值	标准误	C. R.	P	标签
收入	←资源网络	0.241	0.068	3.554	***	
收入	←互惠	0.210	0.068	3.092	0.002	
收入	←冲突处理	−0.165	0.074	−2.220	0.026	
收入	←关系延续性	0.212	0.068	3.093	0.002	
收入	←信息能力	0.338	0.057	5.948	***	
收入	←信任	−0.005	0.028	−0.162	0.872	
收入	←关系满意度	0.132	0.056	2.356	0.018	
收入	←网络邻近性	0.121	0.087	1.384	0.166	

		估计值	标准误	C. R.	P	标签
收入	←预期功能性	−0.205	0.100	−2.043	0.041	
收入	←村社会资本	0.060	0.065	0.913	0.361	
收入	←网络同一性	−0.096	0.055	−1.732	0.083	
收入	←网络密度	−0.161	0.085	−1.889	0.059	
收入	←认同感	0.077	0.095	0.812	0.417	

* * * <0.001。

由表 6.49，社会资本的信任、网络邻近性、村社会资本和认同感维度在影响收入的结构方程模型分析中都不能通过统计检验，删除。而信息能力则通过了显著性检验，基本说明，假设信息能力和社会资本一起对农民的收入有影响是有道理的。在删除四个不能通过显著性检验的维度后，进一步检验的结果如表 6.50 所示。

表 6.50　社会资本、信息能力与农户收入关系的修正模型检验

		估计值	标准误	C. R.	P	标签
收入	←资源网络	0.224	0.065	3.447	* * *	
收入	←互惠	0.219	0.065	3.377	* * *	
收入	←冲突处理	−0.149	0.074	−2.023	0.043	
收入	←关系延续性	0.210	0.056	3.747	* * *	
收入	←信息能力	0.354	0.055	6.391	* * *	
收入	←关系满意度	0.135	0.056	2.412	0.016	
收入	←预期功能性	−0.136	0.081	−1.687	0.092	
收入	←网络密度	−0.113	0.065	−1.736	0.082	

* * * <0.001。

经过检验，在删除四个不通过显著性检验的维度后，进一步发现网络同一性维度也不能通过检验，所以，在表 6.50 中，只能报告 8 个维度的检验结果。修正后的模型拟合情况见表 6.51。从结果看，指标基本符合要求，故可接受模型。

表 6.51　社会资本、信息能力影响农户收入的模型拟合报告

χ^2	df	χ^2/df	NFI	TLI	CFI	IFI	RMSEA
1514.320	712	2.127	0.902	0.907	0.922	0.934	0.040

修正后,社会资本、信息能力对农民收入的影响如图 6.8 所示。

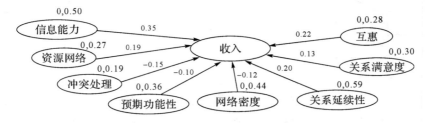

图 6.8　社会资本和信息能力对农民收入影响示意修正图

由以上分析,社会资本的七个维度和信息能力一起同时对农民的收入有影响。假设 2 部分得证;假设 2 的各子命题假设,假设 2a—2g 的七个子假设得证,假设 2h、2i、2j、2k 和 2l 检验不通过,命题未能证明。

6.3.2.2　信息能力在农户社会资本对农民家庭收入影响的中介效应分析

通过考察农户社会资本和信息能力对农民收入的影响,已经证明信息能力可以与社会资本一起对农民收入产生作用。由于社会资本各维度对农民收入的影响机制比较复杂,在引入信息能力因素后,信息能力将如何影响社会资本对农民收入的作用过程呢? 在社会资本影响农民收入的过程中,其内部各维度的关系是否会受到信息能力介入的影响呢?

假设 3　在农户社会资本对农民收入的影响过程中,信息能力是社会资本与收入关系的中介变量。

为更深入地弄清楚社会资本各维度对收入影响过程中信息能力的中介作用,首先我们将分析信息能力与社会资本各维度的相关性问题。利用结构方程模型,可对信息能力与各维度进行协方差分析。

表 6.52　信息能力与社会资本各维度的协方差分析

信息能力	⟷	资源网络	0.077	0.018	4.221	* * *	标签
信息能力	⟷	互惠	0.061	0.019	3.273	0.001	
信息能力	⟷	关系满意度	0.017	0.019	0.923	0.356	
信息能力	⟷	关系延续性	0.199	0.029	6.852	* * *	

信息能力	←→	网络密度	0.119	0.025	4.818	＊＊＊	
信息能力	←→	冲突处理	0.054	0.016	3.408	＊＊＊	
信息能力	←→	预期功能性	0.223	0.027	8.349	＊＊＊	

＊＊＊＜0.001。

由表 6.52 可知,信息能力与社会资本的各维度之间,关系满意度与信息能力的协方差不能通过统计的显著性检验,舍弃;舍弃关系满意度维度后重新检验,协方差分析的结果见表 6.53。由表可知,6 个维度都与信息能力之间存在显著的相关性。从而,具体地,由上一节研究,在社会资本的各个维度影响农户收入的过程中,可假设信息能力对其作用过程具有中介作用。也即:

表 6.53　修正后信息能力与社会资本各维度的协方差分析

信息能力	←→	资源网络	0.082	0.018	4.673	＊＊＊	标签
信息能力	←→	互惠	0.056	0.018	3.070	0.002	
信息能力	←→	关系延续性	0.205	0.029	7.099	＊＊＊	
信息能力	←→	冲突处理	0.055	0.016	3.491	＊＊＊	
信息能力	←→	网络密度	0.123	0.024	5.029	＊＊＊	
信息能力	←→	预期功能性	0.225	0.027	8.473	＊＊＊	

＊＊＊＜0.001。

假设 3a:在农户社会资本对农民收入的影响过程中,信息能力是社会资本互惠维度与收入关系的中介变量;

假设 3b:在农户社会资本对农民收入的影响过程中,信息能力是社会资本关系延续性维度与收入关系的中介变量;

假设 3c:在农户社会资本对农民收入的影响过程中,信息能力是社会资本网络密度维度与收入关系的中介变量;

假设 3d:在农户社会资本对农民收入的影响过程中,信息能力是社会资本资源网络维度与收入关系的中介变量;

假设 3e:在农户社会资本对农民收入的影响过程中,信息能力是社会资本冲突处理维度与收入关系的中介变量;

假设 3f:在农户社会资本对农民收入的影响过程中,信息能力是社会资本预期功能性维度与收入关系的中介变量。

对信息能力在社会资本影响农民收入关系中的中介作用,可由图 6.9 直观表达。

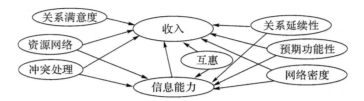

图 6.9 信息能力是社会资本和农民收入关系的中介变量

应用结构方程模型,检验结果见表 6.54。

表 6.54 社会资本对农户收入影响中信息能力的中介效应

		估计值	标准误	C.R.	P	标签
信息能力	←资源网络	0.076	0.068	1.121	0.262	
信息能力	←冲突处理	0.094	0.078	1.202	0.229	
信息能力	←互惠	0.004	0.067	0.066	0.947	
信息能力	←预期功能性	0.519	0.085	6.107	***	
信息能力	←网络密度	0.017	0.067	0.251	0.802	
信息能力	←关系延续性	0.130	0.059	2.220	0.026	
收入	←资源网络	0.225	0.065	3.467	***	
收入	←互惠	0.218	0.065	3.368	***	
收入	←冲突处理	−0.148	0.075	−1.979	0.048	
收入	←关系延续性	0.210	0.056	3.739	***	
收入	←信息能力	0.351	0.055	6.379	***	
收入	←关系满意度	0.123	0.056	2.193	0.028	
收入	←预期功能性	−0.134	0.080	−1.670	0.095	
收入	←网络密度	−0.111	0.065	−1.710	0.087	

$***<0.001$。

由表 6.54 可知,信息能力对社会资本的互惠、冲突处理、网络密度和资源网络等四个维度在影响农户收入的过程中不具有中介作用。删除四个维度后,重新检验的结果见表 6.55。

表 6.55　修正后信息能力对社会资本影响农户收入的中介效应

		估计值	标准误	C. R.	P	标签
信息能力	←预期功能性	0.574	0.075	7.694	＊＊＊	
信息能力	←关系延续性	0.137	0.048	2.850	0.004	
收入	←资源网络	0.212	0.065	3.550	＊＊＊	
收入	←互惠	0.218	0.064	3.386	＊＊＊	
收入	←冲突处理	−0.140	0.074	−1.888	0.059	
收入	←关系延续性	0.209	0.056	3.732	＊＊＊	
收入	←信息能力	0.350	0.055	6.379	＊＊＊	
收入	←关系满意度	0.123	0.056	2.191	0.028	
收入	←预期功能性	−0.130	0.082	−1.693	0.091	
收入	←网络密度	−0.110	0.065	−1.692	0.091	

＊＊＊＜0.001。

表 6.56 对模型拟合情况的报告说明，模型的各拟合指标基本符合要求，可接受。比较表 6.50 和表 6.55，收入对预期功能性维度（−0.136→−0.130）、关系延续性维度（0.210→0.209）和信息能力（0.354→0.350）分别回归的路径系数都显著减少，并具有统计的显著性。信息能力对预期功能性和关系延续性分别回归的路径分析也有统计的显著性，根据中介变量的判别标准，信息能力对预期功能性维度和关系延续性维度都具有部分中介作用。假设 3 部分得以证明，假设 3 子命题中，假设 3b 和假设 3f 有部分中介，部分证明，其余各维度不具有统计显著性，检验不通过。

表 6.56　信息能力对社会资本影响农户收入的中介作用模型拟合报告

χ^2	df	χ^2 / df	NFI	TLI	CFI	IFI	RMSEA
1517.459	716	2.119	0.902	0.908	0.922	0.931	0.040

图 6.10 是在考虑信息能力中介作用时，社会资本对农户收入的作用机制修正模型。

6.3.2.3　信息能力和资源网络对农户社会资本影响其收入的中介效应分析

在农民的"生活世界"，其交往网络同时也构成了其摄取资源的可能途径，因此，资源网络维度是农民社会资本中非常重要的方面。在农户社会资

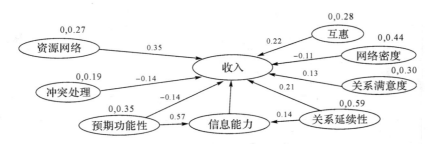

图 6.10　考虑信息能力在社会资本影响农户收入作用时的中介作用修正模型

本对农民收入的影响中,在不考虑信息能力的情况下,资源网络对社会资本的一些维度在影响农民收入的过程中有中介作用。基于这一认识,在社会资本影响农民收入的过程中,在引入信息能力后,资源网络会不会仍然对社会资本的某些维度起中介作用呢?

　　假设 4　资源网络和信息能力在社会资本影响农民收入的过程中同时具有中介作用。

　　在引入信息能力因子的情况下,首先需要考察资源网络与其他维度的相关性问题。上一节已经证明,信息能力与资源网络是相关的,但资源网络对农户收入的影响不接受信息能力的中介。这里,进一步检验在引入信息能力的情况下,资源网络与其他社会资本维度之间的相关性问题,表 6.57 是应用结构方程作的协方差分析,基于协方差结果可判断相关性。

表 6.57　资源网络与社会资本其他维度的协方差分析

		估计值	标准误	C.R.	P	标签
冲突处理 ⟷ 资源网络		−0.005	0.011	−0.429	0.668	
资源网络 ⟷ 预期功能性		0.115	0.018	6.419	***	
资源网络 ⟷ 网络密度		−0.024	0.017	−1.444	0.149	
资源网络 ⟷ 互惠		0.020	0.013	1.495	0.135	
关系满意度 ⟷ 资源网络		0.040	0.014	2.873	0.004	
资源网络 ⟷ 关系延续性		−0.022	0.019	−1.144	0.253	
信息能力 ⟷ 资源网络		0.077	0.018	4.221	***	

　　***<0.001。

由表6.57可知,在引入信息能力因子后,资源网络与社会资本的预期功能性、关系满意度维度相关[①]。根据研究设计,假设预期性社会资本维度对资源网络维度有中介效应,不接受资源网络对预期功能性维度的中介,从而,具体地,有:

假设4a:资源网络和信息能力在社会资本影响农民收入的过程中同时具有中介作用,在信息能力对预期功能性和关系延续性维度具有中介作用的同时,资源网络因子对关系满意度维度影响农民收入的作用有中介作用。

假设4的思想可用图6.11直观地做示意表达。

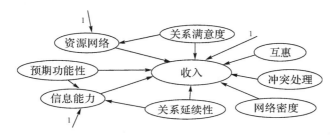

图6.11 资源网络和信息能力对社会资本影响农民收入的作用过程同时有中介作用

表6.58 信息能力、资源网络对社会资本影响农户收入的中介作用模型拟合报告

χ^2	df	χ^2/df	NFI	TLI	CFI	IFI	RMSEA
1597.632	717	2.228	0.898	0.900	0.913	0.928	0.042

利用结构方程模型,对假设4进行了检验。表6.58报告了模型的拟合情况,从各拟合指标值看,模型基本可接受。具体参数结果如表6.59所示。根据表6.59报告的结果,信息能力和资源网络同时起中介作用时,各作用过程有统计的显著性,可接受。比较表6.50和表6.59,资源网络对关系满意度维度的回归和收入对关系满意度维度的回归都具有显著性,资源网络因子对收入的回归也有统计显著性,且关系满意度的回归系数显著下降(由.135降为.127),故中介效应显著,为部分中介;信息能力对关系延续性维度的部分中介效应也很明显(由0.210降为0.201)。信息能力对预期功能性影响收入过程的中介效应也是部分中介(由0.136降为0.103)。

---

① 这里应该注意,引入信息能力是为检验其对社会资本影响农民收入有中介作用,故切不可反过来让社会资本作为其对收入影响的中介变量。同理,我们也假设资源网络通过预期性社会资本而对收入产生影响,而非相反,因此,不能假设预期性社会资本通过资源网络的中介而影响收入。

表 6.59　资源网络和信息能力在社会资本影响农民收入的过程中同时起中介作用

		估计值	标准误	C. R.	P	标签
信息能力	←预期功能性	0.553	0.073	7.568	***	
信息能力	←关系延续性	0.141	0.048	2.913	0.004	
资源网络	←关系满意度	0.145	0.046	3.133	0.002	
收入	←关系满意度	0.127	0.056	2.257	0.024	
收入	←预期功能性	−0.103	0.070	−1.482	0.138	
收入	←关系延续性	0.201	0.055	3.677	***	
收入	←网络密度	−0.112	0.064	−1.749	0.080	
收入	←资源网络	0.200	0.054	3.665	***	
收入	←冲突处理	−0.143	0.073	−1.955	0.051	
收入	←信息能力	0.346	0.054	6.356	***	
收入	←互惠	0.216	0.065	3.343	***	

$*** < 0.001$。

图 6.12 是对这一作用过程结果的展示。

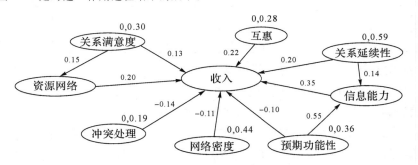

图 6.12　资源网络和信息能力同时对社会资本影响农民收入的作用过程有中介作用检验

根据以上分析,假设 4 部分得证,其子假设命题假设 4a 部分得证。

6.4　预期性社会资本对信息能力在社会资本影响收入时的中介作用之中介作用分析

在研究设计中,已经假设预期性社会资本维度可对社会资本的其他维度在影响收入过程中起中介作用,同时,还对信息能力的中介作用有中介效应。研究已经发现,在农户资源摄取中,预期性社会资本可起部分中介作用;在社会资本影响农户收入的作用过程中,预期性社会资本中,关系延续性因子也具有部分中介效应。基于此,必须延伸检验预期性社会资本维度在信息能力对社会资本影响收入的中介作用中的中介作用问题。

对预期性社会资本的中介作用,图 6.13 示意图直观地给出了构思的影响路径,预期性社会资本包含预期功能性社会资本和关系延续性社会资本两个维度。本研究将分别讨论预期性社会资本的两个维度预期功能性和关系延续性维度在这一过程中的中介效应问题。

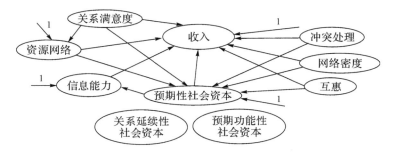

图 6.13 预期性社会资本、信息能力和资源网络对社会资本影响农户收入中介作用模型

6.4.1 预期功能性社会资本维度在信息能力中介下的社会资本影响收入过程中的中介作用检验

按照研究设计的构思,预期功能性社会资本维度对社会资本影响收入的过程的中介作用应该是对信息能力的中介作用的中介。也即,由社会资本→预期功能性因子→信息能力→收入。构思示意如图 6.14 所示。

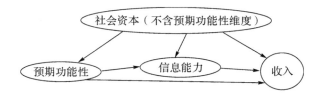

图 6.14 社会资本经过预期功能性因子和信息能力因子的中介而影响农户收入示意图

由研究设计和本研究构思,有:

假设 5 社会资本影响农户收入的过程中,预期功能性社会资本维度会

对信息能力因子的中介作用发生中介。也即,其作用过程为:社会资本→预期功能性因子→信息能力→收入。

根据中介效应检验的判别程序(温忠麟等,2007),首先必须对预期功能性与其他因子间的相关性进行分析。

表 6.60　预期功能性维度与社会资本其他维度和信息能力的协方差分析

			估计值	标准误	C.R.	P	标签
预期功能性	←→	网络密度	0.129	0.022	5.797	***	
冲突处理	←→	预期功能性	0.042	0.014	3.073	0.002	
预期功能性	←→	互惠	0.080	0.017	4.702	***	
关系满意度	←→	预期功能性	0.052	0.017	3.118	0.002	
信息能力	←→	预期功能性	0.223	0.027	8.349	***	
资源网络	←→	预期功能性	0.115	0.018	6.419	***	
关系延续性	←→	预期功能性	0.211	0.027	7.932	***	

*** p<0.001。

由表 6.60 可知,预期功能性与其他因子都有统计的相关性,可作进一步分析检验。因此,对假设 5,进一步地,具体有:

假设 5a:社会资本影响农户收入的过程中,预期功能性社会资本维度会对信息能力因子的中介作用发生中介。具体作用过程为:互惠维度社会资本→预期功能性因子→信息能力→收入。

假设 5b:社会资本影响农户收入的过程中,预期功能性社会资本维度会对信息能力因子的中介作用发生中介。具体作用过程为:网络密度维度社会资本→预期功能性因子→信息能力→收入。

假设 5c:社会资本影响农户收入的过程中,预期功能性社会资本维度会对信息能力因子的中介作用发生中介。具体作用过程为:关系延续性维度社会资本→预期功能性因子→信息能力→收入。

假设 5d:社会资本影响农户收入的过程中,预期功能性社会资本维度会对信息能力因子的中介作用发生中介。具体作用过程为:资源网络维度社会资本→预期功能性因子→信息能力→收入。

假设 5e:社会资本影响农户收入的过程中,预期功能性社会资本维度会对信息能力因子的中介作用发生中介。具体作用过程为:冲突处理维度社会资本→预期功能性因子→信息能力→收入。

假设 5f:社会资本影响农户收入的过程中,预期功能性社会资本维度会对信息能力因子的中介作用发生中介。具体作用过程为:关系满意度维度社会资本→预期功能性因子→信息能力收入。

假设 5 及其子假设可以用图 6.15 直观地表示出其路径机制。

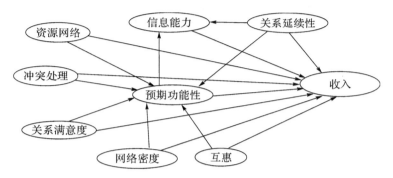

图 6.15　预期功能性对信息能力中介下的社会资本影响农户收入之中介的路径

利用结构方程模型,表 6.61 给出了模型的路径分析结果。由表可知,社会资本的冲突处理、网络密度和关系满意度三个维度不能通过预期功能性对其回归的显著性检验,因此也就与预期功能性因子不相关,说明它们不接受预期功能性因素的中介。

表 6.61　预期功能性对信息能力中介下的社会资本影响农户收入之中介的检验

		估计值	标准误	C. R.	P	标签
预期功能性	←冲突处理	0.022	0.066	0.335	0.738	
预期功能性	←网络密度	0.074	0.058	1.283	0.199	
预期功能性	←关系延续性	0.308	0.047	6.599	***	
预期功能性	←关系满意度	0.071	0.050	1.440	0.150	
预期功能性	←互惠	0.119	0.056	2.116	0.034	
预期功能性	←资源网络	0.437	0.058	7.490	***	
信息能力	←预期功能性	0.574	0.075	7.694	***	
信息能力	←关系延续性	0.137	0.048	2.850	0.004	
收入	←资源网络	0.232	0.065	3.550	***	
收入	←互惠	0.218	0.064	3.386	***	
收入	←信息能力	0.350	0.055	6.379	***	

续　表

		估计值	标准误	C.R.	P	标签
收入	←关系满意度	0.123	0.056	2.191	0.028	
收入	←冲突处理	−0.140	0.074	−1.888	0.059	
收入	←预期功能性	−0.139	0.082	−1.693	0.091	
收入	←网络密度	−0.110	0.065	−1.692	0.091	
收入	←关系延续性	0.209	0.056	3.732	＊＊＊	

＊＊＊ p＜0.001。

　　表 6.62 是在解除三个不能接受中介的维度后重新检验的结果，证明预期功能性和信息能力同时可以起到中介作用。图 6.16 直观表示出了这个作用的大小。

表 6.62　修正后预期功能性对信息能力中介下的社会资本影响农户收入之中介的检验

		估计值	标准误	C.R.	P	标签
预期功能性	←关系延续性	0.349	0.040	8.793	＊＊＊	
预期功能性	←互惠	0.151	0.052	2.919	0.004	
预期功能性	←资源网络	0.445	0.058	7.658	＊＊＊	
信息能力	←预期功能性	0.574	0.075	7.626	＊＊＊	
信息能力	←关系延续性	0.137	0.048	2.836	0.005	
收入	←资源网络	0.204	0.066	3.577	＊＊＊	

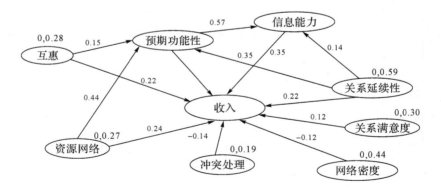

图 6.16　修正后预期功能性对信息能力中介下的社会资本影响农户收入之中介的路径

续　表

		估计值	标准误	C. R.	P	标签
收入	←互惠	0.202	0.065	3.407	＊＊＊	
收入	←信息能力	0.350	0.055	6.380	＊＊＊	
收入	←关系满意度	0.117	0.056	2.110	0.035	
收入	←冲突处理	−0.142	0.074	−1.919	0.055	
收入	←预期功能性	−0.147	0.083	−1.781	0.075	
收入	←网络密度	−0.116	0.065	−1.778	0.075	
收入	←关系延续性	0.206	0.059	3.691	＊＊＊	

＊＊＊ $p < 0.001$。

比较表 6.50、表 6.55 和表 6.62，在信息能力对社会资本影响收入的中介中，预期功能性对这一中介过程的中介作用，有资源网络、互惠和关系延续性三个维度接受其中介，其中，资源网络（0.224→0.212→0.204），互惠（0.219→0.218→0.202），关系延续性（0.210→0.209→0.206），都是逐渐下降的，是部分中介的作用。假设 5a、5c 和 5d 得证，而假设 5b、5e 和 5f 则被否定。

表 6.63　预期功能性社会资本对信息能力中介下的社会资本影响收入过程之中介效应

χ^2	df	χ^2/ df	NFI	TLI	CFI	IFI	RMSEA
1665.932	722	2.307	0.901	0.911	0.921	0.935	0.038

表 6.63 报告了预期功能性社会资本在信息能力对社会资本影响农户收入的过程发生中介时，对其中介作用的中介影响的拟合情况，由结果看，拟合状况还是不错的，模型可接受。

6.4.2　关系延续性社会资本维度在信息能力中介下的社会资本影响收入过程中的中介作用检验

在预期性社会资本维度介入社会资本影响农户收入的过程后，由社会资本、信息能力发生的影响农户收入的过程机制变得非常复杂。在本节，将对预期性社会资本的另一个维度关系延续性因子对社会资本影响农户收入的过程在信息能力中介后可能发生的中介效应作深入地进一步分析。

由研究设计和本研究构思，有：

假设 6　社会资本影响农户收入的过程中，关系延续性社会资本维度会对信息能力因子的中介作用发生中介。也即,其作用过程为:社会资本→关系延续性因子→信息能力→收入。

首先,必须检验关系延续性因子与社会资本其他维度和信息能力的相关性。表 6.64 即为关系延续性维度与社会资本其他维度和信息能力协方差检验的结果。由表观察可知,关系延续性因子与资源网络维度和关系满意度维度之间不存在相关性,不进入关系延续性因素的中介作用检验。

表 6.64 关系延续性维度与社会资本其他维度和信息能力的协方差分析

		估计值	标准误	C.R.	P	标签
信息能力	←→关系延续性	0.199	0.029	6.852	***	
资源网络	←→关系延续性	−0.022	0.019	−1.144	0.253	
关系延续性	←→互惠	0.093	0.021	4.421	***	
关系满意度	←→关系延续性	0.026	0.021	1.234	0.217	
关系延续性	←→网络密度	0.273	0.031	8.738	***	
关系延续性	←→预期功能性	0.211	0.027	7.932	***	
冲突处理	←→关系延续性	0.104	0.019	5.471	***	

*** $p<0.001$。

对社会资本其余维度,在它们影响农户收入并接受信息能力的中介中,进一步假设这一中介作用过程可接受关系延续性因子的中介,具体有:

假设 6a:社会资本影响农户收入的过程中,关系延续性社会资本维度会对信息能力因子的中介作用发生中介。具体作用过程为:预期功能性维度社会资本→关系延续性因子→信息能力→收入。

假设 6b:社会资本影响农户收入的过程中,关系延续性社会资本维度会对信息能力因子的中介作用发生中介。具体作用过程为:网络密度维度社会资本→关系延续性因子→信息能力→收入。

假设 6c:社会资本影响农户收入的过程中,关系延续性社会资本维度会对信息能力因子的中介作用发生中介。具体作用过程为:冲突处理维度社会资本→关系延续性因子→信息能力→收入。

假设 6d:社会资本影响农户收入的过程中,关系延续性社会资本维度会对信息能力因子的中介作用发生中介。具体作用过程为:互惠维度社会资本→关系延续性因子→信息能力→收入。

图 6.17 对这一机制作了形象的路径描述。

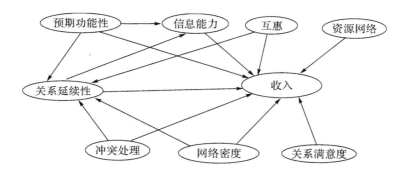

图 6.17　关系延续性对信息能力中介下的社会资本影响农户收入之中介的路径

表 6.65 分析了关系延续性因子对信息能力在社会资本影响农户收入生产过程时发生中介作用后的中介作用之中介效应。结果显示,关系延续性因子对互惠维度影响农户收入的过程不具有中介作用,不能通过统计的显著性检验,故舍弃,假设 6d 不成立。修正后的结果见表 6.66,说明,在信息能力对关系延续性和预期功能性影响农户收入的过程发生中介时,网络密度、预期功能性和冲突处理接受关系延续性的中介影响。比较表 6.50、表 6.55 和表 6.66 可知,在收入对预期功能性的回归中,由直接作用于收入时到经由信息能力中介后作用于收入都是有显著性的,而在经由关系延续性对信息能力中介作用的中介后,收入对预期功能性的回归已不存在显著性,是完全的中介,假设 6a 得证,是完全中介;而收入对冲突处理和网络密度两个维度的回归则表明,冲突处理(0.149→0.140→0.135)是逐渐下降,属部分中介;网络密度(0.113→0.111→0.109),也是部分中介,6b 和 6c 部分得证,假设 6 也部分得证明。

表 6.65　关系延续性因子对信息能力在社会资本影响农户收入发生
中介作用后的中介作用之中介效应

		估计值	标准误	C.R.	P	标签
关系延续性	←网络密度	0.468	0.066	7.117	＊＊＊	
关系延续性	←预期功能性	0.424	0.060	7.114	＊＊＊	
关系延续性	←冲突处理	0.242	0.084	2.891	0.004	
关系延续性	←互惠	−0.027	0.071	−0.388	0.698	
信息能力	←关系延续性	0.167	0.046	3.623	＊＊＊	
信息能力	←预期功能性	0.529	0.067	7.853	＊＊＊	

续　表

		估计值	标准误	C. R.	P	标签
收入	←资源网络	0.205	0.054	3.787	***	
收入	←互惠	0.212	0.064	3.339	***	
收入	←冲突处理	−0.145	0.073	−1.983	0.047	
收入	←关系延续性	0.195	0.055	3.571	***	
收入	←信息能力	0.345	0.054	6.350	***	
收入	←关系满意度	0.119	0.054	2.220	0.026	
收入	←预期功能性	−0.096	0.064	−1.513	0.130	
收入	←网络密度	−0.111	0.062	−1.782	0.075	

*** $p<0.001$。

表 6.66　修正后关系延续性因子在信息能力对社会资本影响农户收入
发生中介作用后的中介效应

		估计值	标准误	C. R.	P	标签
关系延续性	←网络密度	0.457	0.060	7.684	***	
关系延续性	←预期功能性	0.422	0.060	7.084	***	
关系延续性	←冲突处理	0.243	0.084	2.895	0.004	
信息能力	←关系延续性	0.167	0.046	3.632	***	
信息能力	←预期功能性	0.528	0.067	7.856	***	
收入	←资源网络	0.205	0.054	3.788	***	
收入	←互惠	0.210	0.063	3.330	***	
收入	←冲突处理	−0.145	0.073	−1.979	0.048	
收入	←关系延续性	0.194	0.054	3.567	***	
收入	←信息能力	0.345	0.054	6.349	***	
收入	←关系满意度	0.119	0.054	2.220	0.026	
收入	←预期功能性	−0.096	0.063	−1.504	0.032	
收入	←网络密度	−0.109	0.061	−1.775	0.076	

*** $p<0.001$。

表 6.67 报告了关系延续性因子在信息能力对社会资本影响农户收入

过程发生中介作用时的中介效应,从结果看,模型拟合还是可满意的,模型可接受。图 6.18 是这一作用机制的直观表示。

表 6.67　关系延续性社会资本对信息能力中介下的社会资本影响收入之中介作用拟合

χ^2	df	$\chi^2/$ df	NFI	TLI	CFI	IFI	RMSEA
1665.932	722	2.307	0.906	0.915	0.922	0.933	0.046

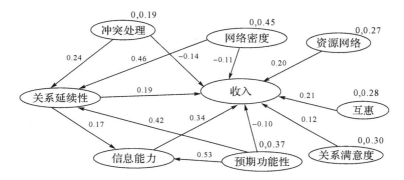

图 6.18　修正后关系延续性对信息能力中介下的社会资本影响农户收入之中介的路径

6.5　综合考虑信息能力、资源网络和预期性社会资本等中介作用下的社会资本影响农户收入的作用机制

本小节将进一步讨论综合考虑信息能力、资源网络和预期性社会资本等在社会资本影响农户收入过程中的中介作用同时发生的问题。为此,本节有假设:

假设 7　社会资本影响农户收入的过程中,预期性社会资本维度会对信息能力因子的中介作用发生中介,而资源网络维度也会在这个过程中对部分社会资本的维度同时发生中介作用。

同样地,由于预期性社会资本涵盖有关系延续性和预期功能性两个维度,下面将分别对这两个维度的作用进行具体讨论。

6.5.1　综合考虑信息能力、资源网络和关系延续性社会资本等中介作用下的社会资本影响农户收入的作用机制

对关系延续性维度的中介作用,我们有假设:

假设 7.1　社会资本影响农户收入的过程中,关系延续性社会资本维度会对信息能力在社会资本影响农户收入发生中介作用时进一步发挥中介作用,而

资源网络维度也会在这个过程中对部分社会资本的维度同时发生中介作用。

具体地，由上一节的讨论，社会资本的预期功能性、网络密度和冲突处理维度的社会资本会接受关系延续性社会资本维度对信息能力中介作用的中介，故：

假设 7.1a 社会资本影响农户收入的过程中，关系延续性社会资本维度会对信息能力因子的中介作用发生中介，而资源网络维度也会在这个过程中对部分社会资本的维度同时发生中介作用。即预期功能性维度社会资本→关系延续性因子→信息能力→收入与社会资本部分维度→资源网络→收入可同时发生。

假设 7.1b 社会资本影响农户收入的过程中，关系延续性社会资本维度会对信息能力因子的中介作用发生中介，而资源网络维度也会在这个过程中对部分社会资本的维度同时发生中介作用。即网络密度维度社会资本→关系延续性因子→信息能力→收入与社会资本部分维度→资源网络→收入可同时发生。

假设 7.1c 社会资本影响农户收入的过程中，关系延续性社会资本维度会对信息能力因子的中介作用发生中介，而资源网络维度也会在这个过程中对部分社会资本的维度同时发生中介作用。即冲突处理维度社会资本→关系延续性因子→信息能力→收入与社会资本部分维度→资源网络→收入可同时发生。

假设 7.1 可用图 6.19 直观表示其路径机制：

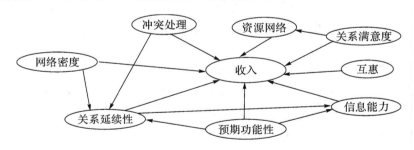

图 6.19　假设 7 的路径示意图

表 6.68 是在综合考虑信息能力、资源网络和关系延续性社会资本维度的中介作用时的检验结果。由表 6.68 可知，冲突处理不接受资源网络的中介。

表 6.68 信息能力、资源网络和关系延续性社会资本对社会资本
影响收入中介效应分析

		估计值	标准误	C. R.	P	标签
关系延续性	←网络密度	0.457	0.059	7.821	***	
关系延续性	←预期功能性	0.422	0.060	7.154	***	
关系延续性	←冲突处理	0.239	0.083	2.861	0.004	
资源网络	←关系满意度	0.162	0.046	3.358	***	
信息能力	←关系延续性	0.166	0.046	3.615	***	
信息能力	←预期功能性	0.528	0.067	7.853	***	
收入	←资源网络	0.190	0.054	3.427	***	
收入	←互惠	0.208	0.063	3.257	***	
收入	←关系延续性	0.194	0.054	3.566	***	
收入	←信息能力	0.345	0.054	6.355	***	
收入	←关系满意度	0.115	0.055	2.109	0.034	
收入	←预期功能性	−0.096	0.063	−1.509	0.131	
收入	←网络密度	−0.108	0.063	−1.725	0.077	
收入	←冲突处理	−0.145	0.073	−1.997	0.046	

*** $p<0.001$

在舍弃冲突处理维度后,对修正的模型重新检验,结果如表 6.69 所示。从表 6.69 可知,预期功能性维度接受关系延续性的完全中介,网络密度和冲突处理接受关系延续性的部分中介。关系满意度、网络密度和互惠接受资源网络维度的部分中介。信息能力对预期功能性完全中介,对关系延续性维度有部分中介作用。假设 7 部分得证,7.1a 完全证明,7.1b 和 7.1c 部分得证明。

表 6.69 信息能力、资源网络和关系延续性社会资本对社会资本影响
收入中介效应分析修正

		估计值	标准误	C. R.	P	标签
关系延续性	←网络密度	0.469	0.060	7.812	***	
关系延续性	←预期功能性	0.426	0.060	7.154	***	
关系延续性	←冲突处理	0.241	0.083	2.889	0.004	

续　表

		估计值	标准误	C. R.	P	标签
资源网络	←关系满意度	0.158	0.048	3.306	***	
信息能力	←关系延续性	0.167	0.046	3.615	***	
信息能力	←预期功能性	0.529	0.067	7.853	***	
资源网络	←网络密度	−0.130	0.044	−2.950	0.003	
资源网络	←互惠	0.133	0.055	2.444	0.015	
收入	←资源网络	0.190	0.055	3.428	***	
收入	←互惠	0.208	0.064	3.259	0.001	
收入	←关系延续性	0.195	0.055	3.567	***	
收入	←信息能力	0.345	0.054	6.355	***	
收入	←关系满意度	0.116	0.055	2.113	0.035	
收入	←预期功能性	−0.096	0.064	−1.509	0.031	
收入	←网络密度	−0.109	0.063	−1.731	0.084	
收入	←冲突处理	−0.146	0.073	−1.996	0.046	

表 6.70 是对模型拟合情况的报告,由表 6.70,模型拟合的各拟合指标值基本符合要求,模型可接受。

表 6.70　信息能力、资源网络和关系延续性社会资本对社会资本影响收入中介效应修正模型拟合报告

χ^2	df	χ^2 / df	NFI	TLI	CFI	IFI	RMSEA
1665.932	722	2.307	0.896	0.909	0.925	0.932	0.043

信息能力、资源网络和关系延续性社会资本对社会资本影响收入中介效应过程机制如图 6.20 所示。

6.5.2　综合考虑信息能力、资源网络和预期功能性社会资本等中介作用下的社会资本影响农户收入的作用机制

对预期功能性维度的中介作用,我们有假设:

假设 7.2 社会资本影响农户收入的过程中,预期功能性社会资本维度会对信息能力在社会资本影响农户收入发生中介作用时进一步发挥中介作用,而资源网络维度也会在这个过程中对部分社会资本的维度同时发生中介作用。

具体地,由上一节的讨论,社会资本的预期功能性、网络密度和冲突处

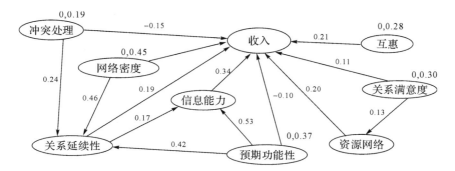

图 6.20　信息能力、资源网络和关系延续性社会资本对社会资本影响收入中
介效应过程机制的修正模型

理维度的社会资本会接受关系延续性社会资本维度对信息能力中介作用的
中介,故:

假设 7.2a 社会资本影响农户收入的过程中,关系延续性社会资本维度
会对信息能力因子的中介作用发生中介,而资源网络维度也会在这个过程
中对部分社会资本的维度同时发生中介作用。即关系延续性维度社会资本
→预期功能性因子→信息能力→收入与社会资本部分维度→资源网络→收
入可同时发生。

假设 7.2b 社会资本影响农户收入的过程中,关系延续性社会资本维度
会对信息能力因子的中介作用发生中介,而资源网络维度也会在这个过程
中对部分社会资本的维度同时发生中介作用。即资源网络维度社会资本→
预期功能性因子→信息能力→收入与社会资本部分维度→资源网络→收入
可同时发生。

假设 7.2c 社会资本影响农户收入的过程中,关系延续性社会资本维度
会对信息能力因子的中介作用发生中介,而资源网络维度也会在这个过程
中对部分社会资本的维度同时发生中介作用。即互惠维度→社会资本预期
功能性因子→信息能力→收入与社会资本部分维度→资源网络→收入可同
时发生。

假设 7.2 可用图 6.21 直观表示其路径机制:

表 6.71 是资源网络、信息能力和预期功能性在社会资本影响农户收入
时发挥中介作用的实证研究检验结果。由表 6.69,比较表 6.50、表 6.55 和
表 6.62,可知,关系满意度维度(0.135→0.123→0.117→0.115),关系延续
性(0.210→0.209→0.206→0.187),资源网络(0.224→0.212→0.206→0.

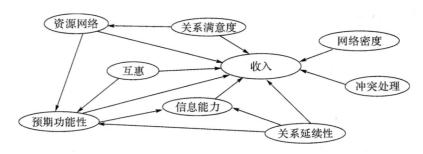

图 6.21　假设 7.2 的路径机制示意图

192),互惠(0.219→0.218→0.202→0.185),都在逐渐下降,是部分接受预期功能性的中介,假设 7.2a、7.2b 和 7.2c 部分得证,假设 7.2 部分得证。表 6.72 对模型拟合的结果也说明,拟合效果良好,模型是可接受的。

表 6.71　信息能力、资源网络和预期功能性社会资本对社会资本影响
收入中介效应分析

		估计值	标准误	C. R.	P	标签
资源网络	←关系满意度	0.130	0.046	2.823	0.003	
预期功能性	←关系延续性	0.307	0.038	7.993	***	
预期功能性	←互惠	0.124	0.056	2.223	***	
预期功能性	←资源网络	0.434	0.058	7.436	***	
信息能力	←关系延续性	0.129	0.047	2.776	0.005	
信息能力	←预期功能性	0.581	0.074	7.879	***	
收入	←资源网络	0.192	0.065	3.583	***	
收入	←互惠	0.185	0.064	3.417	***	
收入	←关系延续性	0.182	0.046	3.939	***	
收入	←信息能力	0.351	0.055	6.380	***	
收入	←关系满意度	0.115	0.055	2.181	0.029	
收入	←网络密度	−0.066	0.054	−1.226	0.020	
收入	←冲突处理	−0.124	0.072	−1.728	0.076	
收入	←预期功能性	−0.139	0.083	−1.679	0.071	

＊＊＊ p＜0.001

表 6.72　信息能力、资源网络和预期功能性社会资本对社会资本影响收入
中介效应模型拟合报告

χ^2	df	$\chi^2/$ df	NFI	TLI	CFI	IFI	RMSEA
1524.712	719	2.307	0.915	0.918	0.927	0.943	0.040

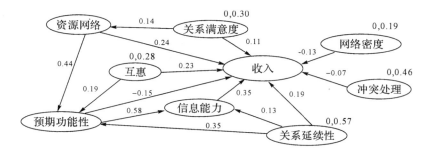

图 6.22　信息能力、资源网络和预期功能性社会资本对社会资本影响收
入中介效应过程机制的实证研究模型

　　图 6.22 对信息能力、资源网络和预期功能性社会资本对社会资本影响
收入中介效应修正模型进行了直观的路径展示。在这一复杂的作用过程
中,社会资本影响农户收入的过程中,信息能力对关系延续性维度和预期功
能性维度影响收入的过程有中介作用;预期功能性对资源网络、关系延续性
和互惠三个维度在影响收入过程中也具有中介作用;资源网络则对关系满
意度影响农户收入的作用过程发生中介作用。因此,本研究的基本结论为:
假设 7.2 部分得证,假设 5a、假设 5b 和假设 5c 也部分证明。

6.6　研究结论

　　本章分析了社会资本影响农户收入的过程机制,由以上的分析可知,社
会资本影响农户收入的作用过程是非常复杂的,不仅社会资本的各维度对
收入有直接作用,而且,这种作用过程还受到多个因素的影响,在这些影响
因素的作用下,社会资本的各维度在影响农户收入中表现出直接效应和间
接效应的交织,充分说明社会资本对农户收入的影响机制是非常复杂的。
本章研究的主要结论总结如下:

6.6.1　社会资本可对农户收入过程发生影响

6.6.1.1　社会资本对农户收入的直接影响
　　由因子分析,社会资本可提取 12 个因子,对 12 个社会资本维度在影响

农户收入过程中的作用分析发现,社会资本的信任、预期功能性、网络同一性和村社会资本维度不对农民收入发生直接作用,而其余的 8 个维度:资源网络、认同感、互惠、冲突处理、关系满意度、网络邻近性、关系延续性和网络密度都直接影响农民收入。它们至少在 $p \leqslant 0.1$ 水平上具有统计的显著性。

对社会资本直接影响农户收入的假设验证情况,表 6.73 进行了总结,为:

表 6.73　社会资本影响农民收入的假设验证性情况报告

假设命题	假设验证	影响方式	假设命题	假设验证	影响方式
假设 1	部分证明		假设 1g	证明	正向作用
假设 1a	未能证明	—	假设 1h	证明	正向作用
假设 1b	证明	正向作用	假设 1i	未能证明	—
假设 1c	证明	正向作用	假设 1j	未能证明	—
假设 1d	未能证明	—	假设 1k	证明	正向作用
假设 1e	证明	负向作用	假设 1l	证明	负向作用
假设 1f	证明	正向作用			

6.6.1.2　中介变量在社会资本影响农户收入过程中的中介效应问题

在社会资本影响农户收入的过程中,资源网络因子、预期功能性因子和关系延续性社会资本因子都在其中发生过中介作用。其中,资源网络因子对社会资本的认同感影响农户收入的过程有部分中介作用,对关系满意度维度影响农户收入的过程有完全中介作用。关系延续性因子对社会资本影响农户收入的过程也有中介作用,其中,对关系满意度影响收入过程不具有中介作用。对其他 5 个维度:冲突处理、网络密度、网络邻近性、互惠和认同感等在影响农户收入的过程中都有部分中介作用。并且,这两个中介变量对社会资本影响农户收入过程的中介作用是同时发生的。

对社会资本影响农户收入过程中中介变量中介情况的假设验证,可总结为:

表 6.74　社会资本影响农民收入的中介作用假设验证性情况报告

假设命题	假设验证	影响方式	假设命题	假设验证	影响方式
假设 1.1	部分证明	—	假设 1.2f	未能证明	—
假设 1.1a	部分证明	部分中介	假设 1.3	部分证明	

假设命题	假设验证	影响方式	假设命题	假设验证	影响方式
假设 1.1b	证明	完全中介	假设 1.3a	部分证明	完全中介
假设 1.2	部分证明	——	假设 1.3b	未能证明	部分中介
假设 1.2a	部分证明	部分中介	假设 1.3c	部分证明	部分中介
假设 1.2b	部分证明	部分中介	假设 1.3d	部分证明	部分中介
假设 1.2c	部分证明	部分中介	假设 1.3e	部分证明	部分中介
假设 1.2d	部分证明	部分中介	假设 1.3f	部分证明	部分中介
假设 1.2e	部分证明	部分中介	假设 1.3g	部分证明	部分中介

6.6.2　社会资本、信息能力对农户收入过程发生影响

6.6.2.1　社会资本、信息能力对农户收入过程的直接影响

通过调查访谈并结合文献，研究中引入了一个新变量——信息能力。对信息能力和社会资本对农户收入过程的共同影响分析发现，这种共同作用是存在的。但社会资本的信任、网络邻近性、村社会资本、网络同一性和认同感维度在影响收入的直接作用中不发生作用。信息能力与社会资本的其他维度：资源网络、互惠、冲突处理、关系延续性、关系满意度、预期功能性和网络密度都对农户收入发生直接作用。

对社会资本和信息能力影响农户收入的假设验证，可总结为：

表 6.75　社会资本和信息能力直接影响农户收入的假设验证

假设命题	假设验证	影响方式	假设命题	假设验证	影响方式
假设 2	证明	——	假设 2g	证明	正向作用
假设 2a	证明	正向作用	假设 2h	未能证明	——
假设 2b	证明	正向作用	假设 2i	未能证明	——
假设 2c	证明	正向作用	假设 2j	未能证明	——
假设 2d	证明	负向作用	假设 2k	未能证明	——
假设 2e	证明	负向作用	假设 2l	未能证明	——
假设 2f	证明	负向作用			

6.6.2.2　信息能力对社会资本影响农户收入过程的中介影响

根据研究设计，信息能力对社会资本影响农户的过程有中介作用。本章对这一设计的假设进行了验证。在验证过程中，还同时考虑了资源网络

和预期性社会资本对社会资本影响农户收入过程可能发生的中介作用。研究分析发现,这三个变量都对社会资本影响农户收入的作用过程有中介效应,具体结论为:

在社会资本影响收入的作用过程中,信息能力对社会资本的预期功能性维度和关系延续性维度影响收入的过程发生中介作用;信息能力和资源网络可同时对社会资本影响收入的过程发生中介作用,在信息能力对社会资本的关系延续性和预期功能性维度发生中介作用的同时,资源网络对社会资本关系满意度维度影响收入的过程发生中介作用。预期性社会资本在信息能力对社会资本影响收入作用过程中的中介作用发挥中介作用时的作用机制比较复杂,其中,预期功能性维度社会资本的中介作用机制表现为:在信息能力对社会资本关系延续性维度和预期功能性维度影响农民收入的过程发挥中介作用的同时,资源网络对关系满意度维度影响收入的过程有中介效应,而在关系延续性、互惠和资源网络影响农民收入的过程中,预期功能性因子可发挥其中介作用。关系延续性维度同时可接受信息能力和预期功能性因子的中介作用,预期功能性维度在影响农民收入的过程中,既接受信息能力对这一作用过程的中介,也对其他维度的影响过程发挥其中介作用;在单独考虑关系延续性维度可能的中介作用时,也可以发现:在信息能力对社会资本关系延续性维度和预期功能性维度影响农民收入的过程发挥中介作用的同时,资源网络对关系满意度维度影响收入的过程有中介效应,社会资本的预期功能性、网络密度和冲突处理维度影响农户收入的过程受到关系延续性因子中介作用的影响。并且,关系延续性因子对预期功能性影响农户收入的过程有完全的中介作用。

在考虑到预期性社会资本的中介作用时,对社会资本和信息能力影响农户收入的假设验证,可总结为(表 6.76):

表 6.76 考虑中介变量作用时社会资本和信息能力直接影响农户收入的假设验证

假设命题	假设验证	影响方式	假设命题	假设验证	影响方式
假设 3	部分证明	—	假设 5f	未能证明	—
假设 3a	未能证明	—	假设 6	部分证明	—
假设 3b	部分证明	部分中介	假设 6a	证明	完全中介
假设 3c	未能证明	—	假设 6b	部分证明	部分中介
假设 3d	未能证明	—	假设 6c	部分证明	部分中介

假设命题	假设验证	影响方式	假设命题	假设验证	影响方式
假设 3e	未能证明	—	假设 6d	未能证明	—
假设 3f	部分证明	部分中介	假设 7	部分证明	
假设 4	部分证明	—	假设 7.1	部分证明	—
假设 4a	部分证明	部分中介	假设 7.1a	完全证明	完全中介
假设 5	部分证明	—	假设 7.1b	部分证明	部分中介
假设 5a	部分证明	部分中介	假设 7.1c	部分证明	部分中介
假设 5b	未能证明	—	假设 7.2	部分证明	部分中介
假设 5c	部分证明	部分中介	假设 7.2a	部分证明	部分中介
假设 5d	部分证明	部分中介	假设 7.2b	部分证明	部分中介
假设 5e	未能证明	—	假设 7.2c	部分证明	部分中介

7　本研究结论和未来研究展望

通过前面几章的深入分析,在实证研究基础上,基本弄清楚了农户社会资本在农户收入生产过程中复杂的作用机制。本章通过对前面研究的总结,阐明本研究的主要结论以及理论与实践意义,并在讨论研究不足的同时,指出未来可能的研究方向。

7.1　本研究的主要结论

通过前面几章的全面而系统地分析,本研究的主要结论如下:

(1)探索并验证了社会资本多维度结构

通过阅读社会资本实证研究的大量相关文献,在吸取文献中有关社会资本测量问题的同时,结合实地研究中访谈的问题反馈,设计了与本研究吻合的问题。经过专家咨询和多次小样本试测,反复修改后完成了社会资本测度量表的设计。在精心选择调研地点后,完成了问卷发放和回收工作。遵从问卷处理规范,对收集问卷进行了数据转换,并采用探索性因素分析和验证性因素分析,开发出本研究适用的农户社会资本量表。因子分析表明,社会资本是一个多维度的概念,对其测度也必须反映其多维度的内容。本研究确定的社会资本多维度结构对过去在社会资本实证研究和理论上的争论是一个很好的补充,特别是一定程度上纠正了过去仅仅用少数几个问题题项代表社会资本的做法,比较全面的维度结构对认识社会资本有较好的作用。

(2)社会资本会对农户收入生产过程中的资源摄取发生作用

将社会资本视为嵌入在社会行动者交往的社会网络中的资源在学术界

基本得到了肯定(林南,2005;张其仔,1997),文献普遍认同个人和团体可在未来得到的好处几乎直接来自个人的网络,网络化的社会和经济维度只会在高度仿真的模拟实验中才能分得开。本书接受社会资本的网络资源观,并实证检验了农民社会网络对其的意义。农民收入的生产过程必然会涉及对资源的摄取,这种资源涵盖是很广泛的,如资金求助、生产帮助、信息传递、加入某一生产合作组织等,那么,社会资本对农民收入生产过程中的资源摄取会有怎么样的作用呢?

根据本研究确定的社会资本的 12 个维度,在农户资源摄取过程中,网络同一性、网络邻近性、预期功能性和关系延续性 4 个维度会对资源摄取过程产生作用,其他维度则没有这种作用。而且,这种作用过程有着复杂的作用机制。关系延续性和预期功能性在这其中会起到中介作用。关系延续性维度会对网络同一性和网络邻近性影响资源摄取的作用发生中介作用,预期功能性维度也对关系延续性和网络邻近性作用于资源摄取的行为产生中介作用。

(3)社会资本各维度会对农户收入生产过程发生复杂的作用

本书主要探讨社会资本对农户收入生产过程会产生怎样的影响以及这一影响过程中的作用机制问题。通过分析社会资本 12 个维度在影响农户收入过程中的作用发现,社会资本的信任、预期功能性、网络同一性和村社会资本维度不对农民收入发生直接作用,而其余的 8 个维度:资源网络、认同感、互惠、冲突处理、关系满意度、网络邻近性、关系延续性和网络密度都直接影响农民收入。它们至少在 $p \leqslant 0.1$ 水平上具有统计的显著性。

在社会资本影响农户收入的过程中,具有影响作用的 8 个维度在影响过程中的作用机制是非常复杂的。资源网络因子和关系延续性社会资本因子这两个维度对其他维度影响农户收入的作用过程发生中介作用。资源网络因子对认同感维度和关系满意度维度有中介作用。其中,资源网络因子对社会资本的认同感影响农户收入的过程有部分中介作用,对关系满意度维度影响农户收入的过程有完全中介作用。关系延续性因子对社会资本影响农户收入的过程也有中介作用,其中,对关系满意度影响收入过程不具有中介作用。对其他五个维度:冲突处理、网络密度、网络邻近性、互惠和认同感等在影响农户收入的过程中都有部分中介作用。并且,这两个中介变量对社会资本影响农户收入过程的中介作用是同时发生的。

(4)社会资本和农民信息能力对农户收入的影响

本书在研究过程中,通过实地调查访谈,发现农户对信息问题非常关注。结合文献,本书提出农民信息能力概念,相关题项测度表明其信度和效度都有显著性,农民信息能力的构建是正确的。

同时考虑社会资本和信息能力时,运用问卷调查的抽样数据检验发现:农民信息能力与社会资本的七个维度可以直接对农户的收入生产过程发生作用,这七个维度包括资源网络维度、冲突处理维度、预期功能性维度、关系延续性维度、网络密度维度、关系满意度维度和互惠维度等。这八个因素对农户收入的作用过程也是非常复杂的,其中,信息能力对预期功能性维度和关系延续性维度影响收入生产过程会发生部分的中介作用。而资源网络因子也会对关系满意度影响农户收入的生产过程产生中介作用。信息能力和资源网络因子的中介作用可以同时发生。

进一步,可以弄清楚社会资本各维度在农民信息能力作为中介变量介入后的作用机制。在信息能力和资源网络因子同时起中介作用时,预期性社会资本对社会资本其他维度影响农户收入的过程也发生中介作用,这是对信息能力中介作用的中介。预期性社会资本在信息能力对社会资本影响收入作用过程中的中介作用发挥中介作用时的作用机制比较复杂,其中,预期功能性维度社会资本的中介作用机制表现为:在信息能力对社会资本关系延续性维度和预期功能性维度影响农民收入的过程发挥中介作用的同时,资源网络对关系满意度维度影响收入的过程有中介效应,预期性社会资本也会对社会资本影响农户收入的生产过程发挥中介作用。预期性社会资本可细化为预期功能性社会资本和关系延续性社会资本两个维度,必须分别讨论其中介作用问题。

对预期功能性维度,在关系延续性、互惠和资源网络影响农民收入的过程中,预期功能性因子可发挥其中介作用。关系延续性维度同时可接受信息能力和预期功能性因子的中介作用,预期功能性维度在影响农民收入的过程中,既接受信息能力对这一作用过程的中介,也对其他维度在影响农户收入生产过程中发挥其中介作用。

在单独考虑关系延续性维度可能的中介作用时,也可以发现:社会资本关系延续性维度和预期功能性维度影响农民收入时,信息能力会对此过程发挥中介作用,资源网络对关系满意度维度影响收入的过程同时有中介效应,社会资本的预期功能性、网络密度和冲突处理维度影响农户收入的过程则可受到关系延续性因子中介作用的影响。并且,关系延续性因子对预期功能性影响农户收入的过程有完全的中介作用。

7.2 本研究的不足

本书研究在加深对社会资本理论的认识,拓宽对中国农村社会中农民社会经济交往的理解上取得了一定的进展,赋予农民社会交往一定的经济意义。但掩卷思来,研究中仍然存在很多的遗憾和不足,是以后进一步深入研究所必须注意的。

(1)社会资本量表的开发并不完全令人满意

社会资本是一个比较复杂的概念,由于人们的理解不同,在测度社会资本时,测度项目和关注焦点往往有很大的不同。在具体测量社会资本时,根据观察角度不同,一般会着眼于微观、中观和宏观三个层次,站在不同层次上,兴趣关注点自然会不一样。但一般也都有基本共识,社会资本应该是一个多维度的概念。本研究中,在实地调查基础上,基于文献成果所设计的社会资本可分为 12 个维度。虽然基本涵盖了社会资本的内容,但从实证检验的结果看,并不是每个维度都对研究所关注的农户收入问题有解释作用。在设计中,考虑到农民生活的自然社会依托最重要的还是其自幼成长所在的村,所以,专门从村层面设计了一个维度,但检验并未给予证明。而设计把个体层次上的内容和社区层面的内容相混淆有一定的逻辑矛盾,在得不到实证研究支持时,应该是一个遗憾。从实证研究的结果看,还有其他维度也没有对研究焦点农户收入发生作用,一方面说明社会资本的多维度并不都进入模型支持研究,但也必须考虑到,这样的多维度划分是否存在过多的问题?如果能在设计中基于文献和现实调查有更为精炼的内容设计,并在维度上涵盖本研究已有内容的同时,能更好地达到研究设想,应该就更为理想了。所以,未来的进一步研究中,对社会资本量表的开发可以尝试更为精练的测度。

(2)样本分布可进一步扩大地区范围

本研究主要关注中部地区农户社会资本对其收入生产过程是否有影响。在样本的选取上,虽然抽取了湖北、山西两个省作为考察对象,但在样本地域范围的抽取上还是存在范围偏窄的问题,相应的,每个地区的样本均量就略微偏少了。如果能对其他中部省份也作一个实地调查和抽样的话,可能代表性上更好。但鉴于研究者本人财力、精力和交往范围的约束,并不能真正做到更大范围的调研,这也是本研究的又一个遗憾。这对研究构想中的地区比较产生了很大影响,后续的研究,应该在样本量和代表性上有相对更多的预案以争取更好的结果。

（3）模型数据的时间跨度问题

社会资本既是一个即时的社会现象，也是有着浓厚社会历史文化传统的社会存在。在本研究中，鉴于时间和精力的有限，我们只能采集到横截面数据。虽然实证分析揭示出社会资本影响收入上的复杂机制，但考虑到社会资本在当前时代正在发生的深刻变化，如果能做历时性调研，考察时间在社会资本影响农户收入问题上的变化，会有更为良好的研究结论，结论也更能接受历史的检验。这方面，应该可做一些补充研究的，比如结合访谈，可以进行回溯性调查，也可在以后的研究中做持续地追踪调查。目前的研究只是刚刚揭开了这一研究大幕的一角，深入地追踪研究可能会发现一个极为富饶的理论金矿，这也是笔者下一步希望继续研究的课题。在完善方法和确定调研对象上的追踪研究，既是社会研究中常用的方法，也可对已有的研究结论做进一步地检验和更正，是一件富于意义的理论工作。

（4）社会资本理论有助于开拓提高农户收入的思路

改革开放以来，除了短暂的某些时期农村收入水平曾经有过补偿性的提高，在收入提高的速度上超过城镇居民以外，大多数时间，农村居民的收入绝对水平和提高速度上都不及城镇居民，其结果使得城乡收入差距问题成为影响我国民生和和谐社会建设的重大现实问题。进一步开拓思路，帮助农民提高收入水平仍然是必须认真思考的一个重大现实问题。

社会资本相对于其他物质资本或物质支撑的资本（如人力资本）而言，表现为自然形成和投入低，而且在得到正确地开发运用后确实有助于扩大就业门路，提高收入水平。对这一被称为"穷人的资本"的社会存在，应该多进行投资引导，以获得更好更高的社会效果。本研究在探讨社会资本对农户收入生产过程的影响机制时，并未深入讨论如何引导农民的社会资本投资和政策倾向问题。

但社会资本作为一种具有很多积极社会效果的存在，是应该充分给予重视的。既可以在学术上对社会资本的积累投资进行深入的研究，也可在实际政策实践中多加关注和引导。如何引导农民的投资和有意识运用，帮助农民提高收入水平，增加就业门路，是值得关注的。进而，在当前现代化发展面临巨大的社会整合压力时，重视社会资本因素，强调政策制定和执行中的柔韧性和巧劲，尽量减轻制度运作的刚性，实现人性化的施政，也应该多有可借鉴之处。随着社会治理从管制向治理性的管理转变，柔性化和人性化应该会以其亲和力被更多的人所接受，社会资本研究也可以获得更多更广泛的实践价值。

7.3　未来研究展望

本书主要是基于对某种意义上有传统意味的农村社区农户进行的社会资本的调查。受访者绝大多数还是居住在其祖辈长期生活的村社里,虽然不排除他们在经济活动上的多样性,但从事农业生产无疑是其重要的选项和生活与经济来源,从我们的研究来看,在这样的人情味浓厚的村社中,关系性社会资本对农民收入的影响是非常复杂的。同时,现代技术的深远影响也非常显著地表现出来了,这就是我们所发现的农民社会交往中的信息能力会决定其交往效率,并可与社会资本一起共同影响他们的收入生产过程。

但前已指出,这样的研究不过是对某受访时间点的情况进行的资料收集,是一种横截面数据分析,其信息容量主要是对访问对象当下或可能的过往回溯,对真正深入了解访问对象并分析其信息的深刻意义肯定是不足的。要进一步深入理解研究题旨的广泛性,尚需要做必要的回溯研究和跟踪研究,这在以后的研究生涯中应该是值得关注的,在时间、资金、人力等资料齐备时可以做跟踪研究。

从本书对社会资本经济意义的关注看,也有很多是值得进一步的研究的。社会资本概念的提出直接催生了一门交叉学科——经济社会学,足以说明社会问题和经济问题的结合研究是很有价值和发展空间的。站在本书关注的兴趣点——社会资本对收入影响这样的经济问题角度,我们必须注意到我们所处这个时代的特点——转型期的中国正在飞速发展,市场化、工业化和城市化在不断地把各种社会经济资源吸纳聚集到城市和工商业领域,这不可避免地造成了农业的破坏和农村的凋敝,很多问题由此凸显出来。在这种市场化、工业化和城市化的时代大潮面前,出于比较收益的经济理性以及对外部世界了解的渴望和冲动,越来越多的农村年轻人走出了乡村,对他们在新的环境中的工作生活学习是必须认真研究的。从国际学术界对先发国家经验以及移民的研究来看,社会资本对进一步深入探讨他们的生活状况是非常有用的工具,在把研究目光从村社转移开后,那些已经和将要继续走出来的农村子弟们无疑会继续吸引研究者的目光。将来可以继续关注他们的就业、生活以及如何融入城市,及城市人如何接纳他们,在这一过程中,附着在这些行为主体上的社会资本又会发生怎样的变化和影响将是一个有趣而有意义的学术冒险。

已有实证研究证明,人们的社会交往对行为人的心理、身体健康等有很多积极作用。当我们再回望农村时,一定会心痛地发现,如今的农村已经和儿时充满欢笑的喧哗场景完全不一样了。在时代大潮的裹挟下,当大量的青壮年离开乡村去寻求自己的发展前途时,留在乡村里的就只有孤单的老人和无知的童乳,乡村没有了以往的活力!大量的空巢家庭和无人管教的幼童已经成为农村社区出现的新问题。关注老年人的晚年生活,关注青少年的教育变得万分迫切!

但如何着手呢?本研究一定意义上提供了一个可选择的思路。从人们交往的精神渴求出发,组织农村的老年人多参加集体活动,多交游,为他们提供必要的场合,创造必要的条件都是可以考虑的。问题在于很多的举措不能流于形式,而必须为群众所认同和接受,社会资本无疑提供了个很好的理论思路。如果政策是从关注他们的心理和社会需求出发,一定会有不一样的效果的。

基于前述研究总结,在充分总结既有研究经验并清醒把握研究不足的基础上,展望未来后续研究,将会在三个方面重点展开。

(1)农村社区农民社会资本衰退乃至消亡问题

工业化、城市化的飞速发展在把大量农村人口拉入城市的同时,农村社区不可避免地走向了衰退。空心化的农村社区没有了过去人声鼎沸、鸡犬相闻的热闹,冷清寂静的乡村里青壮年男女都已经少见,曾经的乡亲来往、人情交往都不可重续,孕育在乡民日常中的"关系"和人力资本也就自然衰减消退了。这一演进趋势及其对农村社区和农民各方面经济社会生活都有着非常严重的影响。观察并阐释这一变化对新的时代背景下的农民经济发展和农村社区振兴重建的影响,分析其演化机制对于我们这一代学人是使命也是幸运,值得持续追踪研究。

(2)农民在城市的融入与社会资本再生产问题

离开了农村的农民在进入城市后,他们不仅仅是一个城市的过客,也是城市所需要的"农民工"。他们必将以城市主人的姿态融入城市,在城市繁衍生息下去。但置身陌生的城市,无亲无故,毫无根基,他们如何融入城市呢?这将涉及城市如何看待和接纳这些农民工,也有赖于他们在城市社会生活中重新构建其生活的关系资源。因此,观察他们进入城市及立足城市过程中,社会资本对他们可能的作用,以及他们重新投资形成新的社会资本,聚焦生活的社会资源,探究这一过程,分析其中的机制原理也是非常有意义的。

(3)新生代农民工社会资本发育及其与城乡社会的双重冲突与消解

　　新生代农民工一般是指那些父辈在城市打工生活却未能彻底融入城市的新一代农民工。他们一般主要在城市中生活长大,但我国现有的城市管理体制又不可能真正接纳他们。这使得他们既是城市边缘人,也是父辈农村社区的局外人。因此,他们的成长将会与农村走出的农民工和城市的同龄人都有不一样的遭遇,也使得他们会面临在两不归的尴尬社会处境下与城市和社区都有着难以和解的冲突。这样的冲突遭遇及其消解也只能是在全社会宽容的环境下才能真正实现。这也是一种社会关系的再生产,社会资本再生产的过程,观察思考和分析这一观察的内在机制,给予科学的学术阐释也是极有价值的学术课题,值得花大气力去深入探索。

参考文献

［1］Abbott，S.，& Freeth,D. Social capital and health: starting to make sense of the role of generalized trust and reciprocity. Journal of Health Psychology，2008(13)，874-883.

［2］Abraham，A.，& Platteau，J. P. Participatory development: Where culture creeps in. In Rao，V.，and Walton，M. (e)ds.，Culture and Public Action,. pp. 23-58，Stanford CA: Stanford University Press，2001.

［3］Adam，F.，& Roncevic,B. Social capital: recent debates and research trends. Social Science Information，2003，42(2)，115-183.

［4］Adam，F.，Makarovic，M.，Roncevic,B.，*et al*. The Challenges of Sustained Development: The Role of Socio-Cultural Factors in East Central Europe. Budapest/ New York: Central European University Press，2004.

［5］Adger，W. Social capital，collective action and adaptation to climate change. Economic Geography，2003，79 (4)，387-404.

［6］Adler，P. S.，& Kwon，S. W. Social Capital: Prospects for A New Concept. Academy of Management Review，2002，27(1)，17-40.

［7］Aguilera，M. B. The impacts of social capital on labor force participation: evidence from the 2000 social capital benchmark survey. Social Science Quarterly，2002，83(3)，854-874.

［8］Aguilera，M. B. The impacts of worker: how social capital and human capital influence the job tenure of formerly undocumented Mexican immigrants. Sociological Inquiry，2003，73(1)，52-83.

［9］ Aizer, A. , & Currie, J. Networks or Neighborhoods? Correlations in the Use of Publicly-funded Maternity Care in California. Working Paper No. 9209. National Bureau of Economic Research, Cambridge, M. A. , 2002.

［10］ Akerlof, G. Social distance and social decisions. Econometrica, 1997(65), 1005-1027.

［11］ Alesina, A. , & La Ferrara, E. The determinants of trust. NBER Working Paper 7621. National Bureau of Economic Research. Cambridge, MA, 2000.

［12］ Alesina, A. , Baqir, R. , & Easterly, W. Public goods and ethnic divisions. Quarterly Journal of Economics, 1999, 114(4), 1243-1284.

［13］ Amuedo-Dorantes, C. , & Mundra, K. Social networks and their impact on the earnings of Mexican immigrants. Demography, 2007, 44(4), 849-863.

［14］ Anderson, L. R. , Mellor, J. M. , & Milyo, J. Social Capital and Contributions in a Public-Goods Experiment. The American Economic Review, 2004, 94(2), 373-376.

［15］ Andrews, S. B. , & Knoke, D. (Eds). Networks in and around organizations. Research in the Sociology of Organizations, 1999, 16.

［16］ Antoci, A. , & Bartolini, S. Negative Externalities as the Engine of Growth in an Evolutionary Context, Nota di lavoro 83/99, Fondazione Eni Enrico Mattei, Milan, 1999.

［17］ Antoci, A. , & Bartolini, S. Negative Externalities, Labor Input and Economic Growth in an Evolutionary Context, Environment and Development Economics, forthcoming.

［18］ Antoci, A. , Sacco, P. L. , & Vanin, P. Social capital accumulation and the evolution of social participation. The Journal of Socio-Economics, 2007(36), 128-143.

［19］ Aoki, M. , & Hayami, Y. Communities and Markets in Economic Development. New York: Oxford University Press, 2001.

［20］ Arnott, R. , & Stiglitz, J. Moral hazard and non-market institutions. American Economic Review, 1991(81), 179-190.

［21］ Astone, N. A. , & Nathanson, C. A. Schoen, R. , *et al.* Family demography, social theory, and investment in social capital. Population and Development, 1999(25), 1-31.

[22] Backhouse, R. E. If mathematics is informal, then perhaps we should accept that economics must be informal too. The Economic Journal, 1998(108), 1848-1858.

[23] Bain, K., & Hicks, N. Building social capital and reaching out to excluded groups: the challenge of partnerships. Paper presented at CELAM meetings on The Struggle Against Poverty Towards the Turn of the Millennium. Washington DC, 1998.

[24] Bank, B. J., & Slavings, R. L. Effects of peer, faculty, and parental influence on students' persistence. Sociology of Education, 1990 (63), 208-225.

[25] Barefoot, J. C., Maynard, K. E., Beekham, J. C., et al. Trust, health and longevity. Journal of Behavioral Medicine, 1998(21), 517-526.

[26] Baron, J., & Hannan, M. The impact of economics on contemporary sociology. Journal of Economic Literature, 1994, 32(3), 1111-1146.

[27] Baron, R. M., & Kenny, D. A. The moderator-mediator variable distinction in social psychological research: Conceptual, strategic, and statistical considerations. Journal of Personality and Social Psychology, 1986, 51(6), 1173-1182.

[28] Baron, S., Field, J., & Schuller, T. (Eds). Social Capital-Critical Perspectives. Oxford University Press, 2000.

[29] Baum, F. Social capital, economic capital and power: further issues for a public health agenda. Journal of Epidemiological Community Health, 2000(54), 409-410.

[30] Becker, G. S., & Murphy, K. Social Economics, Market Behavior in a Social Environment. Cambridge, MA.: Harvard University Press, 2000.

[31] Ben-Porath, Y. The F-Connection: Families, Friends, and Firms and the Organization of Exchange. Population and Development Review, 1980, 6(1), 1-30.

[32] Berkman, L. F., & Bassuk, S. S. Lochner, K., Social connected

and health, Report for the Robert Wood Johnson Foundation, 2000.

[33] Berkman, L. F. , & Syme, L. Social networks, host resistance, and mortality: A nine-year follow-up study of Alameda County residents. American Journal of Epidemiology, 1979(109), 186-204.

[34] Berkman, L. F. , Glass, T. , Brissette, I. , et al. Form social integration to health: Durkheim in the new millennium. Social Science and Medicine, 2000(51), 843-857.

[35] Bernstein, B. Class, codes and control: Theoretical studies towards a sociology of language. New York: Schocken Books, 1974.

[36] Bertrand, M. , & Schoar, A. The role of family in family firms. Journal of Economic Perspectives, Spring, 2006, 20(2), 73-96.

[37] Besley, T. Nonmarket institutions for credit and risk sharing in low-income countries. Journal of Economic Perspectives, 1995(9), 115-4127.

[38] Beugelsdijk, S. A note on the theory and measurement of trust in explaining differences in economic growth. Cambridge Journal of Economics, 2006(30), 371-387.

[39] Beugelsdijk, S. , & Smulders, S. Bridgeing and bonding social capital: which type is good for economic growth? In W. Arts, J. Hagenaars, & L. Halman (E) ds. , The cultural diversity of Euoprean unity, findings, explanations and reflections from the European values study(pp. 147-184). Leiden: Koninklijke Brill, 2003.

[40] Beugelsdijk, S. , & Smulders, S. Social Capital and Economic Growth. 2004.

[41] Beugelsdijk, S. , & van Schaik, T. Social capital and growth in European regions: An empirical test. European Journal of Political Economy, 2005(21), 301-324.

[42] Bielby, W. T. , & Baron, J. N. Men and Women at Work: Sex Segregation and Statistical Discrimination. American Journal of Sociology, 1986(91), 759-799.

[43] Bjørnskov, C. The happy few: Cross-country evidence on social capital and life satisfaction. KYKLOS, 2003, 56(1), 3-16.

[44] Bjørnskov, C. The multiple facets of social capital. European Journal of Political Economy, 2006, 22(1), 22-40.

［45］Bjørnskov,C. , & Svendsen, G. T. Measuring social capital: Is there a single underlying explanation? Working Paper 3-5，2003.

［46］Blanchflower,D. G. , & Oswald, A. Well-being over time in Britain and the USA. Journal of Public Economics，2004，88（7-8），1359-1386.

［47］Blau，P. M. Exchange and power in social life. New York: John Wiley，1964.

［48］Bloom，John R. , Fobair，P. , Cox，R. , et al. Social supports and the social well-being of cancer survivors. Advances in Medical Sociology，1991(2)，95-114.

［49］Boorman，S. A. A combinatorial optimization model for transmission of job information through contact networks. Bell Journal of Economics，1975(6)，216-249.

［50］Borgatti, S. P. , & Foster, P. B. The network paradigm in organizational research: a review and typology. Journal of Management，2003，29（6），991-1013.

［51］Bourdieu，P. Distinction: A social critique of the judgement of taste (R. Nice，Trans.). Cambridge，CA: Stanford University Press，1984.

［52］Bourdieu，P. Language and symbolic power (G. Raymond & M. Adamson，Trans.). Cambridge，CA: Harvard University Press，1994.

［53］Bourdieu，P. Outline of a theory of practice (R. Nice，Trans.). Cambridge，UK: Cambridge University Press，1977.

［54］Bourdieu，P. The Forms of capital. In J. Richardson（Ed.），Handbook of theory and research for sociology of education (pp. 241-258). New York: Greenwood Press，1986.

［55］Bourdieu，P. The logic of practice (R. Nice，Trans.). Stanford，CA: Stanford University Press，1990.

［56］Bourdieu，P. , & Passeron，J. , Reproduction in education society and culture (R. Nice，Trans.). Thousand Oaks，CA: Sage，1977.

［57］Bourdieu，P. , & Wacquant，L. J. D. An invitation to reflexive sociology. Chicago: University of Chicago Press，1992.

［58］Bowles，S. , & Gintis，H. Social Capital and Community Governance. The Economic Journal，2002，112(483)，F419-F436.

[59] Boxman, E. A. W. , De Graaf, P. M. , & Flap, H. D. The impact of social and human capital on the income attainment of Dutch managers. Social Networks, 1991, 13(1), 51-73.

[60] Boyd, R. , Gintis, H. , Bowles, S. , *et al*. The Evolution of Altruistic Punishment. Proceeding of the National Acedemy of Sciences, 2003, 100(6), 3531-3535.

[61] Brehm, J. , & Rahn, W. Individual-level Evidence for the Causes and Consequences of Social Capital. American Journal of Political Science, 1997, 41(3), 999-1023.

[62] Brock, W. , & Durlauf, S. A formal model of theory choice in science. Economic Theory, 1999(14), 113-130.

[63] Brook, K. Labor market participation: the influence of social capital. Office for National Statistics: Labor Market Trends, March 2005.

[64] Brown, L. Creating Social Capital: Nongovernmental Development Organizations and Intersectoral Problem Solving. In Walter W. Powell and Elisabeth Clemens(Eeds). , Private Action and the Public Good. New Haven, Conn. : Yale University Press, 1998.

[65] Brown, L. , & Ashman, D. Participation, Social Capital, and Intersectoral Problem Solving: African and Asian Cases. World Development, 1996, 24(6), 1477-1495.

[66] Brown, P. , & Lauder, H. Capitalism and Social Progress: the future of society in a global economy. Basingstoke: Palgrave, 2001.

[67] Brown, P. , & Lauder, H. Human capital, social capital, and collective intelligence, in Baron, S. , Field, J. and Schuller, T. (e)ds (2000) Social Capital, Critical Perspectives. Oxford: Oxford University University, 2000.

[68] Bryk, A. S. , & Schneider, B. Trust in schools: A cored resource for improvement. New York: Russell Sage Foundation, 2002.

[69] Bryson, G. Man and society: The Scottish inquiry of the eighteenth century. Princeton, NJ: Princeton University Press, 1945.

[70] Burt, R. Structural Holes: The Social Structure of Competition, Cambridge: Cambridge University Press, 1992.

[71] Burt, R. The contingent value of social capital. Administrative

Science Quarterly, 1997(42), 339-365.

[72] Burt, R. The Gender of Social Capital. Rationality and Society, 1998, 10(1), 5-46.

[73] Burton, L. M., & Jarrett, R. L. In the mix, yet on the margins: The place of families in urban neighborhood and child development research. Journal of Marriage and the Family, 2000(62), 1114-1135.

[74] Calhoun, C., LiPuma, E., & Postone, M. (Eeds). Bourdieu: Critical perspectives. Chicago: University of Chicago Press, 1993.

[75] Calvó-Armengol, A., & Jackson, M. O. The effects of social networks on employment and inequality. The American Economic Review, 2004, 94(3), 426-454(29).

[76] Campbell, K. E., Marsden, P. V., & Hurlbert, J. S. Social Resources and Socioeconomic Status. Social Networks, 1986, 8 (1), 97-117.

[77] Carbonaro, W. J. Opening the debate on closure and schooling outcomes. American Sociological Review, 1999(64), 682-686.

[78] Carlson, P. Self-perceived health in East and West Europe: Another European healthy divide. Social Science and Medicine, 1998, 46 (10), 1355-1366.

[79] Carlson, P. The European health divide: A matter of nancial or social capital? Social Science and Medicine, 2004(59), 1985-1992.

[80] Carpiano, R. M. Toward a neighborhood resource-based theory of social capital for health: can Bourdieu and sociology help? Social Science and Medicine, 2006(62), 167-175.

[81] Carter, M. R. Environment, Technology, and the Social Articulation of Risk in West African Agriculture. Economic Development and Cultural Change, 1997, 45(3), 557-590.

[82] Carter, M. R., & Maluccio, J. A. Social capital and coping with economic shocks: an analysis of stunting of South African children. World Development, 2003, 31(7), 1147-1163.

[83] Casey, T., & Christ, K. Social capital and economic performance in the American States. Social Science Quarterly, 2005, 86(4), 826-845.

[84] Cassel, J. The contribution of the social environment to host

resistance. American Journal of Epidemiology, 1976(104), 107-123.

[85] Cheung,C. K. , & Chan, R. K. Facilitating achiement by social capital in Japan. The Journal of Socio-Economics, 2008(37), 2261-2277.

[86] Chloupkova, J. , & Svendsen, G. L. H. Svendsen, G. T. , Building and destroying social capital: the case of cooperative movements in Denmark and Poland. Agriculture and Human Values, 2003, 20 (3), 241-252.

[87] Chwe, M. S. Rational Ritual: Culture, Coordination, and Common Knowledge, Princeton, NJ: Princeton University Press, 2001.

[88] Clarck, A. E. , & Oswald, A. J. Unhapiness and unemployment. The Economic Journal, 1994, 104(424), 648-659.

[89] Cohen,D. , & Prusak, L. In Good Company: How Social Capital Makes Organizations Work. Boston, MA: Harvard Business School Press, 2001.

[90] Cohen, S. , Doyle, W. J. , Skoner,D. P. , *et al*. Social ties and susceptibility to common cold. Journal of the American Medical Association, 1997(277), 1940-1944.

[91] Cohen, S. , Underwood, L. G. , & Gottlieb, B. H. Social support measurement and intervention. A guide for health and social scientists. Oxford: Oxford University Press, 2000.

[92] Coleman, J. Foundations of social theory. Cambridge, MA: Harvard University Press, 1990.

[93] Coleman, J. Schools and the communities they serve. Phi Delta Kappan, 1985(66), 527-532.

[94] Coleman, J. Social capital in the creation of human capital. American Journal of Sociology, 1988, 94(Supplement), S95-S120.

[95] Coleman, J. , & Hoffer, T. B. Public and prevate high schools: The impact of communities. New York: Basic Books, 1987.

[96] Collier, P. Social capital and poverty. Available at: http://www. worldbank. org/poverty/scapital/ [Accessed 25. 03. 2000], 1998.

[97] Collier, P. , & Gunning, J. W. Explaining African Economic Performance. Journal of Economic Literature, 1999 (37), 64-111.

[98] Cooper, H. , Fee, S. , & Ginn, L. The influence of social support and social capital on health. Health Education Authority, London, 1999.

［99］Costa, D. L. , & Kahn, M. E. Understanding the American Decline in Social Capital, 1952-1998. Kyklos, 2003, 56(1), 17-46.

［100］Costa, D. L. , & Kahn, M. E. Understanding the decline in social capital. Cambridge, MA, National Bureau of Economic Research. Working Paper 8295, 2001.

［101］Cote, S. , & Healy, T. The Well-being of Nations. The role of human and social capital. Organisation for Economic Co-operation and Development, Pairs, 2001.

［102］Cox, E. Building social capital. Health Promotion Matters, 1997 (4), 1-4.

［103］Cox, E. , & Caldwell, P. Making policy social. In I. Winter (Ed). Social capital and public policy in Australia. Melbourne: Australian Institute of Families Studies, 2000.

［104］Cox, J. C. , & Deck, C. A. On the Nature of Reciprocal Motives. Economic Inquiry, 2005, 43(3), 623-635.

［105］Cribb, R. , & Brown, C. Modern Indonesia: A History Since 1945. London: Longman Press, 1995.

［106］Dahal, G. R. , & Adhikari, K. P. Bridging, Linking, and Bonding Social Capital in Colletive Action. CAPRI Working Paper No. 79, May 2008.

［107］Dale, A. , & Sparkes, J. Protecting ecosystems: network structure and social capitalmobilization. Community Developemnt Journal, 2007, 43(2), 143-156.

［108］Dasgupta, P. S. Foundations of Social Capital. Lecture Notes. Cambridge: University of Cambridge, 2005.

［109］Davies, A. But we knew that already! —A study into the relationship between social capital and volunteering. Conference paper. Anne Davies. Home Start. Sheffield, 2001.

［110］De Graaf, P. M. , & Flap, H. With a little help from my friends. Social resources as an explanation of occupational status and income in the Netherlands, the United States and West Gemany. Social Forces, 1988, 67(2), 453-472.

［111］De Silva, M. J. The methods minefield: a systematic review of the methods used in studies of social capital and mental health. In: McKenzie, K. , Harpham, T. ,(Eeds). Social Capital and Mental Health. Jessica Kingsley Publishers, London, 2006.

[112] De Silva, M. J. , & Harpham, T. Maternal social capital and child nutritional status in four developing countries. Health and Place, 2007 (13), 341-355.

[113] de Ulzurrun, L. M. D. Associational membership and social capital in comparative perspective: A note on the problems of measurement. Politics and Society, 2002(30), 497-523.

[114] Deaton, A. Health, inequality, and economic development. Journal of Economic Literature, 2003(41), 113-158.

[115] Deaton, A. Health, inequality, and economic development. Manuscript, Princeton, NJ, Department of Economics, Princeton University, 2001.

[116] DeFilippis, J. The Myth of Social Capital in Community Development. Housing Policy Debate, 2001, 12(4), 781-806.

[117] Delgado-Gaitan, C. School matters in the Mexican-American home: Socializing childen to education. American Educational Research Journal, 1992(29), 485-513.

[118] DeSalvo, K. B. , Bloser, N. , Reynolds, K. , *et al*. Mortality prediction with a single general self-rated health question. Journal of General Internal Medicine, 2005(20), 267-275.

[119] Dika, S. L. , & Singh, K. Applications of social capital in educational literature: A critical synthesis. Review of Educational Research, 2002(72), 31-60.

[120] Dinda, S. Social capital in the creation of human capital and economic growth: A productive consumption approach. The Journal of Socio-Economics, 2008, 37(5), 2020-2033.

[121] Dipasquale, D. , & Glaeser, E. Incentives and social capital: are homeowners better citizens? Journal of Urban Economics, 1999(45), 354-384.

[122] DiTella, R. , MacCulloch, R. J. , & Oswald, A. Preferences over inflation and unemployment: evidence from surveys of happiness. American Economic Review, 1997(91), 335-341.

［123］Driscoll，M. E. ，& Kerchner，C. T. The implications of social capital for school，communities，and cities: Educational administration as if a sense of place mattered. In J. Merphy & K. S. Louis (Eeds). Handbook of research on educational administration (2nd ed. ，pp. 385-404). San Francisco，CA: Jossey-Bass，1999.

［124］Drukker，M. ，& Gunther，N. Social capital and mental health v. objective measures of health in The Netherlands. British Journal of Psychiatry，2003(183)，174.

［125］Drukker，M. ，Buka，S. L. ，Kaplan，C. ，et al. Social capital and young adolescents' perceived health in deferent sociocultural settings. Social Science and Medicine，2005(61)，185-198.

［126］Drukker，M. ，Kaplan，C. ，Feron，F. ，et al. Children's health-related quality of life，neighbourhood socio-economic deprivation and social capital. A contextual analysis. Social Science and Medicine，2003，57(5)，825-841.

［127］Durkheim，E. Suicide. The Free Press. Reprint，1897.

［128］Durlauf，S. N. On the empirics of social capital. Economic Journal，2002，112(483)，459-479.

［129］Durlauf，S. N. ，& Fafchamps，M. Social capital. In: Philippe，A. ，Durlauf，S. (Eeds). Handbook of Economic Growth. vol. 1B. North Holland，Amsterdam: Elsevier，2005，1639-1699.

［130］Easterly，W. ，& Levine，R. Africa's growth tragedy: policies and ethnic divisions. Quarterly Journal of Economics，1997，112(4)，1203-1250.

［131］Eckersley，R. Is modern western culture a health hazard? International Journal of Epidemiology，2006(35)，252-258.

［132］Edward，M. ，Paul，G. ，& Levine，D. I. Does Industrialization Build or Destroy Networks? Economic Development and Cultural Change，2006，54(2)，287-317.

［133］Edwards，B. ，& Foley，M. W. Social capital and the political economy of our discontent. American Behavioral Scientist，1997，40(5)，669-678.

［134］Edwards，B. ，& Foley，M. W. Civil Society and Social Capital beyond Putnam. American Behavioral Scientist，1998，42(1)，124-139.

[135] Edwards, R. Present and absent in troubling ways: Family and social capitaldebates. Sociological Review, 2004(52), 1-21.

[136] Egolf, G. , Lasker, H. , & Wolf, J. , *et al*. The Roseto Effect: A 50-year Comparison of Mortality Rates. American Journal of Public Health, 1992(82), 1089-1092.

[137] Ellickson, R. Order Without Law: How Neighbors Settle Disputes, Cambridge, MA: Harvard University Press, 1991.

[138] Elliot, I. Social Capital and Health: literature review. Institute of Public Health in Ireland. Unpublished report, 2001.

[139] England, P. Comparable Worth: Theories and Evidence. New York: Aldine de Gruyter, 1992a.

[140] England, P. From Status Attainment to Segregation and Devaluation. Contemporary Sociology, 1992b (21), 643-647.

[141] Engström, K. , Mattson, F. , Järleborg, A. , *et al*. Contextual social capital as a risk factor for poor self-rated health: a multilevel analysis. Social Science and Medicine, 2008(66), 2268-2280.

[142] Erickson, B. H. Culture, class, and connections. American Journal of Sociology, 1996, 102(1), 217-251.

[143] Erickson, B. H. Good networks and good jobs: the value of social capital to employers and employees. In: Lin, N. , Cook, K. S. , Burt, R. S. , (Eeds). Social Capital Theory and Research. pp. 127-158. New York: Aldine de Gruyter, 2001.

[144] Erickson, C. , & Jacoby, S. The Effect of Employer Networks on workplace Innovation and Training. Industrial and Labor Relations Review, 2003, 56(2), 203-223.

[145] Escobar, A. Encountering Development: The Making and Unmaking of the Third World, Princeton, NJ: Princeton University Press, 1996.

[146] Esman, M. , & Uphoff, N. Local Organizations: Intermediaries in Rural Development. London: Cornell University Press, 1984.

[147] Evans, P. Government action, social capital and development: Reviewing the evidence on synergy. World Development, 1996, 24 (6), 1119-1132.

[148] Fafchamps，M. Social capital and development. Journal of Development Studies，2006(42)，1180-1198.

[149] Fafchamps，M. Solidarity Networks in Preindustrial Societies：Rational Peasants with a Moral Economy. Economic Development and Cultural Change，1992(41)，147-174.

[150] Fafchamps，M.，& Minten,B. Returns to social network among traders. Oxford Economics Papers，2002(54)，173-206.

[151] Fafchamps，M.，& Minten,B. Social Capital and the Firm：Evidence from Agricultural Traders in Madagascar. Working Paper No. 21. Washington，D. C.：The World Bank，Social Capital Initiative，1999. Available online at：http://www. worldbank. org/poverty/scapital/wkrppr/sciwp17. pdf.

[152] Falk，I.，& Harrison，L. Indicators of social capital：social capital as the product of local interruptive learning processes. Discussion Paper Series(D)4. Centre for Research and Learning in Regional Australia，Launceston，Tasmania，1998.

[153] Falk，I.，& Kilpatrick，S. What is social capital? A study of interaction in a rural community. Discussion Paper Series（D）5. Centre for Research and Learning in Regional Australia，Launceston，Tasmania，1999.

[154] Feige，E. L. Underground activity and institutional change：Productive，protective and predatory behavior in transition economies. In：Nelson，J. M.，Tilley，C.，Walker，L.（Eeds）. Transforming Post-communist Political Economies. pp. 21-35. Washington，D. C.：National Academy Press，1997.

[155] Feldman，T. R.，& Assaf，S. Social capital：conceptual frameworks and empirical evidence：an annotated bibliography. World Bank，Social Development Department，Washington,D. C.，1999.

[156] Fernandez，R. M. Weinberg，N.，Sifting and Sorting：Personal Contacts and Hiring in a Retailbank. American Sociological Review，1997(62)，883-902.

[157] Fernandez，R. M.，Castilla,E. J.，& Moore，J. Social Capital at Work：Networks and Employment at a Phone Centre. American Journal of Sociology，2000，105(5)，1288-1356.

[158] Fernandez-Kelly, P. Social and cultural capital in the urban Ghetto. In A. Portes(Ed). The Economic sociology of immigration: Essays on networks, ethnicity, and entrepreneurship (pp. 213-247). New York, NY: Russell Sage Foundation, 1995.

[159] Fidrmuc, J., & Gërxhani, K. Mind the gap! Social capital, East and West. Journal of Comparative Economics, 2008, 36(2), 264-286.

[160] Field, J. Social Capital. London: Routledge, 2003.

[161] Fine, B. Social capital versus social theory. Political Economy and Social Science at the Turn of the Millennium. London and New York: Routledge, 2001.

[162] Fine, B. Social Capital versus Social Theory: Political Economy and Social Science at the Turn of the Millennium. London: Routledge, 2000.

[163] Fiscella, K., & Franks, P. Poverty or income inequality as a predictor of mortality: Longitudinal cohort study. British Medical Journal, 1997(314), 1724-1728.

[164] Flanagan, S. Value change in industrial societies. American Political Science Review, 1987(81), 1289-1319.

[165] Flap, H. D. No man is an island. The research program of a social capital theory. In O. Favereau & E. Lazega(Eds). Conventions and structures in economic organization. Markets, networks and hierarchies. Cheltenham: Edward Elgar, 2002.

[166] Flap, H. D., & Nan, D. Social capital and attained occupational status. Netherlands J. Soc. 1986(22), 145-161.

[167] Flap, H. D., & Völker, B. Creation and returns of social capital. London: Routledge, 2004.

[168] Foley, M. W., & Edwards, B. Is it Time to Disinvest in Social Capital? Journal of Public Policy, 1999, 19(2), 199-231.

[169] Fountain, J. Social Capital, A Key Enable of Innovation in Science and Technology. In: Branscomb, L, M., Keller, J., Investing in Innovation Towards a Consensus Strategy for Federal Technology Policy, 1997.

[170] Francois, P., & Zabojnik, J. Trust, social capital, and

economic development. Journal of the European Economic Association，2005，3(1)，51-94.

[171] Franzen，A. ，& Hangartner，D. Social networks and labor market outcomes：the non-monetary benefits of social capital. European Sociological Review，2006，22(4)，353-368.

[172] Friedrich，C. J. The Unique Character of Totalitarian Society. In Totalitarianism. (ed). by Friedrich，C. J. ，Cambridge：Harvard University Press，1954

[173] Fukuyama，F. Social capital and civil society. Available at：http：//www. imf. org. external/pubs/ft/seminar/1999/reforms/fukuyama. htm；[Accessed 25. 03. 2000]，1999.

[174] Fukuyama，F. Social Capital and Civil Society. IMF Working Paper WP/00/74，Washington，D. C. ：International Monetary Fund，2000a.

[175] Fukuyama，F. Social Capital and Development：The Coming Agenda. SAIS Review，2002(22)，987-1019.

[176] Fukuyama，F. Social Capital and the global economy. Foreign Affairs. 1995b，74(5)，89-103.

[177] Fukuyama，F. Social Capital，Civil Society and Development. Third World Quarterly，2001(22)，1022-1046.

[178] Fukuyama，F. Trust：the social values and the creation of prosperity. New York：Free Press，1995a.

[179] Fuller，T. ，Kamnuansilpa，D. ，& Lightfoot，P. Urban ties of rural Thais. International Migration Review，1990，xxiv(3)，534-562.

[180] Furstenberg，F. F. Banking on Families：How Families Generate and Distribute Social Capital. Journal of Marriage and Family，2005，67(4)，809-821.

[181] Furstenberg，F. F. ，& Hughes，M. E. Social capital and successful development among at-risk youth. Journal of Marriage and the Family，1995(57)，580-592.

[182] Furstenberg，F. F. ，& Kaplan，S. Social capital and the family. In J. Scott，J. Treas，& M. Richards (Eeds). The Blackwell companion to sociology (pp. 218-232). Malden，MA：Blackwell，2004.

［183］ Gambetta，D. Trust：Making and Breaking Cooperative Relations，Basil Blackwell，Oxford，1988.

［184］Garforth,C. ，& Munro，M. Rural People's Organisations and Agriculture Development in the Upper North Thailand. AERDD，The University of Reading，1995.

［185］Garnier,C. L. ，& Raudenbush，S. W. Neighborhood effects on educational attainment：A multilevel analysis. Sociology of Educaton，1991 (64)，251-262.

［186］Geertz,C. Peddlers and princes. Chicago：University of Chicago Press，1963.

［187］Gerlach，K. ，& Gesine，S. A paper on unhappiness and unemployment in Germany. Economic Letters，1996，52(3)，325-330.

［188］Giner，S. Mass Society. London：Martin Robertson，1976.

［189］Gittell，R. ，& Vidal，A. Community Organizing：Building Social Capital as a Development Strategy. Thousand Oaks，CA：Sage Books，1998.

［190］Glaeser,E. L. The formation of social capital. Canadian Journal of Public Policy，2001(2)，34-40.

［191］Glaeser,E. L. ，Laibson,D. ，& Sacerdote,B. An economic approach to social capital. Economic Journal，2002，112(483)，437-458.

［192］Glaeser,E. L. ，Porta，R. ，Lopez-de-Silanes，F. ，*et al*. Do institutions cause growth? Journal of Economic Growth，2004，9 (3)，271-304.

［193］ Glaeser，E. ，& Laibson，D. ，Scheinkman，J. ，*et al*. ，Measuring Trust. Quarterly Journal of Economics，2000(115)，811-846.

［194］Goddard，R. D. Relational Networks，Social Trust，and Norms：A Social Capital Perspective on Students' Chances of Academic Success. Educational Evaluation and Policy Analysis，Spring 2003，25(1)，59-74.

［195］Godoy，R. ，& Reyes-García，V. Human capital，wealth and nutrition in the Bolivia Amazon. Economics and Human Biology，2005(3)，139-162.

［196］Godoy，R. ，Reyes-García，V. ，Huanca，T. ，*et al*. Signaling by Consumption. Evolution and HumanBehavior. 2006.

[197] Godoy, R., Reyes-García, V., Huanca, T., *et al*. The Role of Community and Individuals in the Formation of Social Capital. Human Ecology, 2007, 35(6), 709-721.

[198] Goldin, C., & Katz, L. Human Capital and Social Capital: The Rise of Secondary Schooling in America, 1910-1940. Journal of Interdisciplinary Hostory, 1999(29), 683-723.

[199] Goldstein, A. Thinking Outside Pandora's Box. Background Paper for the Poliy Research Report on Gender and Development. Washington, D. C. : The World Bank, 1999.

[200] Granovetter, M. Economic action and social structure: the problem ofembeddedness. American Journal of Sociology, 1985, 91(3), 481-510.

[201] Granovetter, M. The Strength of Weak Ties. American Journal of Sociology, 1973, 78(6), 1360-1380.

[202] Gravelle, H. How much of the relation between population mortality and unequal distribution of income is a statistical artefact? British Medical Journal, 1998(316), 382-385.

[203] Green, G., Grimsley, M., Suokas, A., *et al*. Social Capital, Health and Economy in South Yorkshire Coalfield Communities. Sheffield Hallam University, 2000.

[204] Greif, A. Contract Enforceability and Economic Institutions in Early Trade: The Maghribi Traders Coaliton. American Economic Review, 1993(83), 525-548.

[205] Greif, A. Cultural Beliefs and the Organization of Society: A Historical and Theoretical Reflection on Collectivist and Individualist Societies. Journal of Political Economy, 1994, 102(5), 912-949.

[206] Grootaert, C. Social capital, household welfare and poverty in Indonesia. World Bank Policy Research Working Paper No. 2148. Washing D. C. : The World Bank, 1999.

[207] Grootaert, C. Social Capital: The Missing Link? Working Paper3. 1998, Washington, D. C. : The World Bank.

[208] Grootaert, C., & van Bastelaer, T. The Role of Social Capital in Development: An Empirical Assessment. Cambridge: Cambridge

University Press, 2002.

[209] Grootaert, C. , & van Bastelaer, T. Understanding and measuring social capital: A synthesis of findings and recommendations from the social capital initiative (Social Capital Initiative Working paper 24). Washington, D. C. : The World Bank, 2001.

[210] Grootaert, C. , Narayan, D. , Jones, N. , *et al*. Measuring social capital: an integrated questionnaire. World Bank Working Paper No. 18, 2003.

[211] Gross, D. , Eiten, G. , Flowers, N. , *et al*. Ecology and Acculturation Among Native Peoples of CentralBrazil. Science, 1979(206), 1043-1050.

[212] Guiso, L. , Sapienza, P. , & Zingales, L. Social capital as good culture. Journal of the European Economic Association, 2008, 6(2-3), 295-320.

[213] Guiso, L. , Sapienza, P. , & Zingales, L. The role of social capital in financial development. The American Economic Review, 2004, 94 (3), 526-556.

[214] Gundelach, P. , & Kreiner, S. Happiness and life satisfaction in advanced European countries. Cross-Cultural Research, 2004, 38 (4), 359-386.

[215] Gërxhani, K. Tax evasion in transition: outcome of an institutional clash? Testing Feige's conjecture inAlbania. European Economic Review, 2004, 48(4), 729-745.

[216] Halebsky, S. Mass Society and Political Conflict: Toward a Reconstruction of Theory. Cambridge, England: Cambridge University Press, 1976.

[217] Hall, P. Social capital inBritain. British Journal of Political Science, 1999(29), 417-461.

[218] Hall, R. , & Jones, C. Why do some countries produce so much more output per worker than others? Quarterly Journal of Economics, 1999, 114(1), 83-116.

[219] Halpern, D. Health Promotion and Social Capital. Conference Paper. International Evidence for the impact of Social Capital on wellbeing. National University of Ireland, Galway, 2001.

[220] Halpern, D. Social capital: the new golden goose. Faculty of Social and Political Scienes, Cambridge University. Unpublished review, 1999.

[221] Hanifan, L. The Rural School Community Center. Annals of the American Academy of Political and Social Science, 1916(67), 130-138.

[222] Harpham, T., Grant, E., & Rodriguez, C. Mental health and social capital in Cali, Colombia. Social Science and Medicine, 2004, 58(11), 2267-2277.

[223] Harpham, T., Grant, E., & Thomas, E. Measuring social capital within health surveys: key issues. Health Policy and Planning, 2002, 17(1), 106-111.

[224] Harris, J. Depoliticizing Development: The World Bank and Social Capital. London: Anthem Press, 2002.

[225] McNeill, L. H, Kreuter, M., & Subramanian, S. V. Social environment and physical activity: a review of concepts and evidence. Social Science and Medicine, 2006(63), 1011-1022.

[226] Hawe, P., & Shiell, A. Social capital and health promotion: A review. Social Science and Medicine, 2000(51), 871-885.

[227] Healy, T. Health Promotion and Social Capital. Conference Paper. International Evidence for the impact of Social Capital on WellBeing. Galway: National University of Ireland, 2001.

[228] Healy, T. Social Capital: Challenges for its Measurement at International Level. Anniversary Conference on "Sustainable Ties in the Information Society", Netherlands, 2003.

[229] Hean, S., Cowley, S., Forbes, A., et al. The M-C-M' cycle and social capital. Social Science and Medicine, 2003(56), 1061-1072.

[230] Heffetz, O. Conspicuous consumption and the visibility of consumer expenditures, Department of Economics, Princeton University, 2004.

[231] Heller, P. Social Capital as a Product of Class Mobilization and State Intervention: Industrial Workers in Kerala, India. World Development 1996, 24(6), 1055-1071.

[232] Helliwell, J. F., & Putnam, R. D. Education and Social

Capital. National Bureau of Economic Research, Cambridge. NBER Working paper 7121, 1999.

[233] Helliwell, J. F. , & Putnam, R. D. The social context of well-being. Philosophical Transactions of the Royal Society of London B Biological Sciences, 2004, 359(1449), 1435-1446.

[234] Henrich, J. , & Boyd, R. Why People Punish Defectors. Weak Conformist Transmission Can Stabilize Costly Enforcement of Norms in Cooperative Dilemmas. Journal of Theoretical Biology, 2001(208), 79-89.

[235] Hetler, C. The impact of circular migration on a village economy. Bulletin of Indonesian Economic Studies, 1989, 25(1), 53-75.

[236] Holland, J. , Weeks, J. , & Gillies, V. Families, intimacy, and social capital. Social Policy and Society, 2003(2), 339-348.

[237] Hooghe, M. , & Stolle, D. (Eeds). Generating social capital: civil society and institutions in comparative perspective. New York: Palgrave, 2003.

[238] Horvat,E. , Weininger,E. , & Lareau, A. Form Social Ties to Social Capital: Class Differences in the Relations Between Schools and Parent Networks. American Educational Research Journal, 2003, 40(2), 319-351.

[239] House, J. S. , & Kahn, R. Measures and concepts of social support. In: Cohen, S. , Syme, S. L. (Eeds). Social Support and Health. p. 83-108. Orlando, FL. : Academic Press, 1985.

[240] Hsu, C. L. Capitalism without contracts versus capitalists without capitalism: Compar-ing the influence of Chinese guanxi and Russian blat on marketization. Communist and Post-Communist Studies, 2005, 38 (3), 309-327.

[241] Hugo, G. Circular migration in Indonesia. Population and Development Review, 1982(8), 59-84.

[242] Hymes, D. Reinventing Anthropology. New York: Random House, 1972.

[243] Hyyppa, M. T. , & Maki, J. Individual-level relationships between social capital and self-rated health in a bilingual community. Preventive Medicine, 2001, 32(2), 148-155.

［244］Hyyppa，M. T. ，& Maki，J. Social participation and health in a community rich in stocks of social capital. Health Education Research，2003，18(6)，770-779.

［245］Inglehart，R. Modernization and Post-Modernization：Cultural，Economic，and Political Change in 43 Societies. Princeton，NJ：Princeton University Press，1997.

［246］Inglehart，R. ，& Baker，W. E. Modernization，cultural change，and the persistence of traditional values. American Sociological Review，2000(65)，19-51.

［247］Ioannides，Y. M. ，& Loury，L. D. Job Information Networks，Neighborhood Effects，and Inequality. Journal of Economic Literature，2004，42(4)，1056-1093.

［248］Ishise，H. ，& Sawada，Y. Aggregate returns to social capital：Estimates based on the augmented augmented-Solow model. Journal of Macroeconomics，2009(31)，376-393.

［249］Israel，G. ，Beaulieu，L. ，& Hartless，G. The Influence of Family and Community Social Capital on Educational Achievement. Rural Sociology，2001(66)，43-68.

［250］Iyer，S. ，& Weeks，M. Social Interactions，Reproductive Externalities and Fertility Behaviour in Kenya. Mimeo，Faculty of Economics，Cambridge：University of Cambridge，2005.

［251］Jensen，J. Mapping social cohesion：the state of Canadian research. Canadian policy research network study No. F-03. Ottawa：Renouf Publishing，1998.

［252］Johnson，A. ，& Earle，T. The Evolution of Human Societies，Stanford，CA：Stanford University Press，2000.

［253］Judd，C. M. ，& Kenny，D. A. Process analysis：Estimating mediation in treatment evaluations. Evaluation Review，1981，5（5），602-619.

［254］Jylhä，M. ，Volpato，S. ，& Guralnik，J. M. Self-rated health showed a graded association with frequently used biomarkers in a large population sample. Journal of Clinical Epidemiology，2006(59)，465-471.

［255］Kaasa，A. ，& Parts，E. Individual-level Determinants of Social

Capital in Europe: Differences between Country Groups, Estonia: University of Taru, 2007.

[256] Kaplan, A. The Conduct of Inquiry: Methodology for behavioral sciences. San Francisco: Chandler, 1964.

[257] Kawachi, I. Social capital and health: why social resources matter. Keynote address, first international conference on inner city health, Toronto, Ontario, 3 October, 2002.

[258] Kawachi, I. , & Berkman, L. Social cohesion, social capital, and health. In Berkman, L. , and Kawachi, I. (Eeds). Social Epidemiology (pp. 174-190), New York: Oxford University Press, 2000.

[259] Kawachi, I. , & Kennedy, B. Income Inequality and Health: Pathways and Mechanisms. Health Services Research, 1999(34), 215-217.

[260] Kawachi, I. , & Kennedy, B. Socioeconomic Determinants of Health: Health and Social Cohesion. Why Care About Income Inequality. British Medical Journal, 1997(314), 1037-1040.

[261] Kawachi, I. , & Kennedy, B. The Health of Nations. Why Inequality is Harmful to Your Health, New York: The Free Press, 2002.

[262] Kawachi, I. , Kennedy, B. P. , & Lochner, K. Long live community: social capital as public health. The American Prospect, Nov/Dec 1997, 56-59.

[263] Kawachi, I. , Kennedy, B. P. , Lochner, K. , *et al*. Social Capital, Income Inequality, and Mortality. American Journal of Public Health, 1997, 87(9), 1491-1498.

[264] Kawachi, I. , Kennedy, B. , & Glass, R. Social Capital and Self-Rated Health: A Contextual Analysis. American Journal of Public Health, 1999, 89(8), 1187-1193.

[265] Kawachi, I. , Kennedy, B. , & Wilkinson, R. Crime: Social disorganization and relative deprivation. Social Science and Medicine, 1999b (48), 719-731.

[266] Kawachi, I. , Kennedy, B. , & Wilkinson, R. Introduction. In Kawachi, I. , Kennedy, B. , Wilkinson, R. (Eeds). The Society and Population Health Reader: Income Inequality and Health, New York: The Free Press, 1999a, 1-19.

［267］Kawachi，I.，Kim，D.，Coutts，A. *et al*. Commentary: Reconciling the three accounts of social capital. International Journal of Epidemiology，2004，33(4)，682-690.

［268］Kennedy，B. P.，Kawachi，I.，Prothrow-Stith，D. *et al*. Social capital，income inequality，and rearm violent crime. Social Science and Medicine，1998(47)，7-17.

［269］Kennelly，B.，O'Shea，E.，& Garvey，E. Social capital，life expectancy and mortality: A cross-national examination. Social Science and Medicine，2003，56(12)，2367-2377.

［270］Kerbow，B. L.，& Bernhardt，A. Parental untervention in the school: The context of minority involvement. In B. Schneider & J. S. Coleman (Eeds). Parents，their children，and schools. San Francisco，CA: Westview Press，1993，115-146.

［271］Kilpatrick，S. How social capital facilitates learning outcomes for small familybusinesses. Available at: http://www. crla. utas. edu. au/ discussion/d2-2000. shtml (accessed 05. 05. 2000)，2000.

［272］Kim，D.，& Kawachi，I. A multilevel analysis of key forms of community-and individual-level social capital as predictors of self-rated health in the United States. Journal of Urban Health-Bulletin of the New York Academy of Medicine，2006，83(5)，813-826.

［273］Kim，D.，Subramanian，S. V.，& Gortmaker，S. L. US state-and country-level social capital in relation to obesity and physical inactivity: a multivariable analysis. Social Science and Medicine，2006 (63)，1045-1059.

［274］Kim，D.，Subramanian，S. V.，& Kawachi，I. Bonding versus bridging social capital and their associations with self-rated health: a multilevel analysis of 40 US communities. Journal of Epidemiology and Community Health，2006，60(2)，116-122.

［275］Kitson，M. Measuring capitalism: output，growth and economic policy，in CoatesD. (Ed). Varieties of Capitalism，Varieties of Approaches，pp. 29-46. Basingstoke: Palgrave McMillan，2005.

［276］Klitgaard，R.，& Fedderke，J. Social Integration and Disintegration: An Exploratory Analysis of Cross-Country Data. World

Development, 1995, 23(3), 357-369.

[277] Knack, S. Groups, growth and trust: cross-country evidence on the Olson and Putnam Hypothesis. Public Choice, 2003 (117), 341-355.

[278] Knack, S. Social Capital and the Quality of Government: Evidence from the States. American Journal of Political Science, 2002(46), 772-785.

[279] Knack, S., & Keefer, P. Does Social Capital Have an Economic Payoff? A Cross-Country Investigation. The Quarterly Journal of Economics, 1997(112), 1251-1288.

[280] Knoke, D., & Kuklinski, J. H. Network Analysis. Beverly Hills, Calif.: Sage, 1982.

[281] Kornhauser, W. The Politics of Mass Society. Giencoe, Ⅲ.: The Free Press, 1959.

[282] Krishna, A. Understanding, measuring and utilizing social capital: clarifying concepts and presenting a field application from India. Agricultural Systems, 2004(82), 291-305.

[283] Krishna, A., & Shrader, E. Cross-cultural Measures of Social Capital: A Tool and Results from India and Panama. Social Capital Initiative Working Paper Series, Washington, D.C.: World Bank, 2000.

[284] Krishna, A., & Shrader, E. Social capital assessment tool. Available at: http://www. worldbank. org/ [Accessed 25. 03. 2000]. 2000.

[285] Krishna, A., & Uphoff, N. Mapping and measuring social capital: a conceptual and empirical study of collective action for conserving and developing watersheds in Rajastahn, India. Social Capital Initiative Working Paper #13. World Bank, Washington, D.C., 1999.

[286] Krugman, P. Two cheers for formalism. The Economic Journal, 1998(108), 1829-36.

[287] Kumar, K. B., & Matsussaka, J. From families to formal contracts: An approach to development. Journal of Development Economics, 2009(90), 106-119.

[288] Kunioka, T., & Woller, G. M. In (a) democracy we trust: Social and economic determinants of support for democratic procedures in Central and Eastern Europe. Journal of Socio-Economics, 1999(28), 577-596.

[289] La Porta, R. , Lopez-de-Silanes, F. , Shleifer, A. , *et al.* Trust in large organizations. American Economic Review Papers and Proceedings, 1997, 87(2), 333-338.

[290] Labonte, R. Health promotion and the common good: toward a politics of practice. InD. Callahan(E)d. , Promoting heathy behavior: how much freedom? Whose responsibility? (pp. 95-115). Washington, D. C. : Georgetown University Press, 2000.

[291] Lang, R. E. , & Hornburg, S. P. What is social capital and why is it important to public policy? Housing Policy Debate, 1998(9), 1-16.

[292] Lareau, A. Social class differences in family-school relationships: The importance of cultural capital. Sociology of Education, 1987(60), 73-85.

[293] Lasswell, H. The Structure and Function of Communication in Society. In L. Bryson(ed). The Communication of Ideas. New York: Harper, 1947.

[294] Latour, B. Reassembling the Social: An Introduction to Actor-Network-Theory. Oxford: Oxford University Press, 2005.

[295] Leana, C. R. Van Buren Ⅲ, H. J. , Organizational social capital and employment practices. Academy of Management Review, 1999(24), 538-555.

[296] Lee, S. , & Brinton, M. C. Elite education and social capital: The case of South Korea. Sociology of Education, 1996(69), 177-192.

[297] Lee, V. , & Croninger, R. G. The relative importance of home and school in the development of literacy skills for middle-grade students. American Journal of Education, 1994(102), 286-329.

[298] Leeder, S. , & Dominello, A. Social capital and its relevance to health and family policy. Australian and New Zealand Journal of Public Health, 1999(23), 424-429.

[299] Leeders, R. , & Gabbay, S. M. (Eeds). Corporate social capital andliability. Norwell, MA: Kluwer, 1999.

[300] Leonard, R. , & Onyx, J. Networking through loose and strong ties: an Australian qualitative study. Voluntas: International Journal of Voluntary and Non-profit Organizations, 2003, 14(2), 189-203.

［301］Lin，N. Building a Network Theory of Social Capital. Connections，1999a，22(1)，28-51.

［302］Lin，N. Social networks and status attainment. Annual Reivew of Sociology，1999b，25，467-487.

［303］Lin，N. Social Resources and Instrumental Action. In. P. V. Marsden，Lin，N. (Eeds). Social Structure and Network Analysis. P. 131-145，Beverly Hills，CA：Sage，1982.

［304］Lin，N. Social Resources and Social Mobility：A Structural Theory of Status Attainment. p. 247-271，in Social Mobility and Social Structure，edited by R. L. Breiger. New York：Cambridge University Press，1990.

［305］Lin，N. ，& Dumin，M. Access to Occupations Through Socical Ties. Social Networks，1986，8(4)，365-385.

［306］Lin，N. ，& Fu，Y. C. The position generator：Measurement techniques for investigations of social capital，Lin，N. ，Cook，K. and Burt，R. S. ，Social capital：Theory and research，New York，Aldine De Guyter，2001.

［307］Lin，N. ，Ensel，W. M. ，& Vaughn，J. C. Social resources and strength of ties：structural factors in occupational attainment. American Sociological Review，1981，46(4)，393-405.

［308］Lin，N. ，Fu，Y. C. ，& Hsung，R. M. Position Generator：A Measurement for Social Capital. Social Networks and Social Capital. Durham，NC：Duke University Press，1998.

［309］Lindström，M. Social capital，the miniaturisation of community and self-reported global and psychological health. Social Science and Medicine，2004，59(3)，595-607.

［310］Lindström，M. ，Moghaddassi，M. ，& Merlo，J. Individual self-reported health，social participation and neighbourhood：A multilevel analysis in Malmö，Sweden. Preventive Medicine，2004，39(1)，135-141.

［311］Link，B. G. ，& Phelan，J. Social conditions as fundamental causes of disease. Journal of Health and Social Behavior，1995 (Spec no.)，80-94.

［312］Lipset，S. M. Some social requisites of democracy. American

Political Science Review，1959(53)，69-105.

[313] Locher, J. , & Ritchie,C. Social isolation, support, capital and nutritional risk in and older sample: ethnic and gender differences. Social Science and Medicine，2005，60(4)，747-761.

[314] Lochner, K. A. , Kawachi, I. , Brennan, R. T. , *et al*. Social capital and neighborhood mortality rates in Chicago. Social Science and Medicine，2003，56(8)，1797-1805.

[315] Lochner, K. , Kawachi, I. , & Kennedy,B. P. Social capital: a guide to its measurement. Health and Place，1999，5(4)，259-270.

[316] Lomas, J. Social capital and health: implications for public health and epidemiology. Social Science and Medicine，1998（47），1181-1188.

[317] Loury, G. C. A Dynamic Theory of Racial Income Differences. in Women, Minorities, and Employment Discrimination. Phvllis Wallace and Annette M. La Mond (Eeds). Lexington, MA: Heath, 1977.

[318] Loury, G. C. Intergenerational Transfers and the Distribution of Earnings. Econometrica，1981，49(4)，843-867.

[319] Lynch, J. , Davey, S. G. , Hillemeier, M. , *et al*. Income inequality, the psychosocial environment and health: Comparisons on wealthy nations. Lancet，2001，358(9277)，194-200.

[320] Lynch, J. , Smith, G. D. , Harper, S. , *et al*. Is income inequality a determinant of population health? Part 1. A Systematic Review. Milbank Quarterly，2004a，82(1)，5-99.

[321] Macinko, J. , & Starfield,B. The Utility of Social Capital in Research on Health Determnants. The Milbank Quarterly，2001，79(3)，387-427.

[322] Macintyre, S. The social patterning of health: bringing the social context back in. Medical Sociology Newsletter，2000，26(1)，14-19.

[323] Macintyre, S. , & Ellaway, A. Local opportunity structures, social capital and social inequalities in health: what can central and local governments do? Keynote address at the 11th Australian Health Promotion Conference, Perth, May 1999.

[324] Mankiw, N. G. , Romer,D. , & Weil,D. N. A contribution to

the empirics of economic growth. Quarterly Journal of Economics, 1992 (107), 407-435.

[325] Mansyur, C., Amick, B. C., Harrist, R. B., *et al*. Social capital, income inequality, and self-rated health in 45 countries. Social Science and Medicine, 2008(66), 43-56.

[326] Maru, Y. T., McAllister, R., & Smith, M. Modelling community interactions and social capital dynamics: The case of regional and rural communities of Australia. Agricultural Systems, 2007 (92), 179-200.

[327] Massey, D. Social structure, household strategies, and the cumulative causation of migration. Population Index, 1990, 56(1), 3-26.

[328] Mayoux, L. Talking the Downside: Social Capital, Women's Empowerment and Micro-finance in Cameroon. Development and Change, 2001(32), 435-464.

[329] McArdle, S., Waters, L., Briscoe, J., *et al*. Employability during unemployment: Adaptability, career identity and human and social capital. Journal of Vocational Behavior, 2007, 71(2), 500-515.

[330] McLanahan, S. Family structure and the reproduction of poverty. American Journal of Sociology, 1985(90), 873-901.

[331] McLanahan, S., & Bumpass, L. Intergenerational consequences of family disruption. American Journal of Sociology, 1988 (94), 130-152.

[332] McLanahan, S., & Sandefur, G. Growing up with a single parent: what hurts and what helps. Cambridge: Harvard University Press, 1994.

[333] McLaren, P. Life in schools: An introduction to critical pedagogy in the foundations of education. New York: Longman, 1998.

[334] McNeal, R. B. Parental involvement as social capital: Differential effectiveness on science achievement, truancy, and dropping out. Social Forces, 1999(78), 117-144.

[335] Mead, G. H. Mind, self and society. Chicago: University of Chicago Press, 1934.

[336] Mehra, A., Kilduff, M., & Brass, D. J. The social networks of high and low self-monitors: implications for workplace performance. Administrative Science Quarterly, 2001(35), 121-146.

[337] Miguel,E. Comment on: Social capital and growth. Journal of Monetary Econonics, 2003(50), 195-198.

[338] Miguel, E. , & Gugerty, M. K. Ethnic Diversity, Social Sanctions, and Public Goods in Kenya, U. C. Berkeley, unpublished manuscript, 2002.

[339] Miguel,E. , Gertler, P. , & Levine,D. Does Industrialization Build or Destroy Social Networks? Economic Development and Cultural Change, 2006, 54(2), 287-317.

[340] Miguel,E. , Gertler, P. , & Levine,D. Does Social Capital Promote Industrialization? Evidence from a Rapid Industrializer. Review of Economics and Statistics, 2005, 87, 327-258.

[341] Mogues, T. , & Carter, M. R. Social capital and the reproduction of economic inequality in polarized societies. Journal of Economic Inequality, 2005(3), 193-219.

[342] Moll, L. C. , Ananti,C. , Neff,D. , et al. Funds of knowledge for teaching: Using a qualitative approach to connect to homes and classrooms. Theory Into Practice, 1992(31), 132-141.

[343] Molyneaux, M. Gender and silences of social capital. Development and Change, 2002, 33(2), 167-188.

[344] Montgomery, J. Job Search and Network Composition: Implications of the Strength of Weak Ties Hypothesis. American Sociological Review, 1992, 57(5), 586-596.

[345] Morduch, J. Income Smoothing and Consumption Smoothing. Journal of Economic Perspectives, 1995(9), 103-114.

[346] Morenoff, J. D. , Sampson, R. J. , & Raudenbush, S. W. Neighborhood inequality, collective efficacy and the spatial dynamics of urban violence. Research Report 00-451, Population Studies Center, Michigan, University of Michigan, 2001.

[347] Morgen, S. L. , & Sørensen, A. B. Parental Networks, Social Closure, and Mathematics Learning: A Test of Coleman's Social Capital Explanation of School Effects. American Sociological Review, 1999(64), 661-681.

[348] Morrow, V. "Dirty looks" and "trampy places" in young

people's accounts of community and neighborhood: Implications for health inequalities. Critical Public Health, 2000(10), 141-153.

[349] Morrow, V. Conceptualizing social capital in relation to the well-being of children and young people: A critical review. Sociological Review, 1999(47), 744-766.

[350] Mouw, T. Social Capital and Finding A Job: Do Contacts Matter? American Sociological Review, 2003(68), 868-898.

[351] Muller, C. Parental ties to the school and community and mathematics achiement. In Peter W. Cookson, Jr., & Barbara Schneider (Eeds). Transforming schools (pp. 57-79). New York and London: Garland Publishing, 1995.

[352] Muller, C., & Ellison, C. G. Religious involvement, social capital, and adolescents' academic progress: Evidence from the national education longitudinal study of 1988. Sociology Focus, 2001(34), 155-183.

[353] Muller-Benedict, V. Xenophobia and social closure: a development of a model from Coleman. Journal of Artificial Societies and Social Simulation, 2002, 5(1). Available from: http://jass. soc. surrey. ac. uk/5/1/2. html.

[354] Nahapiet, J., & Ghoshal, S. Social capital, intellectual capital, and the organizaitional advantage, Academy of Management Review, 1998 (23), 242-266.

[355] Narayan, D. Bonds and bridges: social capital and poverty. (Policy Research Working Paper Series, No. 2167). Washington: World Bank, 1999.

[356] Narayan, D., & Cassidy, M. A Dimensional Approach to Measuring Social Capital: Development and Validation of a Social Capital Inventory. Current Sociology, 2001, 49(2), 59-102.

[357] Narayan, D., & Pritchett, L. Cents and Sociability: Household Income and Social Capital in Rural Tanzania. Economic Development and Cultural Change, 1999(47), 871-897.

[358] National Education Goals Panel. The national education goals report: Building a nation of learners. Washington, D. C. : U. S. Government Printing Office, 1995.

［359］Navarro, V., & Shi, L. The political context of social inequalities and health. Social Science and Medicine, 2001(52), 481-491.

［360］Neuhouser, K. Worse than men: gendered mobilization in urban squatter settlements, 1971-91. Gender and Society, 1995, 9(1), 38-59.

［361］Nohria, N., & Eccles, R. G. (Eeds). Networks and organizations: Structure, form and action. Boston, MA: Harvard Business School Press, 1992.

［362］Norton, D. Institutions, Institutional Change, and Economic Performance, Cambridge, UK: Cambridge University Press, 1990.

［363］O'Connell, M. Anti "social capital". Civic values versus economic equality in the EU. European Sociological Review, 2003, 19(3), 241-248.

［364］O'Hara, P. A. Capital and Inequality in Today's World. in DougBrown (ed). Thorstein Veblen in the Twenty-First Century, Cheltenham: Edward Elgar, 1998.

［365］Ogilvie, S. C. The use and abuse of trust: social capital and its deployment by early modern guilds. Jahrbuch far Wirtschaftsgeschichte/ Economic History Yearbook, 2005, 15-52.

［366］Olson, M. The Logic of Collective Action: Public Goods and the Theory of Groups. Cambridge, MA: Harvard University Press, 1965.

［367］Olson, M. The Rise and Decline of Nations: Economic Growth, Stagflation, and Social Reigidities. New Haven, CT: Yale University Press, 1982.

［368］ONS. Social Capital: A Review of Literature. Office of the National Statistics, UK, (http://www.statistics.gov.uk/socialcapital/ downloads/soccaplitreview.pdf#11) (accessed September 2003)

［369］Onyx, J., & Bullen, P. Measuring social capital in five communities, The Journal of Applied Behavioral Science, 2000, 36 (1), 23-42.

［370］Orr, M. Black social capital: The politics of school reform in Baltimore, 1986-1998. Lawrence, KS: University of Kansa Press, 2000.

［371］Ostrom, E. Crossing the great divide: coproduction, synergy, and development. World Development, 1996(24), 1073-1087.

［372］Ostrom, E. Governing the Commons: the Evolution of

Institutions for Collective Action. Cambridge UK: Cambridge University Press, 1990.

[373] Paldam, M. Social capital: one or many? Definition and measurement. Journal of Economic Surveys, 2000, 14(5), 629-653.

[374] Paldam, M. , & Svendsen, G. T. An essay on social capital: Looking for the fire behind the smoke. European Journal of Political Economy, 2000, 16(2), 339-366.

[375] Paldam, M. , & Svendsen, G. T. Is social capital an effective smoke condenser? An essay on a concept linking the social sciences (Social Capital Iniviative Working Paper 11). Washington, D. C. : The World Bank, 1999.

[376] Paldam, M. , & Svendsen, G. T. Missing social capital and the transition in Eastern Europe. Journal for Institutional Innovation, Development and Transition, 2001(5), 21-33.

[377] Palloni, K. , Massey, R. , Ceballos, L. , et al. Social capital and international migration: a test using information on family networks. American Journal of Sociology, 2001, 106, 1262-1298.

[378] Pantoja, E. Exploring the concept of social capital and its relevance for community-based development: The case of coal mining areas in Orissa, India (Social Capital Iniviative Working Paper 18). Washington, D. C. : The World Bank, 2000.

[379] Park, S. H. , & Luo, Y. D. Guanxi and Organizational Dynamics Organizational Networking in Chinese Firms. Strategic Management Journal, 2001(22), 455-477.

[380] Patulny, R. V. , & Svendsen, G. L. H. Exploring the social capital grid: bonding, bridging, qualitative, quantitative. International Journal of Sociology and Social Policy, 2007, 27(1/2), 32-51.

[381] Paugam, S. , & Russell, H. The effects of employment precarity and unemployment on social isolation. In: Gallie,D. , Paugam, S. (Eeds). Welfare Regimes and the Experiences of Unemployment in Europe. Oxford: Oxford University Press, 2000, 243-264.

[382] Pawar, M. "Social""capital". The Social Science Journal, 2006 (43), 211-226.

[383] Paxton, P. Is social capital declining in the United States? A multiple indicator assessment. American Journal of Sociology, 1999, 105 (1), 88-127.

[384] Paxton, P. Social capital and democracy: An interdependent relationship. American Sociological Review, 2002(67), 254-277.

[385] Pejovich, S. S. Understanding the transaction costs of transition: It's the culture, stupid. Review of Austrian Economics, 2003, 16(4), 347-361.

[386] Pelling, M. , & High,C. Understanding adaptation: What can social capital offer assessments of adaptive capacity? Global Environmental Change, 2005, 15(4), 308-319.

[387] PERFORMANCE AND INNOVATION UNIT. Social Capital: A Discussion Paper, April 2002, PIU, London.

[388] Pevalin,D. J. , & Rose,D. Investgating the links between social capital and health using the British Household Panel Survey. UK: NHS Health Development Agency, 2004.

[389] Plateau, J. P. Behind the Market Stage Where Real Societies Exists. Journal of Development Studies, 1994(30), 533-577, 753-817.

[390] Podolny, J. , & Baron, J. Resources and Relationships: Social Networks and Mobility in the Workplace. American Sociological Review, 1997, 62(4), 673-693.

[391] Podolny, J. , & Page, K. Networks Forms of Organization. Annual Review of Sociology. 1998, 24, 57-76.

[392] Poland,B. Social capital, social cohesion, community capacity, and community empowerment: variations on a theme? InB. Poland, L. W. Green, & I. Rootman (Eeds). Settings for health promotion: linking theory and practice. Newbury Park, CA: Sage, 2000.

[393] Pollack,C. E. , & von dem Knesebeck, O. Social capital and health among the aged: Comparisons between the United States and Germany. Health Place, 2004, 10(4), 383-391.

[394] Pong, S. The school compositional effect of single parenthood on 10th-grade achievement. Sociology of Education, 1998(71), 24-43.

[395] Poortinga, W. Social capital: An individual or collective

resource for health? Social Science and Medicine, 2006b, 62(2), 292-302.

［396］Poortinga, W. Social relations or social capital? Individual and community health effects of bonding social capital. Social Science and Medicine, 2006a, 62(1), 255-270.

［397］Portes, A. Economic Sociology and the Sociology of Immigration: A Conceptual Overview. In Alejandro Portes (ed). The Economic Sociology of Immigration: Essays on Networks, Ethnicity and Entrepreneurship, New York: Russell Sage Foundation, 1995.

［398］Portes, A. Social capital: Its Origins and Applications in Modern Sociology Annual. Review of Sociology, 1998(24), 1-24.

［399］Portes, A. The two meanings of social capital. Sociological Forums, 2000, 15(1), 1-12.

［400］Portes, A., & Landolt, P. Unsolved Mysteries-The Tocqueville Files Ⅱ: The downside of social capital. The American Prospect, 1996, 7(26), 18-22.

［401］Portes, A., & Sensenbrenner, J. Embeddedness and Immigration: Notes on the Social Determinants of Economic Action. American Journal of Sociology, 1993, 98(6), 1320-1350.

［402］Potapchuck, W., Crocker, J., Schechter, W., et al. Building community: Exploring the role of social capital and local government. Program for Community Problem Solving, Washington, DC, 1997.

［403］Powell, W. Neither Market nor Hierarchy: Network Forms of Organization. In Barry Staw and Larry L. Cummings,(Eeds). Research in Organizational Behavior, Greenwich, Conn.: JAI Press, 1990(12), 295-336.

［404］Pretty, A. Social and Human Capital for Sustainable Agriculture. In: Agro ecological Innovations: Increasing Food Production with Participatory Development. N. Uphoff, (Ed). London: Earthscan, 2002.

［405］Pretty, J., & Smith, D. Social capital in biodiversity conservation and management, Conservation Biology, 2004, 18 (3), 631-638.

［406］Putnam, R. Bowling Alone: America's declinig social capital. Journal of Democracy, 1995, 6(1), 65-78.

240 社会资本和信息能力对农户收入的影响机制研究——以湖北、山西为例

[407] Putnam, R. Bowling Alone: the Collapse and Revival of American Community. New York: Simon & Schuster, 2000.

[408] Putnam, R. Foreword. Housing Policy Debate, 1998(9), v-viii.

[409] Putnam, R. Social capital: measurement and consequences. Isuma, 2001, 2(1), 44-51.

[410] Putnam, R., Leonardi, R., & Nanetti, R. Making democracy work: Civic Traditions in Modern Italy. Princeton, NJ: Princeton University Press, 1993.

[411] Putnam, R., The prosperous community: Social capital and public life. The American Prospect. Available at: http://www.prospect.org/archives/13/13putn. html [Accessed 25. 03. 2000], 1993.

[412] Putzel, J. Accounting for the "dark side" of social capital: reading Robert Putnam on democracy. Journal of International Development, 1997, 9(7), 939-949.

[413] Raiser, M. Trust in transition. EBRD Working paper No. 39, EBRD, London, United Kingdom, 1999.

[414] Reidpath, D. D. "Love thy neighbour"—It's good for your health: a study of racial homogeneity, mortality, and social cohesion in the United States. Social Science and Medicine, 2003(57), 253-261.

[415] Reimer, W. Understanding Social Capital: Its Nature and Manifestations in Rural Canada. Paper prepared for presentation at the CSAA Annual Conference, Toronto, 2002.

[416] Riley, D., & Eckenrode, J. Social ties: Subgroup differenes in costs andbenefits. Journal of Personality and Social Psychology, 1986(51), 770-778.

[417] Rissel, C. Empowerment: the holy grail of health promotion? Health Promotion International, 1994(9), 279-292.

[418] Robbins, D. The work of PierreBourdieu. Boulder, CO: Westview Press, 1991.

[419] Robinson, D. (ed). Social Capital & Policy Development Institute of Policy Studies, Wellington, New Zealand, 1997.

[420] Robison, L. J., Myers, R. J., & Siles, M. E. Social Capital

and the Terms of Trade for Farmland. Review of Agricultural Economics, 2002, 24(1), 44-58.

[421] Robison, L. J., Schmid, A., & Siles, M., Is Social Capital Really Capital? Review of Social Economy, 2002, 60(1), 1-21.

[422] Robison, L., & Siles, M. Social Capital and Household Income Distribution in the United States, 1980-1990, Report No. 595. East Lansing: Department of Agricultural Economics, Michigan State University, 1997.

[423] Rodrik, D. Where Did All the Growth Go? External Shocks, Social Confiict, and Growth Collapses. NBER working paper 6350, 1998.

[424] Rogers, E. Diffusion of innovations. New York: Free Press, 1983.

[425] Rojas, Y., & Carlson, P. The stratification of social capital and its consequences for self-rated health in Taganrog, Russia. Social Science and Medicine, 2006, 62(11), 2732-2741.

[426] Rose, R. Adaptation, Resilience and Destitution-Alternative Responses to Transition in Ukraine. Problem of Post-Communism (November/December), p. 52-61, 1995a.

[427] Rose, R. How much does social capital add to individual health? A survey study of Russians. Social Science and Medicine, 2000, 51(9), 1421-1435.

[428] Rose, R. New Russia Barometer IV-Survey Results. Studies in Public Policy, No. 250, University of Strathclude Review, Glasgow, 1995b.

[429] Rose, R. Russia as an Hour-Glass Society: A Constition without Citizens. East European Constitional Review, 1995c, 4(3), 34-42.

[430] Rosenzweig, M. Risk, Implicit Contracts and the Family in Rural Areas of Low-income Countries. Economic Journal, 1988(98), 1148-1170.

[431] Routledge, B. R., & von Amsberg, J. Social capital and growth. Journal of Monetary Economics, 2003, 50(1), 167-193.

[432] Rupasingha, A., Goetz, S. J., & Freshwater, D. Journal of Socio-Economics, 2006, 35, 83-101.

[433] Sabatini, F. Social capital as social networks: A new framework for measurement and an empirical analysis of its determinants and consequences. The Journal of Socio-Economics, 2009(38), 429-442.

[434] Sampson, R. J., Morenoff, J. D., & Earls, F. Beyond social capital: spatial dynamics of collective efficacy for children. American Sociological Review, 1999(64), 633-660.

[435] Sampson, R. J., Raudenbush, S. W., & Earls, F. Neighborhoods and violent crime: a multilevel study of collective efficacy. Science, 1997, 277(5328), 918-924.

[436] Sandefur, R. L., & Lauman, E. O. A paradigm for social capital. Rationality and Society, 1998, 10, 481-501.

[437] Schiff, M. Love Thy Neighbor: trade, migration and social capital. European Journal of Political Economy, 2002, 18(1), 87-107.

[438] Schneider, B. School, parent, and community involvement: The federal government invests in social capital. In K. M. Borman, P. W. Cookson, A. R. Sadovnik, & J. Z. Spade (Eeds). Implimenting educational reform: Sociological perspectives on educational policy. Norwood, NJ: Ablex, 1996, 193-213.

[439] Schofer, E., & Fourcade-Gourinchas, M. The structural contexts of civic engagement: Voluntary association membership in comparative perspective. American Sociological Review, 2001, 66(6), 806-828.

[440] Schuller, T. Reflections on the use of social capital. Review of Social Economy, 2007, 65(1), 11-28.

[441] Schuller, T. The Complementary Roles of Human and Social Capital ISUMA. Canadian Journal of Policy Research, 2001, 2(1), 18-24.

[442] Schuller, T., Baron, S., & Field, J. Social capital: a review and critique. In Baron, Filed, & Schuller(E)ds, Social capital: Critical Perspectives. Oxford: Oxford University Press, 2000.

[443] Schultz, T. W. Investment in Human Capital. The American Economic Review, 1961, 51(1), 1-17.

[444] Scott, J. Social Network Analysis: A Handbook. Beverly Hills, Calif: Sage Publications, 2000.

[445] Seeman, T. E., Kaplan, G. A., Knudsen, L., et al. Social

ties and mortality in the elderly: a comparative analysis of age-dependent patterns of association. American Journal of Epidemiology, 1987 (126), 714-723.

[446] Serageldin, I. Sustainability as an opportunity and the problem of social capital. The Brown Journal of World Affairs, 1996, 3 (2), 187-203.

[447] Sharpe, A. Exploring the linkages between productivity and social development in market economies, CSLS Research Report 2004-2002, 2004.

[448] Silvey, R. , & Elmhirst, R. Engendering Social Capital: Women Workers and Rural-Urban Networks in Indonesia's Crisis. World Development, 2003, 31(5), 865-879.

[449] Skocpol, T. , Ganz, M. , & Munson, Z. A nation of organizers: the institutional origins of civic voluntarism in the United States. American Political Science Review, 2000, 94(3), 527-546.

[450] Skrabski, A. , Kopp, M. , & Kawachi, I. Social capital and collective efficacy in Hungary: Cross sectional associations with middle aged female and male mortality rates. Journal of Epidemiology and Community Health, 2004, 58(4), 340-345.

[451] Sligo, F. X. , & Massey,C. Risk, trust and knowledge networks in farmers' learning. Journal of Rural Studies, 2007, 23(2), 170-182.

[452] Smith, M. H. , Beaulieu, L. J. , & Seraphine, A. Social capital, place of residence, and college attendance. Rural Sociology, 1995 (8), 363-380.

[453] Smith-Lovin, L. , & McPherson, J. M. You are who you know: a network approach to gender. InP. England (Ed), Theory on gender/Feminism on theory. New York: Walter de Gruter, Inc. , 1993, 223-245.

[454] Smylie, M. A. , & Hart, A. W. School leadership and teacher learning and change: A human and social capital development perspective. In J. Murphy &K. S. Louis (Eds), Handbook of research on educational administration (2nd ed. , pp. 421-442). San Francisco, CA: Jossey-Bass, 1999.

[455] Snelgrove, J. W., Pikhart, H., & Staafford, M. A multilevel analysis of social capital and self-rated health: Evidence from the British Household Panel Survey. Social Science and Medicine, 2009 (68), 1993-2001.

[456] Snijders, T. A. B. Prologue to the measurement of social capital. The Tocqueville Review, 1999, 20(1), 27-44.

[457] Sobel, J. Can we trust social capital? Journal of Economic Literature, 2002, 40(1), 139-154.

[458] Sobels, J., Curtis, A., & Lockie, S. The role of land care group networks in rural Australia: exploring the contribution of social capital. Journal of Rural Studies, 2001(17), 265-276.

[459] Spellerberg, A. Towards a framework for the measuremwnt of social capital. In Robinson, D. (ed). Social Capital & Policy Development Institute of Policy Studies, Wellington, New Zealand, 1997.

[460] Standifird, S., S., & Marshall, R. S. The Transaction Cost Advantage of Guanxi-Based Business Practices. Journal of World Business, 2000, 35(1), 21-42.

[461] Stanley, D. The Economic Consequences of Social Cohesion. Strategic Research and Analysis Directorate. Department of Canadian Heritage, Ottawa, 1997.

[462] Stanton-Salazar, R. A social capital framework for understanding the socialization of racial minority children and youths. Harvard Educational Review, 1997(67), 1-40.

[463] Stanton-Salazar, R., & Dornbusch, S. M. Social capital and the reproduction of inequality: Information networks among Mexican-origin high school students. Sociology of Education, 1995(68), 116-135.

[464] Steinberg, L. D. Beyond the classroom: Why school reform has failed and what parents need to do. New York: Simon 7 Schuster, 1996.

[465] Stevens, S. Mathematics, measurement and psychophysics. In S. Stevens (ed). Handbook of Experimental Psychology. New York: Wiley, 1951.

[466] Stone, A. W., Levy, B., & Paredes, R. Public Institution and Private Transactions: The Legal and Regulatory Environment for Business

Transaction in Brazil and Chile. Policy Research Working Paper No. 891. World Bank, Washington,D. C. , 1992.

[467] Stone, W. Measuring social capital: Towards a theoretically informed measurement framework for researching social capital in family and community life (Research Paper No. 24). Melbourne: Australian Institute of Family Studies, 2001.

[468] Stone, W. , Gray, M. , & Hughes, J. Social Capital at Work: How Family, friends and civic ties relate to labour market outcomes. Australian Institute of Family Studies, Research Paper No. 31, 2003.

[469] Subramanian, S. V. , & Kawachi, I. Income inequality and health: What have we learned so far? Epidemiologic Reviews, 2004, 26, 78-91.

[470] Subramanian, S. V. , Kawachi, I. , & Kennedy,B. P. Does the state you live in make a difference? Multilevel analysis of self-rated health in the US. Social Science and Medicine, 2001, 53(1), 9-19.

[471] Subramanian, S. V. , Kim,D. J. , & Kawachi, I. Social trust and self-rated health in US communities: a multilevel analysis. Journal of Urban Health-Bulletin of the New York Academy of Medicine, 2002, 79 (4), S21-S34.

[472] Subramanian, S. V. , Lochner, K. A. , & Kawachi, I. Neighborhood differences in social capital: a compositional artifact or contextual construct? Health and Place, 2003(9), 33-44.

[473] Sui-Chu,E. H. , & Douglas, W. J. , Effects of parental involvement on grade achievement. Sociology of Education, 1996, 69, 126-141.

[474] Sundquist, K. , & Yang, M. Linking social capital and self-rated health: a multilevel analysis of 11, 175 men and women in Sweden. Health and Place, 2007, 13(2), 324-334.

[475] Svendsen, G. L. H. , & Svendsen, G. T. The Creation and Destruction of Social Capital. Edward Elgar, 2004.

[476] Szreter, S. , & Woolcock, M. Health by association? Social capital, social theory and the political economy of public health. International Journal of Epidemiology, 2004, 33(4), 650-667.

[477] Temple, J. , & Johnson, P. A. Social capability and economic growth. Quarterly Journal of Economics, 1998(113), 967-990.

[478] Tiepoh, M. G., & Reimer, B. Social capital, information flows, and income creation in rural Canada: a cross-community analysis. Journal of Socio-Economics, 2004, 33(4), 427-448.

[479] Trigilia, C. Social Capital and Local Development. European Journal of Social Theory, 2001, 4(4), 427-442.

[480] Tsai, W. Social structure of "competition" within a multiunit organization: Coordination, competition, and intraorganizational knowledge sharing. Organization Science, 2002, 13, 179-190.

[481] Tsai, W., & Ghoshal, S. Social capital and value creation: The role of intrafirm networks. Academy of Management Journal, 1998, 41(4), 464-476.

[482] Uphoff, N. Fitting projects to people. In: Cernea, M. M. (Ed). Putting People First: Sociological Variables in Rural Development. World Bank, Oxford University Press, New York, 1991.

[483] Uphoff, N. Foreword. In: Indigenous Organisations and Development. P. Blut, andD. Warren, (Eeds). London: Intermediate Technology, 1996b.

[484] Uphoff, N. Grassroots organisations and NGOS in rural development: opportunities with diminishing states and expanding markets. World Development, 1993(21), 607-622.

[485] Uphoff, N. Learning from Gal Oya: Possibilities for Participatory Development and Post-Newtonian Social Science. London: Intermediate Technology Publications, 1996.

[486] Uphoff, N. T., Esman, M. J., & Krishna, A. Reasons for Success: Learning from Instructive Experiences in Rural Development. Kumarian Press, Connecticut, 1998.

[487] Uphoff, N. Understanding Social Capital: Learning from the Analysis and Experience of Participation. In: Dasgupta, P., Serageldin, I. (Eeds). Social Capital: A Multifaceted Perspectives. Washington, D. C. : WorldBank. pp. 215-252. 2000.

[488] Uslaner, E. The Moral Foundations of Trust. New York: Cambridge University Press, 2002.

[489] Uzzi, B. Social Structure and Competition in Interfirm

Networks: The Paradox ofEmbeddedness. Administrative Science Quarterly, 1997, 42(1), 35-67.

[490] Van Deth, J. W. Measuring social capital. in Castiglions,D. , van Deth, J. W. , Wolleb, G. (Eeds). The Handbook of Social Capital. Oxford: Oxford University, 2007.

[491] van Emmerik, IJ, H. Gender differences in the creation of different types of social capital: A multilevel study. Social Networks, 2006 (28), 24-37.

[492] Varshney, A. Etnic Conflict and Civic Life: Hindus and Muslims in India. New Haven: Yale University Press, 2000.

[493] Veblen, T. Fisher's capital and income. Political Science Quarterly, 1908a, 23 (1), 112-128.

[494] Veblen, T. On the nature of capital. The Quarterly Journal of Economics, 1908b, 22 (4), 517-542.

[495] Veblen, T. On the nature of capital: investment, intangible assets, and the pecuniary magnate. The Quarterly Journal of Economics, 1908c, 22 (1), 104-136.

[496] Veenstra, G. Explicating social capital: trust and participation in the civil space. Canadian Journal of Sociology, 2002, 27(4), 547-573.

[497] Veenstra, G. Location, location, location: contextual and compositional health effects of social capital in British Columbia, Canada. Social Science & Medicine, 2005(60), 2059-2071.

[498] Veenstra, G. Social capital and helath (plus wealth, income inequality and regional health governance). Social Science and Medicine, 2002b, 54(6), 849-868.

[499] Veenstra, G. Social capital, SES and health: An individual-level analysis. Social Science & Medicine, 2000, 50(5), 619-629.

[500] Veenstra, G. , Luginaah, I. , Wakefield, S. , *et al.* Who you know, where you live: social capital, neighbourhood and health. Social Science and Medicine, 2005, 60(12), 2799-2818.

[501] Virchow, R. The public health service. Medizinische Reform, 1848(5), 21-22, (in German).

[502] Wahba, J. , & Zenou, Y. Density, Social Networks and Job

Search Methods: Theory and Application to Egypt. Journal of Development Economics, 2005, 78(2), 443-473.

[503] Wakefield, S. E. L., & Poland, B. Family, friend or foe? Critical reflections on the relevance and role of social capital in health promotion and community development. Social Science and Medicine, 2005 (60), 2819-2832.

[504] Waldstrøm, C., & Svendsen, G. L. H. On the capitalization and cultivation of social capital: Towards a neo-capital general science? The Journal of Socio-Economics, 2008(37), 1495-1514.

[505] Walker, G., Kogut, B., & Shan, W. J. Social Capital, Structural Holes and the Formation of an Industry Network. Organization Science, 1997, 8(2), 109-125.

[506] Wall, E., Ferrazzi, G., & Schryer, F. Getting the goods on social capital. Rural Sociology, 1998, 63(2), 300-322.

[507] Wallerstein, N., & Freudenberg, N. Linking health promotion and social justice: a rational and two case stories. Health Education Research, 1998, 13(3), 451-457.

[508] Warde, A., & Tampubolon, G. Social Capital, Networks, and Leisure Consumption. The Sociological Review, 2002(35), 155-180.

[509] Warner, M. Social capital construction and the role of the local state. Rural Sociology, 1999, 64 (3), 373-393.

[510] Wasserman, S., & Faust, K. Social Network Analysis: Methods and Applications. Cambridge: Cambridge University Press, 1994.

[511] Weintraub, R. E. Controversy: axiomatisches Missverständnis. The Economic Journal, 1998(108), 1837-1847.

[512] Wetterberg, A. Crisis, Connections, and Class: How Social Ties Affect Household Welfare. World Development, 2007, 35 (4), 585-606.

[513] Whiteley, P. F. Economic Growth and Social Capital. Political Studies, 2000(48), 443-466.

[514] Whiteley, P. F. The origins of social capital. In Van Deth, Jan W., Maraffi, M., Newton, K., et al., (Eeds). Social Capital and European Democracy. New York: Routledge, 1999.

［515］Wilkinson, R. Comment: Income, Inequality, and Social Cohesion. American Journal of Public Health, 1997a (87), 1504-1506.

［516］Wilkinson, R. Commentary: Income Inequality Summarizes the Health Burden of Individual Relative Deprivation. British Medical Journal, 1997b (314), 1727-1728.

［517］Wilkinson, R. G. , & Pichett, K. E. Income inequality and population health: A review and explanation of the evidence. Social Science and Medicine, 2006(62), 1768-1984.

［518］Wilkinson, R. Unhealthy Societies: the afflictions of inequality. London: Routledge, 1996.

［519］Wilson, L. Developing a Model for the Measurement of Social Inclusion and Social Capital in Regional Australia. Social Indicators Research, 2006, 75(3), 335-360.

［520］Winter, I. Major themes and debates in the social capital literature: The Australian connection. In I. Winter (Ed), Social capital and public policy in Australia. Melbourne: Australian Institute of Families Studies, 2000.

［521］Wolff, N. H. , & Wahab, B. W. , The Importance of Indigenous Organization to the Sustainability of Contemporary Yoruba Strip-weaving Industries in Iseyin, Nigeria. In: Indigigenous Organisations and Developmengt, Blut, P. , and D. Warren (Eds), London: Intermediate Technology, 1996.

［522］Woolcock, M. Social capital and economic development: towards a theoretical synthesis and policy framework. Theory and Society, 1998, 27(1), 151-208.

［523］Woolcock, M. The place of social capital in Understanding Social and Economic Outcomes. ISUMA Canadian Journal of Policy Research, 2001, 2(1), 11-17.

［524］Woolcock, M. , & Narayan,D. Social Capital: Implications for development theory, research, and policy. The World Bank Research Observer, 2000(15), 225-249.

［525］Woolcock, M. , & Sweetser, A. T. Bright Ideas: Social Capital-The Bonds That Connect. ADB Review, 2002, 34(2), 203-243.

［526］WorldBank. ASEM Trust Fund：Summary：technical assistance funding proposal. 2000. Available：http：//www. worldbank. org/rmcaseminsocialsafety. htm.

［527］WorldBank. Rural Water Supply and Sanitation Project，Morocco，2003，ICR Report No. 25917，2003.

［528］World Bank. Social capital and gender. 2001. Available：http：//www. worldbank. org/wbp/scapital/sources/gender1. htm♯maw.

［529］Yager，J. When friendship hurts：How to deal with friends who betray，abandon，or wound you. New York：Simon&Shuster，2002.

［530］Yeung，I. Y. M. ，& Tung，R. L. Achieving business success in Confucian societies：The importance of Guanxi（connections）. Organizational Dynamics，1996(25)，54-65.

［531］Zak，P. ，& Knack，S. Trust and growth. The Economic Journal，2001，111(1)，295-321.

［532］Zhang，L. C. ，Wang，H. ，Wang，L. S. ，et al. Social capital and farmer's willingness-to-join a newly established community-based health insurance in rural China. Health Policy，2006(76)，233-242.

［533］Zmerli，S. Applying the Concepts of Bonding and Bridging Social Capital to Empirical Research. European Political Science，2003(2)，218-247.

［534］"农村劳动力流动的组织化特征"课题组. 农村劳动力流动的组织化特征. 社会学研究，1997(1).

［535］C. 格鲁特尔特［英］，贝斯特纳尔［英］. 社会资本在发展中的作用. 黄载曦，杜卓君，黄治康译，四川：西南财经大学出版社，2004.

［536］J. 米格代尔［美］. 农民、政治与革命. 李玉琪，袁宁译，北京：中央编译出版社，1996.

［537］阿力克斯·英格尔斯［美］. 人的现代化. 成都：四川人民出版社，1985.

［538］奥斯特罗姆［美］. 流行的狂热抑或基本概念. 走出囚徒困境——社会资本与制度分析. 曹荣湘译，上海：上海三联书店，2003.

［539］艾尔·巴比［美］. 社会研究方法（上）. 邱泽奇译，北京：华夏出版社，2000.

［540］罗吉斯，A. M. ，伯德格，L. J. 乡村社会变迁. 王晓毅，王地宁译，杭州：浙江人民出版社，1988.

［541］包先康,朱士群.乡村社会资本:村民小组治理的"社会植被".人文杂志,2009(2).

［542］北京大学社会分化课题组.工业化与社会分化:改革以来中国农村的社会结构变迁.农村经济与社会,1990(4).

［543］边燕杰,张文宏.经济体制、社会网络与职业流动.中国社会科学,2001(2).

［544］边燕杰.城市居民社会资本的来源及作用:网络观点与调查发现.中国社会科学,2004(3).

［545］边燕杰.社会网络与求职过程.改革开放与中国社会:西方社会学文献述评.林益民,涂肇庆主编,香港:牛津大学出版社,1999.

［546］边燕杰.找回强关系:中国的间接关系、网络桥梁和求职.国外社会学,1998(2).

［547］卜长莉.社会资本的负面效应.学习与探索,2006(2).

［548］蔡婧,李红艳.乡村传播中农村大学生的地位与作用.新闻界,2008(4).

［549］曹锦清.如何研究中国.上海:上海人民出版社,2010.

［550］曹荣湘.走出囚徒困境——社会资本与制度分析.上海:上海三联书店,2003.

［551］陈阿江.农村劳动力外出就业与形成中的农村劳动力市场.社会学研究,1997(1).

［552］陈捷,卢春龙.共通性社会资本与特定性社会资本——社会资本与中国的城市基层治理.社会学研究,2009(6).

［553］陈俊杰,陈震."差序格局"再思考.社会科学战线,1998(1).

［554］陈力丹.试论人际关系与人际传播.国际新闻界,2005(3).

［555］陈柳钦.社会资本及其主要理论研究观点综述.东方论坛,2007(3).

［556］陈云松,范晓光.社会资本的劳动力市场效应估算——关于内生性问题的文献回溯和研究策略.社会学研究,2011(1).

［557］丁湘成,左停.社会资本与农村发展:一个理论综述.农村经济,2009(1).

［558］方晓红.大众传媒与农村.北京:中华书局,2002.

［559］方竹兰.从人力资本到社会资本.学术月刊,2003(2).

［560］费孝通.从实求知.社会学研究,2000(4).

[561] 冯华. 关系与交易. 成都:西南财经大学出版社,2006.

[562] 冯友兰. 中国哲学遗产的继承问题. 中国哲学史问题讨论专辑. 北京:科学出版社,1957.

[563] 冯友兰. 中国哲学遗产的继承问题的补充意见. 中国哲学史问题讨论专辑. 北京:科学出版社,1957.

[564] 弗朗西斯·福山[美]. 信任——社会道德与繁荣的创造. 李宛蓉译,呼和浩特:远方出版社,1998.

[565] 伽达默尔. 真理与方法. 洪汉鼎译,上海:上海译文出版社,1999.

[566] 高嘉陵. 人口迁移流动与社会网络分析. 蔡昉主编中国人口流动方式与途径. 北京:社会科学文献出版社,2001.

[567] 桂勇,顾东辉和朱国宏. 社会关系网络对搜寻工作的影响——以上海市下岗职工为例的实证研究. 世界经济文汇,2002(3).

[568] 桂勇,陆德梅和朱国宏. 经济转型、关系强度与求职行为——一项关于失业群体的实证研究. 世界经济文汇,2004(2).

[569] 郭于华,孙立平. 关系资本、网络型流动、乡土性劳动力市场问题的提出. 孙立平. 转型期的中国社会. 北京:改革出版社,1997.

[570] 郭于华. 农村现代化过程中的传统亲缘关系. 社会学研究,1994(6).

[571] 胡荣. 影响村民社会交往的因素分析. 厦门大学学报(哲学社会科学版),2005(2).

[572] 胡荣. 中国农村居民的收入差距与原因分析. 学海,2003(6).

[573] 黄光国. 人情与面子:中国人的权力游戏. 黄光国. 中国人的权力游戏. 台北:巨流图书公司,1988.

[574] 蒋乃华,黄春燕. 人力资本、社会资本与农户工资性收入——来自扬州的实证. 农业经济问题,2006(11).

[575] 金耀基. 中国社会与文化. 香港:牛津大学出版社,1992.

[576] 李汉林,王琦. 关系强度作为一种社区组织方式——农民工研究的一种视角. 柯兰君,李汉林. 都市里的村民——中国大城市的流动人口,北京:中央编译出版社,2001.

[577] 李惠斌,杨雪冬. 社会资本与社会发展. 北京:社会科学文献出版社,2000.

[578] 李继宏. 强弱之外——关系概念的再思考. 社会学研究,2003(1).

[579] 李路路. 私营企业主的个人背景与企业"成功". 中国社会科学,1997(2).

[580] 李培林.流动民工的社会网络和社会地位.社会学研究,1996(4).

[581] 李强.中国大陆城市农民工的职业流动.社会学研究,1999(3).

[582] 李志青.社会资本、技术扩散与可持续发展.复旦学报(社会科学版),2004(2).

[583] 林南.资本理论的社会学转向.牛喜霞译,社会,2003(7).

[584] 林南.社会资本:争鸣的范式和实证的检验.香港社会学学报,2001(2).

[585] 林南.社会资本——关于社会结构与行动的理论.张磊译,上海:上海人民出版社,2005.

[586] 刘宏.社会资本与商业网络的建构:当代华人跨国主义的个案研究.华人华侨历史研究,2000(1).

[587] 刘林平,张春泥.农民工工资:人力资本、社会资本、企业制度还是社会环境?——珠江三角洲农民工工资的决定模型.社会学研究,2007(6).

[588] 刘林平.企业的社会资本:概念反思和测量途径——兼评边燕杰、邱海雄的"企业的社会资本及其功效".社会学研究,2006(2).

[589] 刘林平.外来人群体中的关系运用——以深圳"平江村"为个案.中国社会科学,2001(5).

[590] 卢汉龙.劳动力市场的形成和就业渠道的转变——从求职过程看中国市场化变化的特征.上海社会科学院学术季刊,1997(2).

[591] 陆铭,张爽."人以群分":非市场互动和群分效应的文献评论.经济学(季刊),2007(3).

[592] 罗洛夫.人际传播社会交换论.上海:上海译文出版社,1997.

[593] 马丁·布伯.对人的问题的展望.存在主义哲学资料选辑(上卷),北京:商务印书馆,1997.

[594] 纽顿.社会资本和现代欧洲民主.李惠斌,杨雪冬.社会资本与社会发展.北京:社会科学文献出版社,2000.

[595] 彭庆恩.关系资本和地位获得.社会学研究,1996(4).

[596] 奇达夫,蔡文彬.社会网络与组织.王凤彬,朱超威等译,北京:中国人民大学出版社,2006.

[597] 乔健.关系刍议."中研院"民族学研究所专刊,台北,1982,10(乙).

[598] 乔思·埃尔斯特[法].社会粘合剂:社会秩序的研究.高鹏程译,北京:中国人民大学出版社,2009.

[599] 秦琴.当代乡村社会中的"社会资本"研究.博士学位论文,上海大学,2005.

[600] 时志宏,崔丽娟.用验证性因素分析法对控制源量表的分析研究.心理科学,2007(3).

[601] 隋广军,盖翊中.城市社区社会资本及其测量.学术研究,2002(7).

[602] 孙立平."关系"、社会关系与社会结构.社会学研究,1996(5).

[603] 托马斯·福特·布朗.社会资本理论综述.木子西译.李惠斌,杨雪冬.社会资本与社会发展.北京:社会科学文献出版社,2000.

[604] 王汉生,陈智霞.再就业政策与下岗职工再就业行为.社会学研究,1998(4).

[605] 王汉生,刘世定和孙立平等."浙江村":中国农民进入城市的一种独特方式.社会学研究,1997(1).

[606] 王涛,张恩英和贾淑萍等.经济信息的分析与利用.北京:中国财政经济出版社,2000.

[607] 王霄,胡军.社会资本结构与中小企业创新——一项基于结构方程模型的实证研究.管理世界,2005(7).

[608] 王询.人际关系模式与经济组织的交易成本.经济研究,1994(8).

[609] 韦影.企业社会资本对技术创新绩效的影响:基于吸收能力的视角.博士学位论文,浙江大学,2005.

[610] 尉建文,李国武和陈云.私营企业主的关系网络与社会支持.中央财经大学学报,2007(8).

[611] 温忠麟,张雷,侯杰泰等.中介效应检验程序及其应用.心理学报,2004(5).

[612] 熊顺聪,黄永红.中国农村的社会互动与人际传播研究.调研世界,2010(2).

[613] 徐安琪.城市家庭社会网络的现状和变迁.上海社会科学院学术季刊,1995(2).

[614] 许欣欣,李培林.1998—1999年:中国就业、收入和信息产业的分析与预测.汝信,陆学艺,单天伦.1999年:中国社会形势分析与预测,北京:社会科学文献出版社,1999.

[615] 阎云翔.礼物的流动.上海:上海人民出版社,2000.

[616] 燕继荣.投资社会资本:政治发展的一种新维度.北京:北京大学

出版社,2006.

［617］杨善华,侯红蕊.血缘、姻缘、亲情与利益——现阶段中国农村社会中"差序格局"的"理性化"趋势.宁夏社会科学,1999(6).

［618］郁振华.回首一九五七年中哲史讨论会.读书,2012(8).

［619］约翰·F.赫利韦尔,罗伯特·D.帕特南.意大利的经济增长与社会资本.帕萨·达斯古普特,伊斯梅尔·撒拉格尔丁.社会资本——一个多角度的观点.北京:中国人民大学出版社,2005.

［620］翟学伟.从社会资本向"关系"的转化——中国中小企业成长的个案研究.开放时代,2009(6).

［621］翟学伟.关系研究的多重立场与理论重构.江苏社会科学,2007(3).

［622］翟学伟.人情、面子与权力的再生产.社会学研究,2004(5).

［623］翟学伟.社会流动与关系信任——也论关系强度与农民工的求职策略.社会学研究,2003(1).

［624］翟学伟.中国人的脸面观.台北:桂冠图书公司,1995.

［625］翟学伟.中国人脸面观的同质性与异质性.中国人行动的逻辑.北京:社会科学文献出版社,2001.

［626］张春泥,刘林平.网络的差异性和求职效果——农民工利用关系求职的效果研究.社会学研究,2008(4).

［627］张建杰.农户社会资本及对其信贷行为的影响——基于河南省397户农户调查的实证分析.农业经济问题,2008(9).

［628］张进宝."关系社会学"何以可能? 国外社会科学,2011(2).

［629］张宁,方晓红.加强农村传播,服务农村发展.新闻记者,2002(12).

［630］张其仔.社会网与基层社会生活——晋江市西滨镇跃进村案例研究.社会学研究,1999(3).

［631］张其仔.社会资本论——社会资本与经济增长.北京:社会科学文献出版社,1997.

［632］张爽,陆铭和章元.社会资本的作用随市场化进程减弱还是加强? ——来自中国农村贫困的实证研究,经济学(季刊),2007(2).

［633］张涛甫.中部农村地区信息传播与农民观念交往状况变迁——以安徽六安农村为例.西南民族大学学报(人文社科版),2009(8).

［634］张婉丽.非制度因素与地位获得.社会学研究,1996(1).

［635］张文宏.社会资本:理论争辩与经验研究.社会学研究,2003(4).

［636］张文宏.中国的社会资本研究:概念、操作化测量和经验研究.江苏社会科学,2007(3).

［637］赵丽芳.放弃与干预——对农村传播问题的思考.新闻大学,2006(2).

［638］赵树凯.纵横城乡——农民流动的观察与研究.北京:中国农业出版社,1998.

［639］赵延东,罗家德.如何测量社会资本:一个经验研究综述.国外社会科学,2005(2).

［640］赵延东.再就业中的社会资本:效用与局限.社会学研究,2002(4).

［641］钟涨宝,黄甲寅和万江红.社会资本理论对农村社会结构变迁的解释功能.华中农业大学学报(社会科学版),2002(1).

［642］周红云.村级治理中的社会资本因素分析——对山东 C 县和湖北 G 市等地若干村落的实证研究.博士学位论文,清华大学,2004.

［643］周红云.社会资本理论述评.马克思主义与现实,2002(5).

［644］周玲.社会资本与农民工就业问题研究.硕士学位论文,武汉大学,2004.

［645］祝建华.上海郊区农村传播网络的调查分析.复旦学报(社会科学版),1984(6).

附录　农户家庭社会资本状况调查

尊敬的农户您好：

非常感谢您在百忙中抽时间填写本问卷，本次调查的目的是了解农户社会资本与其收入关系问题，本调查纯属学术研究的需要，我们保证对您所提供的任何信息都将予以保密，并承诺未经您的同意不会将相关信息用于任何商业途径。如有需要，我们会及时将问卷调查的分析结果予以反馈。再次感谢您的信任和合作！

人口和社会经济特征

1. 您的性别：①男　　　②女

2. 年龄：①25～31 岁　　②32～38 岁　　③39～45 岁　　④46～52 岁
　　　　　⑤53～60 岁　　⑥61～67 岁　　⑦68 岁及以上

3. 您的文化程度：
　　①小学以下　②小学　③初中　　④高中/中专　　⑤大专及以上

4. 您全家一年的收入合计有（含农业和打工等非农收入）：
　　①2 万元以下　　②2～3 万元　　③3～4 万元　　④4～5 万元
　　⑤5～6 万元　　⑥6～7 万元　　⑦7 万元及以上

5. 您的收入项主要由以下哪些组成（可多选）：
　　①务农的收入　②承包地转租　③房租　　④亲戚朋友馈赠
　　⑤政府补助　　⑥放贷利息　　⑦各种非农职业的收入（包括小买卖、开企业、行政、技术等）

6. 您对过去三年来您家的人均收入状况的认识：
　　（1＝很低，2＝比较低，3＝一般，4＝比较高，5＝很高）

A1	您觉得您家的人均收入状况怎么样？（主观感受）	1	2	3	4	5
A2	您家目前的收入让您在多大程度上有一种安全感	1	2	3	4	5
A3	您觉得在村里人眼里您家的人均收入怎么样？	1	2	3	4	5
A4	您家目前的收入让您在多大程度上有一种富足感	1	2	3	4	5

7. 在您经济困难时，以下人或组织对您的资助情况：

以下各题的赋值：

（1＝根本没有，2＝偶尔有一些，3＝一般，4＝比较多，5＝非常频繁）

Z1	村委会或村集体经济合作组织	1	2	3	4	5
Z2	上级政府民政部门	1	2	3	4	5
Z3	邻居	1	2	3	4	5
Z4	同事	1	2	3	4	5
Z5	普通村里人	1	2	3	4	5
Z6	陌生人	1	2	3	4	5

8. 信息能力调查，您在多大程度上认可下列说法，请选择相应赋值
（1＝根本不认可，2＝很少认可，3＝部分认可，4＝大部分认可，5＝完全认可）

K1	我经常通过电视报纸等传媒寻找致富信息	1	2	3	4	5
K2	我可以毫无困难地正确理解电视报纸传播的各种信息	1	2	3	4	5
K3	我很少接触各种传媒（如报纸、电视、广播）信息	1	2	3	4	5
K4	我家对外联系广，各种消息来源比较多	1	2	3	4	5
K5	我可以正确分辨出别人话中的真假	1	2	3	4	5
K6	我经常出门，对外部情况了解比较多	1	2	3	4	5

根据情况，请选择您认为合适的值，以下各题的赋值为：

（1＝根本不会，2＝有一点可能，3＝可能性较大，4＝可能性很大，5＝完全可能）

9. 以下是对您生活中获得无条件帮助可能性的调查，请您作出相应的选择

W1	如果您急需用钱,村里人多大程度上会慷慨解囊?	1	2	3	4	5
W2	您觉得您帮助过的邻居多大程度上将来也帮助您?	1	2	3	4	5
W3	您觉得您的邻居多大程度上会无条件帮助您?	1	2	3	4	5
W4	您觉得您的朋友多大程度上会无条件帮助您?	1	2	3	4	5

10. 预期关系连续性

Y1	您的社交圈会长期维持下去的可能性多大?	1	2	3	4	5
Y2	如果没有意外,多大程度上您会在现在的村子长期生活下去?	1	2	3	4	5
Y3	在您的交际圈中,您多大程度上会与大家维持现在的友好关系?	1	2	3	4	5

11. 以下是您对贵村的认同,请根据您的感受进行选择(没有对错)

B1	多大程度上,您会因为自己是本村的村民而感到自豪	1	2	3	4	5
B2	您多大程度上对涉及村民共同利益的问题会积极参与?	1	2	3	4	5
B3	在您看来,外村姑娘多大程度上愿意嫁到你们村来?	1	2	3	4	5
B4	您认为村民之间相处多大程度上是和谐的?	1	2	3	4	5
B5	您认为村里人多大程度上是公正和正义的?	1	2	3	4	5
B6	您认为村里的"村规民约"在多大程度上是有用的?	1	2	3	4	5

12. 以下是您在贵村日常交往中的冲突调查,请选择您认同各种描述的可能性

C1	我们家平时与村里乡邻们在相处过程中经常发生各种情感冲突(R)	1	2	3	4	5
C2	我们家平时很少与村里乡邻们在交往时发生摩擦	1	2	3	4	5
C3	如果偶尔有矛盾,我们会与乡邻们坐下来寻求解决问题的办法	1	2	3	4	5
C4	我们家与乡邻们对于诸如孩子调皮或其他生活琐事等可能引起矛盾的事情会采取措施防止	1	2	3	4	5

根据情况,请选择您认为合适的值,以下各题的赋值为:

(1＝根本不会,2＝有一点可能,3＝可能性较大,4＝可能性很大,5＝完全可能)

13. 村民的互惠倾向

E1	您和亲戚间平时帮工之类的互助频率怎么样？（没有——非常频繁）	1	2	3	4	5
E2	多大程度上您和乡邻们彼此之间会经常借用一些日常生产生活用品？	1	2	3	4	5
E3	您认为村民们关心的问题多大程度上不仅与他们自身有关系也与他人有关	1	2	3	4	5
E4	您的交往圈子在多大程度上对您的婚姻、上学等问题有帮助？	1	2	3	4	5
E5	村里如果有人急需帮助,大家会在多大程度上尽力资助？	1	2	3	4	5

14. 以下调查的是生活中您对周边人的信任问题,您在多大程度上能够认同这些说法？

F1	一般来说,您和您的家人彼此之间很信任	1	2	3	4	5
F2	您和您家的亲戚之间很信任	1	2	3	4	5
F3	您如果有急事,您的孩子可委托邻居暂时照顾	1	2	3	4	5
F4	您在村民的交往中,彼此都不会提有损对方利益的要求	1	2	3	4	5
F5	您和村里其他农户之间不会利用对方的弱点为自己谋利	1	2	3	4	5

15. 您在多大程度上能够认同如下的说法？

G1	晚上您可以安心出门而不用担心安全问题	1	2	3	4	5
G2	您对现在的邻里关系很满意	1	2	3	4	5
G3	邻里关系太糟糕了,您一定要搬离现在的村子(R)	1	2	3	4	5
G4	您家在村子里与大家相处得非常融洽	1	2	3	4	5
G5	因鸡毛蒜皮的小事,您家经常与邻居争吵摩擦	1	2	3	4	5

16. 您生活中社会交往程度的考察

H1	您家经常参加本村内外人家的婚丧嫁娶等的活动	1	2	3	4	5
H2	您经常会和村里的其他村民一起解决生活中的小问题	1	2	3	4	5
H3	您经常与乡邻们在一起玩乐(如打牌、打麻将或跳舞等)	1	2	3	4	5
H4	您家和亲戚朋友之间会经常彼此走动	1	2	3	4	5

17.网络同一性(1＝根本没有,2＝少量的,3＝比较多,4＝很多,5＝全部是)

I1	您家平时来往的人中跟您都是同一个年龄层的人?	1	2	3	4	5
I2	与您家来往的人职业基本相同?	1	2	3	4	5
I3	作为户主,与您来往的人都是同性(别的人)?	1	2	3	4	5
I4	作为户主,与您家来往的人跟您文化程度基本相当	1	2	3	4	5

18.网络邻近性(1＝根本没有,2＝少量的,3＝比较多,4＝很多,5＝全部是)

J1	您的社交圈子多大程度上可以给您帮助?	1	2	3	4	5
J2	您的社交圈里,大家对社会政治问题的看法多大程度上是一致的?	1	2	3	4	5
J3	在婆媳关系、孩子教育等问题上您与乡亲们的看法多大程度上一致?	1	2	3	4	5
J4	您和村里人之间多大程度上重视交换彼此意见并达成一致?	1	2	3	4	5

19.村级社会资本观察

(1＝根本不认可,2＝很少认可,3＝部分认可,4＝大部分认可,5＝完全认可)

L1	我们村的村民之间非常团结	1	2	3	4	5
L2	我们村的村委会深得村民们的信任	1	2	3	4	5
L3	我们村里各种企业比较多,就业条件较好	1	2	3	4	5
L4	我们村里与县乡政府部门有比较密切的联系	1	2	3	4	5
L5	我们村里在交通等方面的公共条件好	1	2	3	4	5

20.您的家庭住址：＿＿省＿＿市＿＿县(区)＿＿乡(镇)＿＿村＿＿

21.婚姻状况:①单身　②已婚　③离婚　④丧偶

22.您家人(包括您本人)有没有在村里或乡/镇当干部?　①没有②有

23.您家几口人

(指未分开的同一屋檐下生活,包括父母、孩子、祖/外祖父母等)? ＿＿人

24.您家有几个劳动力(请直接填写,父母与已婚子女分家算两家)＿＿＿＿＿＿＿＿

25. 您家在村里承包了多少农地？

①不到 1 亩 ②1～3 亩（含 1 不含 3） ③3～5 亩（含 3）

④5～7 亩（含 5） ⑤7～9 亩（含 7） ⑥9～11 亩（含 9）

⑦11 亩以上（含 11）

26. 您家在本地居住时间：

①少于 5 年 ②6～10 年 ③11～15 ④16～20

⑤21～25 ⑥26～30 ⑦30 年以上

27. 您和/或您的孩子是否在打工：1. 是；2. 否

如果您的回答为"是"，请继续回答下面第 28 和 29 题，若否，则直接
跳过到第 30 题。

28. 您和/或您的孩子怎么得到自己的打工机会？（可多选）

①自己找的 ②亲戚介绍的 ③老师、同学、朋友、老乡介绍

④网络求职 ⑤乡/村有组织的劳务输出 ⑥劳务市场/职业介绍所

⑦其他

29. 您和/或您的孩子一般在哪里打工？（单选）

①村内的私营企业 ②村外本乡（镇）内 ③乡外本县内

④本市非本县 ⑤本省其他市但非省城 ⑥省城

⑦外省

30. 您平时获取信息的渠道一般有（可多选）：

(1)村民之间口头传递 (2)报纸 (3)村干部传达/村广播

(4)与外界的电话沟通 (5)电视 (6)收音机 (7)互联网

(8)宗教团体 (9)经济合作社 (10)其他民间社团组织

31. 以摩托车车程计，在半小时车程范围内，您可以享受到的公共服务
有（可多选）：

(1)天然气（液化气）(2)银行 (3)农技咨询 (4)保险 (5)村医疗点

(6)省道 (7)乡/镇医院 (8)县级医院 (9)市级医院 (10)省级医院

(11)国道 (12)小学 (13)初中 (14)高中 (15)电影院

(16)图书馆 (17)法律服务 (18)高速公路 (19)输、变电网

(20)ATM（自动柜员取款机）(21)就业培训和指导中心

致　谢

　　当我在键盘上轻轻敲下最后一个字符时,我明白,我人生中最重要的一篇论文终于在几经挫折后完稿了! 然而此时,头脑竟是一片空白,没有狂喜,也没有想象中的轻松,思维一度甚至出现了暂时的停滞! 回首来时路,自然难以免俗地有感慨,但该怎样抒发这样的感慨呢? 在平凡而紧张的求学中,夹杂工作的艰辛、家庭的变故和个人的种种"启悟",在时而饱蘸激情地欣然奋起,时而又因挫折而沮丧委顿的交替中,匍匐徘徊后终于完成一份早该完成的工作,更多的应该是自责吧,又何来诸多的感慨可发? 但毕竟,生命中是有许多的感动需要诉说,回想一路上许许多多的帮助,感恩之情仍是经常在胸中回荡,拙劣的文字虽难表谢之万一,但以文偿债,倒也算得上是取巧讨便宜吧! 不美不足之处,只能恳请师友们的谅解了。

　　不论从哪个角度来讲,在农经这个学科领域我都算是一个迟到的后来者。在硕士研究生毕业后的教学工作中,面对迅速变化的中国和世界,作为知识人,需要构筑一个坚实的知识平台以理解和解释分析现实,抵御外来诱惑和内心的焦虑,寻求内心的安宁和谐;作为一个普通教师,走上三尺讲台,面对一茬茬相似却不断年轻的面孔,需要以充实的知识去满足他们渴求的知识欲望;而作为走出农村的农家子弟,每每回乡面对质朴的父老乡邻时,不管是他们的满足安逸抑或是无奈辛酸,都会刺激自己的心灵! 这是我工作多年后毅然选择重新深造并选择农经专业的一段心路历程。回首来时路,首先应该感谢的就是我的导师卫龙宝教授,至今犹记,第一次给卫老师打电话时得到他的鼓励,正是在他的鼓励下,我才能踏进求是园开始在农经这一学术殿堂一步步登堂入室,从管窥堂奥到逐渐有得,从茫然四顾到方向明确,都离不开卫老师的指导和帮助。卫老师深厚的学术素养、敏锐的学术直觉和宽广的学术视野都曾经是吸引我深入学习的不懈动力,而卫老师在生活中严格而又不失亲切的关怀也给了我很多战胜苦难的勇气!在求是园,遇到卫老师这样亦师亦友的导师是我人生中的一种幸运!借此机会,谨向卫老师表达我最诚挚的敬意和由衷的感激!

浙大求是园是一片色彩斑斓的学术园地,而一代代学富五车的老师无疑就是这片园地中最坚实的基石,他们既是园地丰厚肥沃土壤的重要组成部分,也是园地里辛勤灌溉操劳的园丁。在求是园,我有幸得到很多富有学识的老师们的无私指导和帮助,虽不能完全列举,但仍然愿意在这里满怀敬意地列举出一部分他们中的代表。在学习和研究中,管理学院黄祖辉教授、林坚教授、陆文聪教授、钱文荣教授、杨万江教授、张忠根教授、周洁红教授、郭红东教授等等都曾经给我许多帮助指导,在此向他们以及很多虽未列名但铭刻在心的老师们表示我诚挚的感谢,是你们的辛勤教学才成就了我微不足道的学术所得!

学术求索,最需要的是切磋砥砺。读博期间,我有幸遇到了一批聪颖而又卓有追求的同学,在与他们的交流中我学到了很多。在此,我得感谢师兄弟姐妹卢光明、徐广彤、阮建青、郭延安、伍俊骞、张青霞、储雪玲、杨金凤、林涛、朱西湖、傅昌銮、储德平等,他们与我在一起学习和共同讨论中提出的很多见解给了我很多启发;也感谢程兴火博士、聂品博士、田茂利博士、胡宝亮博士、刘超博士、张慧博士、游旭平博士、叶庆祥博士、史江涛博士、张涛博士、徐碧祥博士、江青虎博士、邓启明博士、叶健等很多同学的知识共享和对我的支持鼓励,他们的帮助是我在博士论文写作过程中非常重要的力量。

我还要特别感谢在博士论文资料搜集过程中对我调研给予大力支持和积极配合的很多朋友和好心人!感谢帮助我调研的我的学生们!同时也要感谢管理学院默默为我们的学习研究做支持的很多行政和教学服务老师们,他们以勤勤恳恳、任劳任怨的职业精神为我们的学习提供了最强大的支持!学术之路,薪火相传,在我博士论文的写作过程中,无论是知识的积累,还是很多思路的灵感启迪,都受益于大量学术界的智贤之辈。论文中参阅的大量文献资料以及吸收借鉴的前人研究成果是很多的,这种知识滋润是无以言表的,在此谨以感恩之心表达一份虔敬的谢意!

最后,也对我的哥哥姐姐们在我论文写作中的支持表达诚挚的感谢!迟到的论文已经不能向哥哥汇报了,相信天国的哥哥还是会为我感到欣慰吧?!

　　收起笔,似乎嗅到一抹馨香飘忽在若有若无间,那是来自学术园地深处的邀请,是必须用心体会的真诚。那么,出发吧! 感谢朋友们,前方,我们还会相遇!

王恒彦

二〇一二年十一月于浙大紫金港翠柏学园

　　本书是以我的博士论文为基础的专著,特此说明。

二〇一七年六月又记

图书在版编目(CIP)数据

社会资本和信息能力对农户收入的影响机制研究:
以湖北、山西为例/王恒彦著. —杭州:浙江大学出
版社,2020.10
ISBN 978-7-308-20608-2

Ⅰ.①社… Ⅱ.①王… Ⅲ.①社会资本—影响—农户
—收入—研究—湖北、山西②信息技术—影响—农户—收
入—研究—湖北、山西 Ⅳ.①F323.8

中国版本图书馆 CIP 数据核字(2020)第 181437 号

社会资本和信息能力对农户收入的影响机制研究
——以湖北、山西为例

王恒彦 著

责任编辑	宋旭华 蔡 帆	
责任校对	王荣鑫	
封面设计	黄晓意	
出版发行	浙江大学出版社	
	(杭州市天目山路 148 号 邮政编码 310007)	
	(网址:http://www.zjupress.com)	
排 版	浙江时代出版服务有限公司	
印 刷	广东虎彩云印刷有限公司绍兴分公司	
开 本	710mm×1000mm 1/16	
印 张	18.25	
字 数	313 千	
版 印 次	2020 年 10 月第 1 版 2020 年 10 月第 1 次印刷	
书 号	ISBN 978-7-308-20608-2	
定 价	78.00 元	

版权所有 翻印必究 印装差错 负责调换

浙江大学出版社市场运营中心联系方式 (0571)88925591;http://zjdxcbs.tmall.com